# 学ぶ人は、変えてゆく人だ。

目の前にある問題はもちろん、

人生の問いや、

社会の課題を自ら見つけ、

挑み続けるために、人は学ぶ。

「学び」で、

少しずつ世界は変えてゆける。

いつでも、どこでも、誰でも、

学ぶことができる世の中へ。

旺文社

JN052076

**▶壁越えトレーニング
シリーズ②**

# TOEIC® L&Rテスト
# 壁越えトレーニング
# Part 5-6

## 濵﨑潤之輔 著

**Hamasaki Junnosuke**

旺文社

「なかなか思うようなスコアが取れない」
「もうこれが自分の限界なのか」
「あと5点が欲しい」

TOEIC L&Rテスト（以下TOEIC）のスコアが会社の昇進・昇格の基準や大学の
進級・卒業要件として求められるようになって久しいですが，これにより人生の岐
路に立たされることとなった方々の数は，僕の知る限り少なくありません。

今まで延べ数万人の学生や社会人の方々にTOEICテスト対策の指導を行ってきま
したが，彼らと共に過ごした日々，そして厳しい状況を打破するために試行錯誤
する中で手に入れた知恵や方法論のエッセンスを，本書では余すところなく披露
させていただいています。

本書はTOEICで「壁にぶち当たっている」方たちのために，その知恵と方法論・
大幅なスコアアップにつながるコアとなる部分を最短で会得していただくために書
き下ろしました。

今の形式のテストは2016年5月から施行されていますが，僕は一度も欠かさず
に公開テストを受験し，いかに効率的で効果的な学習を行えばよいのか，結果が
きちんと出るのか，そのことだけを日々考え，実践してきました。

その結晶のすべてを本書でお伝えさせていただきます。

本書はTOEIC700点以上のスコアをお持ちの方はもちろん，「これからTOEIC受
験の勉強をするので，まずは文法・語彙の対策ができるPart 5-6を」と思う方に
も役に立つ内容に仕上がったと自負しています。

TOEICは決して甘い試験ではなく，一朝一夕で身につけたテクニックだけで何と
かなるような類のものではありません。

それでも短期間に集中し，ポイントをキッチリと押さえた学習を続ければ，思った
以上に早く「望んでいた結果」を手に入れることは可能です。

「もうこれ以上スコアは伸びない」，「英語は自分には向いていないのかも」という
ことは絶対にありません。

TOEICは「努力が100%そのまま結果に結びつく」最高のテストです。

もしあなたが短期間で結果を出したいのであれば，真摯な努力を凝縮して一気に
学習をする。ある程度時間がかかってもよいのであれば，1ページ1ページ噛み
しめるように本書にトライしてみてください。

あなたの望む結果が必ず出ますよう，頑張るあなたを僕は心から応援させていた
だきます。

濵﨑潤之輔

# もくじ

## Part 5　短文穴埋め問題

編集協力：株式会社シー・レップス，渡邉真理子，Michael Joyce

問題作成協力：ロゴポート，TCC Japan LLC（合同会社トップクラウドコラボレーション）

装丁デザイン：ごぼうデザイン事務所　　装丁写真：荒川潤，平賀正明　　本文デザイン：伊藤幸恵

本文イラスト：矢戸優人　　録音：ユニバ合同会社

ナレーション：Howard Colefield, Ann Slater（以上，米），Christiane Brew（英）

本書の構成は以下の通りです。効果的な学習法は p.8 の「濵﨑潤之輔＆大里秀介のパワーアップ学習法」をご覧ください。

## 診断テスト

自分の得意・苦手な設問タイプを把握するために、『診断テスト』を最初に解きます。その後、各 Part・タイプの正答数・誤答数を確認し、「濵﨑潤之輔＆大里秀介のトレーニング・カウンセリング」（p.56）を参考にして学習計画を立てましょう。

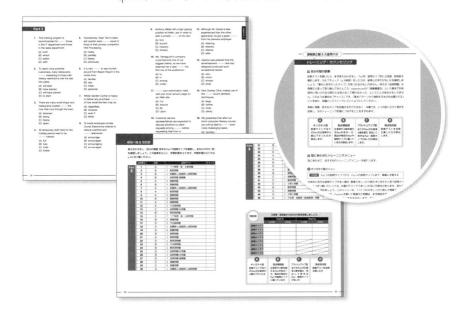

## ▍▍濵﨑潤之輔＆大里秀介の パワーアップ対談

本書の巻頭・中間・後半に、濵﨑潤之輔先生と大里秀介先生の対談があります。読んで、モチベーションを上げましょう。

※大里秀介先生は、本シリーズの Part 1-4（うち Part 3-4）、Part 7 を執筆しています。

## 設問タイプ別攻略法

各Partの設問タイプ別の攻略法です。各自の学習計画に従って進めましょう。もちろん、最初から順番に始めてもかまいません。

## Final Test

学習計画を終えたら、『Final Test』で仕上げをしましょう。本番の試験のつもりで取り組んでください。解説のページには設問タイプが振られていますので、『診断テスト』のように自分の得意・苦手を分析し、もう一度攻略法に戻って学習を深めましょう。

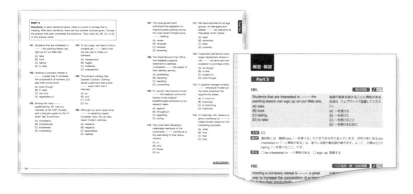

## 📑 自動採点サービスについて

『診断テスト』と『Final Test』は自動採点サービスに対応しています。パソコンやスマートフォン、タブレットなどからオンラインマークシートで解答すると、結果が自動採点され、また、得意・苦手の分析も行うことができます。以下のサイトにアクセスしてご利用ください。

### https://toeic.obunsha.co.jp

（右のQRコードからもアクセスできます）

※本サービスは無料でご利用いただけますが、通信料金はお客さまのご負担となります。
※本サービスは予告なく終了することがあります。

本書は，まず『診断テスト』で現状を把握し，「設問タイプ別攻略法」でトレーニングをし，『Final Test』で総仕上げをする，という3段階で構成されています。それぞれの目的をしっかり認識して学習計画を立て，問題を解くことで，より効果的に力をつけることができますので，ぜひ学習前にご一読ください。

### 1 現状を把握する

#### (1) セルフチェック

診断テストを解く前に，セルフチェックをしましょう。ノートなどに各Partの得意・苦手と思う点を書き出してみます。

【記入例】

> Part 5
> 得意：品詞問題　　　　　　　苦手：動詞問題，語彙問題
>
> Part 6
> 得意：語彙問題　　　　　　　苦手：文挿入問題

なお，一度も受験したことがない方，得意・苦手を把握していない方，すでにリーディングセクションで450点以上取得している方は，このステップは飛ばしてください。

#### (2) 診断テストを解く

できる限り本番と同じように邪魔をされない環境で，診断テストに挑戦してください。どうしてもまとまった時間が確保できない場合は，Partで区切っても構いません。

マークシート形式なので，分からない問題でも勘で正解してしまう可能性もあります。診断テストは実力を測ることが目的なので，勘では解かないようにしてください。また，自信がない問題は「？」や「△」などの記号を付けておくとよいでしょう。

#### (3) 答え合わせをし，自分の現状の型を診断する

セルフチェック・診断テストの結果を受けて，自分の現状を診断します。単純に「得意・苦手なタイプ」を把握するだけではなく，本書では，4つの型に分けて現状を診断し，次のトレーニング計画につなげることをすすめます。詳しくは，p.56からの「トレーニング・カウンセリング」をご覧ください。

なお，ほとんど苦手な問題がなくてうまく診断できなかった方は，数少ない間違えた

問題の「不正解を選んでしまった理由」を掘り下げてみてください。文法，語彙の側面から，どの文法事項が曖昧だったから不正解を選んでしまったのか，どの単語を知らなかったから不正解を選んでしまったのかを，細部にわたるまで確実に突き止めて理解するようにしてください。

### 2 トレーニング計画を立て，実行する

自分の型が分かったら，自分が本番までにかけられる時間，それまでにするべきことを考え，トレーニング計画を立てます。型に合わせたトレーニングメニューや，各タイプの攻略にかかる時間の詳細はp.56からの「トレーニング・カウンセリング」をご覧ください。

計画を立てたら，とにかく実行します。始めてみたら思ったより時間がかかることもあると思います。適宜，メニューを組み直してください。

### 3 Final Testで仕上げる

計画を一通り終えたら，仕上げとしてFinal Testにチャレンジします。本番と同じような邪魔されない環境で，18分間の時間を取って行ってください。Part 5は1問平均20秒×30問＝600秒＝10分，Part 6は1問平均30秒×16問＝480秒＝8分が解答時間の目安です。解いて答え合わせをするだけではなく，解説をしっかり読み，間違えた箇所は「なぜ間違えたか」もしっかり分析しましょう。また，最初に行った診断テストでの分析をここでも行い，苦手なPart，タイプが出てきたら，設問タイプ別攻略法に戻ってください。Final Testを全問正解できるように，何度も復習しましょう。

Final Testを全問正解できるレベルの実力がついたら，ほかの模試や問題集に挑戦しましょう。別の問題を解くことで，実はまだ苦手だったタイプが発見できたり，新たな克服すべきポイントを見つけたりできます。

そして，ほかの問題集を解きながら，「まだ苦手だったものが克服できていない」という問題が出てきたら，本書に戻って再度学習をしましょう。しばらく時間が経過することで，アルバムを眺めるように「こんな問題があったな」と思い出すことができます。『しばらく放置してからもう一度挑戦』することで，より頭に定着します。本番で似たような問題が出題されたときに，当然ながらより解答しやすくなります。

# TOEIC® L&Rテストについて

## ■ TOEIC® L&Rテストとは？

TOEIC（Test of English for International Communication）とは，英語によるコミュニケーション能力を測定する世界共通のテスト。このテストは，アメリカにある非営利のテスト開発機関であるETS（Educational Testing Service）によって開発・制作されています。TOEIC L&Rテスト（TOEIC Listening and Reading Test）では「聞く」「読む」という2つの英語力を測定します。受験者の能力は合格・不合格ではなく，10〜990点の5点刻みのスコアで評価されるのが特徴です。解答方法は，正解だと思う選択肢番号を塗りつぶすマークシート方式。解答を記述させる問題はありません。

申し込み方法・受験に関する詳細は公式サイトをご覧ください。

**https://www.iibc-global.org**

## ■ TOEIC® L&Rテストの構成

以下のように，ListeningとReadingの2つのセクションで構成されています。2時間で200問を解答し，途中休憩はありません。

| Listening | Part 1 | 写真描写問題 | | 6問 |
|---|---|---|---|---|
| （約45分・100問） | Part 2 | 応答問題 | | 25問 |
| | Part 3 | 会話問題 | | 39問 |
| | Part 4 | 説明文問題 | | 30問 |
| **Reading** | Part 5 | 短文穴埋め問題 | | 30問 |
| （75分・100問） | Part 6 | 長文穴埋め問題 | | 16問 |
| | Part 7 | 読解問題 | 1つの文書 | 29問 |
| | | | 複数の文書 | 25問 |

## ● 問い合わせ先　一般財団法人 国際ビジネスコミュニケーション協会

| IIBC 試験運営センター | 〒100-0014<br>東京都千代田区永田町2-14-2　山王グランドビル<br>電話：03-5521-6033／FAX：03-3581-4783<br>（土・日・祝日・年末年始を除く10:00〜17:00） |
|---|---|
| 名古屋事業所 | 電話：052-220-0286<br>（土・日・祝日・年末年始を除く10:00〜17:00） |
| 大阪事業所 | 電話：06-6258-0224<br>（土・日・祝日・年末年始を除く10:00〜17:00） |

※このページの情報は2020年6月現在のものです。詳細や変更は実施団体のホームページなどでご確認ください。

# 本書の音声について

本書の音声の利用方法は以下の通りです。

## 旺文社リスニングアプリ「英語の友」（iOS/Android）

① 「英語の友」公式サイトより，アプリをインストール
（右のQRコードから読み込めます）

**https://eigonotomo.com**

② ライブラリより「TOEIC L&Rテスト 壁越えトレーニング
Part 5-6」を選び，「追加」ボタンをタップ

※本アプリの機能の一部は有料ですが，本書の音声は無料でお聞きいただけます。詳しいご利用
方法は「英語の友」公式サイトまたはアプリ内のヘルプをご参照ください。なお，本サービス
は予告なく終了することがあります。

## パソコンで音声ファイル（MP3）をダウンロード

① パソコンから以下にアクセスし，書籍を選択する

**https://www.obunsha.co.jp/service/kabegoe**

② パスワードを入力

**v6pxn**

③ ファイルを選択してダウンロードする
音声ファイル（MP3）はZIP形式にまとめられた形でダウンロードされます。
展開後，デジタルオーディオプレーヤーなどでご活用ください。

※本サービスは予告なく終了することがあります。

本書をさらに活用するために以下のものを上記サイトよりダウンロードできます。

- 診断テスト・Final Testの解答用紙

# 切磋琢磨しあった
# 2人の力が詰まったシリーズ誕生

## 切磋琢磨しながら990点を目指す

**編集部（以下，編）：**お2人のこれまでのTOEIC学習歴，交流歴を教えてください。

**大里秀介（以下，大）：**出会いのきっかけはナンパですね。

**濱﨑潤之輔（以下，濱）：**どういうことですか，それ。

**大：**あの池袋のオフ会ですよ（笑）。僕たちは2人とも2006年にTOEICを受け始めたので，学習歴は近いですね。でも，その当時は全く会ったことがありませんでした。僕がTOEICの学習を始めたのは，会社で留学するためにTOEICの点数が必要だったからです。念願かなって留学し，帰国後，2008年1月の受験でTOEICは最後にしようと思っていたのですが，この頃，神崎正哉先生のTOEICのインターネットラジオをたまたま聞いたんです。このラジオが面白くて，この後もTOEICを続けて受けることになりました。そして，いろんな先生のブログを見ているうちに，濱﨑さんのブログを見つけて意識するようになりました。2008年7月以降，僕もそのラジオに出演するようになったのですが，出演前のオフ会で初めて濱﨑さんとお会いしました。僕は800点前半で伸び悩んでいる頃で，一方，濱﨑さんは970点くらいを取っていた。講師じゃない一般の学習者が900点後半を取っているのを見て，この差は何なんだと思ったんです。筋肉が違うのかなとか（笑）。

**濱：**思い出した！池袋のオフ会が始まる前にカフェに行ったら，たまたま大里さんに会ったんですよ。いきなり声をかけられて，すごく書き込まれたノートを見せられました。「何だこの人？」ってドン引きしてそのときは終わったんですけど（笑）。

**大：**2009年頃からは週1回，新宿で会うようになりました。900点を超えるとTOEICをやめる人が多いんですが，僕らはずっと満点の先生たちと一緒にラジオに出てたんです。2009年はまだ僕は900点前半，濱﨑さんは980点から985点を取れてるけど，満点ではないので，答え合わせすると何個か間違っている。

**濱：**僕らだけ間違ってるんですよね。

**大：**「何で990点を取れないんだろう」っていうその悔しさを毎週木曜日に新宿で集まって，話をする。100%英語学習の話で，そのうち99%はTOEICの学習の話をしていました。

**濱：**今って，情報がたくさんありますが，当時はほとんどなかったので，どういう学習をしていけば上に行けるのかなっていつも考えていました。とにかく何でもやる感じですね。大里さんは外を歩いているときも勉強してるんですよ。危ないですよね。交差点で信号を待つ1分ももったいないので，ポケットからレシートを出して，英文を書いてぶつぶつしゃべる。そんな感じでしたね。

著者紹介：写真左から

濵﨑潤之輔 … 「壁越え Part 1−4」（うち Part 1 と 2），「壁越え Part 5−6」著者

大里秀介 …… 「壁越え Part 1−4」（うち Part 3 と 4），「壁越え Part 7」著者

**大：**とにかく上に行くためにやれることはやりました。

**濵：**で，2010年に僕が，翌年に大里さんが990点を取りました。

**編：**お2人が切磋琢磨して990点を目指されたんですね。共通点もある一方，お互いの学習スタイルに違いがあったからこそ毎週会うようになったのかなと思います。それぞれ「よい」と思った点，お聞かせください。

**大：**濵﨑さんは謙虚で，ストイックなところです。僕は満点を取ったその先があまり見えていなかったんですが，濵﨑さんは満点を取ったあと，人に教えたいというビジョンがあったんですよ。1つの物事に対してしっかり取り組むっていうところがすごいなと。

**濵：**大里さんは，集中力や，短期・長期の目標を設定してそれをなるべく速くこなしていける点です。僕は，目の前のことを一生懸命やるっていうのはまあまあ長けていると思うんですが，あんまり目標設定をしてそれを達成していく方ではないので，それができている大里さんはすごいなと思います。例えば，朝3時に起きて勉強しているところとか，真似しようとしたんですが，僕は挫折しました。

## 学習者の「壁」

**編：**学習者の感じる「壁」とはどのようなものでしょうか。ご自身の経験も踏まえて，お聞かせください。

**大：**文法の理屈を理解する，語彙の知識を吸収する，音を聞き取れるようになる，そして，ある程度量をこなしてTOEICの問題パターンを押さえれば，実はある程度のスコアは取れるんです。このポイントは，本書の「タイプ別攻略法」に入っています。濵﨑さんはTOEICをメインで勉強して順調に800点まで取ったんですが，その後はたくさん問題を解いたりセミナーに行ったりしたのに900点に届かず，伸び悩んだんですよね。

**濵：**そうですね。

**大：**僕も，最初の壁は感じずに860点くらいまでトントントンと進みましたが，伸び悩んだのは「自分は分かってる，できてる」っていう風に思いこみ始めてから（笑）。そこからトリッキーな問題に対応できる力をつける必要が出てくるんです。単語をただ知っているだけでなく，使い方まで知らないといけないというか。その状態で多くの問題を解こうとすると，自分がひっかかるポイントを1つ1つきちんと覚えていないから，結局同じような問題で間違うんです。間違えた理由を「語法上こうだから」と考えながら英文を分析するなど，苦手なタイプを見つけたら1つ1つ克服する必要があります。次にそれが出題されるか分からないけど，間違えた問題をちゃんと磨いておけば，出たときに解けるようになる。地道

にやって行く必要があります。

僕はリスニングが伸び悩んでいたんですけど，分析してみるとオーストラリア人の発音が苦手でした。例えば，theyをアメリカ人やオーストラリア人はたまに「ネイ」って発音するんです。これに気付かずに「次，次」と解いてしまうと，実は同じところで間違ってしまうんですが，聞こえ方を理解すれば克服できるんです。

おそらく濱﨑さんもそうなんですが，1セットの模試で84%正解した場合，「16%を間違えないためにどうするか」だけでなく，「正解した84%は，自分が本当に理解して正解したのか，エイ！と選んでたまたま正解したのか」まで一問一問丁寧に復習しました。で，それをやって860点でストップしていたのが，970点までパコーンっていった。

**濱：** うん，うん。

**大：** 最後の壁は990点でした。ここを突破できたときはたぶん，スピードと，正確さと緻密さが全部つながったときだったと思いますね。

**編：** 自分でも気付かない，間違ってしまう問題のタイプに気付くという目的で，本書は診断テストがありますね。本書をご執筆している中で注意した点はありますか。

**濱：** そうですね，上級者でも引っかかる知識を極力入れるようにしています。上級になってくると，先ほど大里さんが言ったように足りない知識を1つ1つ入れていかなきゃいけないので。経験上，上級者でもここが足りていない人が多いと思う知識を入れました。

**大：** Part 3, 4は「聞き方」，Part 7は「読み方」のポイントを意識して入れています。今まではただ聞いて，読んで解いていた人に，もっとこうやった方がいいよって教えてあげるサポート機能，上にあがるための背中を押す要素を詰め込みました。

**編：** 最後に，これから学習を始める読者へのメッセージをお願いします。

**大：** このシリーズを手に取っていただいた，ということはリスニングやリーディングに何かしら苦手意識を感じているのでは，と思っています。私も濱﨑さんも一学習者だった時代を思い出し，試行錯誤してきた経験を活かして「こうすれば克服できる」という攻略法をまとめることができました。ぜひ取り組んでいただき，皆さんの一助になれば幸いです。頑張りましょう！

**濱：** 本書を手に取っていただきまして本当にありがとうございます。心より感謝申し上げます。細部まで一切無駄なく仕上げた自信作です。僕たちがTOEICに対し，一途な思いを持って研究し続けてきたエッセンスを集約したこの本。本書があなたの今後の人生のさらなる飛躍の一助になることを願っています。頑張っていきましょう，応援しています。

# 診断テスト

まずは今の実力を確認しましょう。
本番と同じように邪魔をされない環境で
一気に解いてください。

●

目標時間：18分

※解答用紙はWebサイトよりダウンロードしてください。詳細
はp.11をご覧ください。

※自動採点サービスに対応しています。詳細はp.7をご覧くだ
さい。

※各Partの指示文はありません。

1. This training program is recommended for ------- those in the IT department and those in the sales department.
   - (A) both
   - (B) which
   - (C) better
   - (D) with

2. To reach more potential customers, many restaurants ------- marketing to those with dietary restrictions over the last few years.
   - (A) will start
   - (B) have started
   - (C) will have started
   - (D) to start

3. There are many small shops and restaurants located ------- the river that runs through the town.
   - (A) between
   - (B) along
   - (C) below
   - (D) apart

4. All temporary staff hired for the holiday period need to be ------- trained.
   - (A) full
   - (B) fully
   - (C) fuller
   - (D) fullest

5. Impressively, Viper Tech's sales last quarter were ------- equal to those of their primary competitor, HMI Processing.
   - (A) nearly
   - (B) partially
   - (C) falsely
   - (D) previously

6. It is very ------- to see tourists around Fern Beach Resort in the winter time.
   - (A) familiar
   - (B) rare
   - (C) initial
   - (D) personal

7. Wilder Garden Center is happy to deliver any purchase, ------- of how small the item may be.
   - (A) regardless
   - (B) however
   - (C) even if
   - (D) either

8. To boost employee morale, Curran Electronics intends to reduce overtime and ------- teamwork.
   - (A) encourage
   - (B) encourages
   - (C) encouraging
   - (D) encouraged

9. Anthony Weller left a high-paying position at Keller Law in order to start a private ------- of his own.
(A) firm
(B) accord
(C) industry
(D) division

10. Ms. Yamaguchi's company could become one of our biggest clients, so we have reserved her a seat ------- the first row of the auditorium.
(A) to
(B) in
(C) among
(D) under

11. ------- your examination date, visit your local venue's page on our Web site.
(A) For
(B) Around
(C) By
(D) Upon

12. Customer service representatives are expected to discuss solutions to client requests among ------- before requesting help from a supervisor.
(A) themselves
(B) theirs
(C) their
(D) they

13. Although Mr. Gupta is less experienced than the other applicants, he got a great ------- from his previous employer.
(A) referring
(B) referred
(C) referral
(D) refer

14. Jessica was pleased that the advertisement ------- she had designed produced such exceptional results.
(A) who
(B) which
(C) whose
(D) what

15. New Dawley Clinic makes use of the ------- recent dentistry techniques.
(A) large
(B) further
(C) most
(D) plenty

16. We guarantee that after our short computer literacy course, you will be able to ------- even more challenging tasks.
(A) function
(B) handle
(C) affect
(D) qualify

**17.** ------- attending the conference will receive a free T-shirt with the Caliber Electronics logo on it.

(A) Whoever
(B) Whose
(C) Someone
(D) Anyone

**18.** As an international company, Layland Bank's branches can be found in major cities ------- the globe.

(A) across
(B) beyond
(C) about
(D) wherever

**19.** Carter Financial Solutions has ------- customers that their personal information will be protected during the switch to the new system.

(A) ensured
(B) designated
(C) insured
(D) assured

**20.** Chopbot is a robot ------- by a small team of local engineers that is capable of cutting fruits, vegetables, meat, and so on.

(A) build
(B) built
(C) building
(D) having built

**21.** Hobbs Online ------- Web site servers on July 1, so customers will be unable to log in.

(A) will be switching
(B) switch
(C) is switched
(D) will be switched

**22.** Customers ------- have not yet signed up for next week's Ultimate Coupon Competition should do so quickly.

(A) which
(B) what
(C) when
(D) who

**23.** I'd like to welcome the clients at the hotel, so please call me immediately after ------- plane lands.

(A) themselves
(B) their
(C) them
(D) they

**24.** ------- makes True Impression different from its competitors is the impressive level of customer service that it provides.

(A) When
(B) What
(C) Where
(D) Who

**25.** Our conference is a place for ------- entrepreneurs to share their experiences and expertise with one another.

(A) accomplish
(B) accomplishing
(C) accomplishments
(D) accomplished

**26.** It is important to share sales data and ------- to maintain good communication between departments.

(A) record
(B) records
(C) recorded
(D) recording

**27.** This signed copy serves as ------- of your agreement to the conditions stated in the contract.

(A) prove
(B) proved
(C) provable
(D) proof

**28.** Ms. Beckett will be giving the presentation ------- Mr. Prior, who cannot present because he is sick today.

(A) after
(B) with
(C) instead of
(D) thanks to

**29.** According to the contract, the construction of the bridge must be completed ------- the end of the year.

(A) within
(B) until
(C) by
(D) to

**30.** Silverlight employees should notify their managers no later than 9:00 A.M. ------- they need to take a day off from work.

(A) soon
(B) only
(C) then
(D) if

Questions 31–34 refer to the following letter.

Tom Clarkson, Director
Environmental Protection Commission
Marina County
October 18

Dear Tom,

Please accept this as my official notice of ------- as Associate Engineer at the
**31.**
Environmental Protection Commission for Marina County. As ------- in our
**32.**
conversation yesterday, I will notify my immediate supervisor personally on

Monday, October 21. Accordingly, my last day at work will be Friday, November

29.

-------. Please let me know how I can assist in ------- new or current team
**33.** **34.**
members.

Thank you again for everything. I wish you and the team all the best.

Sincerely,

Sara Gravis

**31.** (A) registration
(B) resignation
(C) employment
(D) acceptance

**32.** (A) agrees
(B) will agree
(C) agreed
(D) agreeing

**33.** (A) A list of changes to last year's regulations is also enclosed.
(B) Thank you once again for recommending me for this promotion.
(C) During this period, you may cancel the arrangement without penalty.
(D) I appreciate the guidance and opportunities you have given me.

**34.** (A) training
(B) train
(C) trains
(D) trained

Questions 35–38 refer to the following instructions.

Although Alcindor Moving Services strives to handle your belongings with the utmost care, ------- cannot absolutely guarantee the safety of fragile items.
**35.**

-------, it is the customer's responsibility to ensure that the contents of boxes
**36.**

we transport are adequately protected. -------. Recycled boxes lack the
**37.**

firmness to provide sufficient protection for their contents. Before packing any

breakable items, wrap them ------- in newspaper to keep them from knocking
**38.**

against one other during transit. For more packing tips, visit www.

alcindormoving.com and click on the tab marked "Packing for Your Move."

**35.** (A) we
(B) our
(C) ours
(D) us

**36.** (A) Otherwise
(B) Therefore
(C) Lastly
(D) Nevertheless

**37.** (A) For this reason, we advise customers to avoid them.
(B) We also offer reasonably priced moving insurance policies.
(C) Accordingly, we cannot compensate you for those broken dishes.
(D) When packing, use only new packing containers that we provide.

**38.** (A) individually
(B) capably
(C) significantly
(D) fairly

**Questions 39–42** refer to the following article.

Manic Burger Goes Meatless

CAMBRIDGE—Fast-food chain Manic Burger ------- vegetarian burgers to its
**39.**
menu at all branches in March. Company president Ronald King told reporters

the restaurant offered meatless "EcoBurgers" at several selected branches last

December and was encouraged by the positive ------- from diners. The new
**40.**
menu will be launched nationwide on March 8.

The plant-based burger patties for the EcoBurger are being ------- by
**41.**
Portland-based supplier Veggie Planet. -------. "They make high-quality meatless
**42.**
items that we're proud to add to our menu," King said of Veggie Planet.

**39.** (A) has introduced
(B) will introduce
(C) was introduced
(D) was introducing

**40.** (A) expression
(B) description
(C) response
(D) answer

**41.** (A) providing
(B) provides
(C) provided
(D) provide

**42.** (A) The purchase was
announced to reporters in
February.
(B) The majority of fast-food
customers appear to agree.
(C) Regular beef, chicken, and
fish burgers will stay on the
menu.
(D) The company specializes in
food for vegetarians.

Questions 43–46 refer to the following e-mail.

From: Beverly Huang, President
To: Staff volunteers for Bellhaven Community Fair
Date: June 22
Subject: Schedule

Thank you for ------- to staff Anderton Logistics' booth at the Belhaven
        **43.**
Community Fair on Saturday. Please be at the ground floor entrance of

Westerly Station by 7:45 A.M. For those planning to go by car, be aware that

parking near the station is extremely -------. The nearest public parking area is
                                        **44.**
a five-minute walk from our meeting point. -------.
                                            **45.**

Civic outreach is a key component to Anderton's business model. -------
                                                                  **46.**
willingness to help the company participate in community events like

Saturday's fair is greatly appreciated.

**43.** (A) volunteer
(B) volunteering
(C) volunteered
(D) volunteers

**44.** (A) automatic
(B) strict
(C) scarce
(D) favorable

**45.** (A) We request that you
reconsider your decision.
(B) Discuss any other changes
with your supervisor.
(C) We hope you have enjoyed
attending the event.
(D) Be sure to allow sufficient
time to avoid arriving late.

**46.** (A) Your
(B) Its
(C) Their
(D) Her

## Part 5

**1.**

This training program is recommended for ------- those in the IT department and those in the sales department.
(A) both
(B) which
(C) better
(D) with

この研修プログラムは，IT部の人たちと営業部の人たち両方におすすめだ。
(A) 両方
(B) どちらの
(C) よりよい
(D) ～とともに

**正解** (A)

**解説** 空所の後ろにはthose in the IT department and those in the sales department「IT部の人たちと営業部の人たち」があります。(A)のboth「両方」は，both *A* and *B*で「AとBの両方」という意味を表すペア表現であり，文意も通るためこれが正解です。both *A* and *B* とほぼ同じように使える表現として*A* and *B* alikeがあります。

**PiCK UP** 本問に登場するthoseは「人々」という意味で使われています。

**語句** □ recommend ～をすすめる　□ those 人々　□ department 部門

**2.**

To reach more potential customers, many restaurants ------- marketing to those with dietary restrictions over the last few years.
(A) will start
(B) have started
(C) will have started
(D) to start

もっと多くの見込み客に届くように，多くのレストランはここ数年で食事制限をしている人たちに対するマーケティングを開始した。
(A) ～を開始するだろう
(B) ～を開始した
(C) ～を開始しているだろう
(D) ～を開始するための

**正解** (B)

**解説** 空所の前には名詞のmany restaurants「多くのレストラン」，後ろにはmarketing「マーケティング（をすること）」があります。空所以外に述語動詞はないため，空所には動詞が入ります。文末にover the last few years「ここ数年で」という現在完了形で使われる時を表す表現があるため，正解は(B)のhave started「～を開始した」です。

**語句** □ reach ～に届く　□ potential customer 見込み客
□ market to ～にマーケティングを行う　□ those 人々
□ dietary restriction 食事制限

## 3.

There are many small shops and restaurants located ------- the river that runs through the town.
(A) between
(B) along
(C) below
(D) apart

町を流れる川沿いにたくさんの小さな店やレストランがある。
(A) 〜の間に
(B) 〜に沿って
(C) 〜の下に
(D) 離れて

**正解** (B)

**解説** 空所の前には過去分詞のlocated「位置している」，後ろには名詞のthe river「川」があります。空所には後ろのthe riverとともに副詞句を作る前置詞が必要なので，副詞の(D) apartは不適切です。残った選択肢は全て前置詞ですが，the riverの前に置いて文意が通るのは，(B)のalong「〜に沿って」です。along the riverで「川沿いに」という意味になります。

**PiCK UP** located「位置している」はsituatedに言い換えることが可能です。

**語句** □ located 位置している　□ run through 〜を流れる，通る

## 4.

All temporary staff hired for the holiday period need to be ------- trained.
(A) full
(B) fully
(C) fuller
(D) fullest

休暇期間中に雇われる全ての臨時職員には完全な研修が必要である。
(A) 完全な
(B) 完全に
(C) full の比較級
(D) full の最上級

**正解** (B)

**解説** 空所の前にはbe動詞，後ろには過去分詞のtrained「研修を受けた」があります。受動態である〈be動詞＋過去分詞〉の間にある空所には副詞が入り，その副詞が後ろに続く過去分詞を修飾していると考えてください。正解は(B)のfully「完全に」です。

**語句** □ temporary 臨時の　□ hire 〜を雇う　□ holiday period 休暇期間
□ need to do 〜する必要がある　□ train 〜を訓練する

**5.**

Impressively, Viper Tech's sales last quarter were ------- equal to those of their primary competitor, HMI Processing.
(A) nearly
(B) partially
(C) falsely
(D) previously

印象的なのは, バイパー・テック社の前四半期の売上高が, 同社の主要な競合先である HMI プロセッシング社の売上高とほぼ並んだことだ。

(A) ほとんど
(B) 部分的に
(C) 誤って
(D) 先に

**正解** (A)

**解説** 選択肢にはさまざまな副詞が並んでいますが, 空所の後ろにある equal を修飾して文意が通るのは, (A)の nearly 「ほとんど」です。be nearly equal to で「～とほとんど同じだ」という意味になります。

**語句** □ impressively 印象的なのは □ quarter 四半期 □ be equal to ～と同じだ
□ primary 主な □ competitor 競合他社

**6.**

It is very ------- to see tourists around Fern Beach Resort in the winter time.
(A) familiar
(B) rare
(C) initial
(D) personal

冬の時期にファーン・ビーチ・リゾートのあたりで旅行客を見ることは非常にまれだ。

(A) なじみのある
(B) まれな
(C) 最初の
(D) 個人的な

**正解** (B)

**解説** It の内容は to see 以下で説明されています。つまり to see tourists around Fern Beach Resort in the winter time 「冬の時期にファーン・ビーチ・リゾートのあたりで旅行客を見ること」を評価する形容詞が必要です。very rare 「非常にまれだ」とすれば文意が通るため, 正解は(B)です。

**語句** □ tourist 旅行客 □ around ～のあたりで, あちこちで

**7.**

Wilder Garden Center is happy to deliver any purchase, ------- of how small the item may be.

(A) regardless
(B) however
(C) even if
(D) either

ワイルダー・ガーデン・センターは、どんなに小さな商品でも、ご購入品を喜んで配達します。

(A)（regardless of ～ で）～に関わらず
(B) しかしながら
(C) もし～でも
(D) どちらか

**正解** (A)

**解説** 空所の後ろにあるofとセットになって「～に関わらず」という意味を成す(A)のregardlessが正解です。(B)は「しかしながら」という意味の接続副詞で、基本的に後ろには節が続く、もしくはカンマを伴って節の間に挿入される形で使われます。(C)のeven if「もし～でも」は接続詞なので後ろには節が続きます。(D)のeither「どちらか」は、either ofの形を取るときには「～のどちらか」という意味になり、ここでは文意が通りません。

**PiCK UP**　even if「もし～でも」は、even though「～であるにしても、～にも関わらず」と文脈によってはほぼ同じように使うことが可能です。

**語句** □ deliver ～を配達する　□ purchase 購入品　□ item 商品

---

**8.**

To boost employee morale, Curran Electronics intends to reduce overtime and ------- teamwork.

(A) encourage
(B) encourages
(C) encouraging
(D) encouraged

カラン・エレクトロニクスは、従業員の士気高揚のため、残業を減らし、チームワークを促すつもりだ。

(A) ～を促す
(B) ～を促す（三人称単数現在形）
(C) ～を促している
(D) ～を促した

**正解** (A)

**解説** 空所の前には動詞のreduce overtime「残業を減らす」とand、後ろには名詞のteamwork「チームワーク」があります。andは同質のものをつなぐ接続詞なので、andの前後は〈他動詞（原形）＋目的語〉を並べれば文法的なバランスが取れます。正解は(A)のencourage「～を促す」です。

**語句** □ boost ～を高揚させる　□ employee 従業員　□ morale 士気
　　　□ intend to *do* ～するつもりだ　□ reduce ～を減らす　□ overtime 残業

**9.**

Anthony Weller left a high-paying position at Keller Law in order to start a private ------- of his own.

(A) firm
(B) accord
(C) industry
(D) division

アンソニー・ウェラーは，自分の民間法律事務所を開業するため，ケラー・ローでの報酬のよい職を辞した。

(A) 事務所
(B) 協定
(C) 産業
(D) 部署

**正解** (A)

**解説** 空所の前にはin order to start a private「民間の〜を開業するため」，後ろにはof his own「彼自身の」があります。前半の内容を考慮して文意が通るのは，(A)のfirm「事務所」です。ここでのprivate firmは「民間の法律事務所」という意味です。

**語句** □ high-paying 報酬のよい　□ position 職　□ in order to *do* 〜するために
　　　□ private 民間の　□ of *one's* own 自分自身の


**10.**

Ms. Yamaguchi's company could become one of our biggest clients, so we have reserved her a seat ------- the first row of the auditorium.

(A) to
(B) in
(C) among
(D) under

ヤマグチ氏の会社は当社最大の顧客の1社になる可能性があるので，彼女のために最前列の観客席を予約した。

(A) 〜へ
(B) 〜の中に
(C) 〜の間で
(D) 〜の下に

**正解** (B)

**解説** 選択肢にはさまざまな前置詞が並んでいます。空所に入れて文意が通るのは，(B)のin「〜の中に」です。the first row「最前列」という「枠」があり，その「中に」あるa seat「座席」を彼女のために予約した，という内容です。観客席の各列を，席のカタマリという「枠」と捉えていると考えてください。

**語句** □ client 顧客　□ reserve *A B* AのためにBを予約する　□ row 列
　　　□ auditorium 観客席，講堂

## 11.

------- your examination date, visit your local venue's page on our Web site.
(A) For
(B) Around
(C) By
(D) Upon

試験日については，私どものウェブサイトから各地域会場のページを見てください。
(A) 〜については
(B) 〜のあちこちに
(C) 〜によって
(D) 〜に応じて

**正解** (A)

**解説** 選択肢にはさまざまな前置詞が並んでいます。空所に入れて文意が通るのは，(A)のFor「〜については」です。forはさまざまな意味を表す前置詞ですが，「対象に指をさす」イメージがあることを押さえておいてください。本問ではyour examination date「あなたの試験日」の方に指をさして，「これに関しては」と説明をする状況をイメージしてみてください。

**語句** □ examination 試験　□ local 地元の　□ venue 開催地，会場

## 12.

Customer service representatives are expected to discuss solutions to client requests among ------- before requesting help from a supervisor.
(A) themselves
(B) theirs
(C) their
(D) they

カスタマー・サービスの担当者たちは，上司に助けを求める前に，顧客からのリクエストに対する解法法を自分たちで話し合うことが期待されている。
(A) 彼ら自身
(B) 彼らのもの
(C) 彼らの
(D) 彼らは

**正解** (A)

**解説** 空所の前には前置詞のamong「〜の間で」が，後ろには前置詞のbefore「〜する前に」があります。選択肢には代名詞they「彼らは」のさまざまな形が並んでいますが，これらは同じ節の主語であるCustomer service representatives「カスタマー・サービスの担当者たち」のことです。同じ節の中にその節の主語が再度登場する場合，代名詞には再帰代名詞を用います。よって，正解は(A)のthemselves「彼ら自身」です。

**語句** □ representative 担当者，販売員，部員
　　　　□ *be* expected to *do* 〜することを期待される　□ discuss 〜について話し合う
　　　　□ solution 解決法　□ client 顧客　□ supervisor 上司

## 13.

Although Mr. Gupta is less experienced than the other applicants, he got a great ------- from his previous employer.

(A) referring
(B) referred
(C) referral
(D) refer

グプタ氏はほかの志願者ほど経験はないが，彼は前の雇用主の強い推薦を得た。

(A) 参照すること
(B) 参照された
(C) 推薦
(D) 参照する

**正解** (C)

**解説** 空所の前には冠詞のaと形容詞のgreat「大きな」，後ろには前置詞のfromがあります。冠詞の後ろには名詞（句）が続くため，正解は(C)のreferral「推薦」です。(A) referring「参照すること」も動名詞として名詞の役割をしますが，ここでは文意に合わないので不正解です。

**PiCK UP** 「推薦」はreferral以外にも，referenceやrecommendationという単語で表すことができます。

**語句** □ although ～だけれども　□ experienced 経験豊富な　□ applicant 志願者
　　　□ previous 前の　□ employer 雇用主

## 14.

Jessica was pleased that the advertisement ------- she had designed produced such exceptional results.

(A) who
(B) which
(C) whose
(D) what

ジェシカは，彼女がデザインした広告がそのような類いまれな結果を生んだことを喜んだ。

(A) （関係代名詞）
(B) （関係代名詞）
(C) （関係代名詞）
(D) （関係代名詞）

**正解** (B)

**解説** 空所の前にはthe advertisement「広告」という先行詞（物）があり，後ろにはshe had designed「彼女がデザインした」という〈主語＋述語動詞〉が続いています。これらをつなぐのは，目的格の関係代名詞である(B)のwhichです。(A)のwhoは先行詞が人，後ろには動詞が続きます。(C)のwhoseは，先行詞に人も物も置くことができますが，所有格なので後ろには名詞が続きます。(D)のwhatは先行詞を含んだ関係代名詞です。

**語句** □ be pleased that ～を喜ぶ　□ advertisement 広告　□ design ～をデザインする
　　　□ produce ～を生む　□ such そのような　□ exceptional 類いまれな　□ result 結果

## 15.

New Dawley Clinic makes use of the -------
recent dentistry techniques.
(A) large
(B) further
(C) most
(D) plenty

ニュー・ドーリー・クリニックは最新の歯科技術を用いている。
(A) 大きな
(B) さらに
(C) 最も
(D) 十分

**正解** (C)

**解説** 空所の前は定冠詞のthe, 後ろには〈形容詞＋名詞句〉が続いています。形容詞recentの前に置いて意味を成すのは, 最上級を作る副詞の(C)です。the most recent dentistry techniquesは「最新の歯科技術」という意味です。

**語句** □ make use of ～を用いる　□ recent 最近の　□ dentistry 歯科　□ technique 技術

## 16.

We guarantee that after our short computer literacy course, you will be able to -------
even more challenging tasks.
(A) function
(B) handle
(C) affect
(D) qualify

この短期コンピューター・リテラシー講座を受講していただいた後は，もっと難しい作業も扱えるようになっていることを保証いたします。
(A) 機能する
(B) ～を扱う
(C) ～に影響を及ぼす
(D) ～に資格を与える

**正解** (B)

**解説** 前半の内容がWe guarantee that after our short computer literacy course「この短期コンピューター・リテラシー講座を受講していただいた後は～ことを私たちは保証します」となっています。講座により受講者が何をできるようになることを保証しているかが問われており, handle challenging tasks「難しい作業を扱う」ことだと考えると, 文意が通ります。(B)が正解です。

**語句** □ guarantee ～を保証する　□ literacy 能力, 技能
□ be able to do ～することができる　□ even more さらにいっそう
□ challenging 難しい, やりがいのある　□ task 作業

## 17.

| | |
|---|---|
| ------- attending the conference will receive a free T-shirt with the Caliber Electronics logo on it.<br>(A) Whoever<br>(B) Whose<br>(C) Someone<br>(D) Anyone | 会議に参加する人は誰でも, キャリバー・エレクトロニクスのロゴが入った無料のTシャツをもらえる。<br>(A) ～する人は誰でも<br>(B) 誰の<br>(C) 誰か<br>(D) 誰でも |

**正解** (D)

**解説** 選択肢には人を表すさまざまな代名詞が並び, 空所の後ろにはattending the conference「会議に参加する」, その後ろには述語動詞のwill receive「受け取る」が続いています。空所に入れて文意が通るのは, (D)のAnyone「誰でも」です。(A)の複合関係代名詞Whoever「～する人は誰でも」は後ろに動詞が続いて節を作り, (B)のWhose「誰の」は所有格なので後ろには名詞が続きます。(C)のSomeoneは「誰か」という意味なので, 空所に入れても文意が通りません。

**語句** □ attend ～に参加する　□ conference 会議　□ receive ～を受け取る

## 18.

| | |
|---|---|
| As an international company, Layland Bank's branches can be found in major cities ------- the globe.<br>(A) across<br>(B) beyond<br>(C) about<br>(D) wherever | 国際的な企業として, レイランド銀行の支店は世界中の大都市にある。<br>(A) ～中の<br>(B) ～を越えて<br>(C) ～について<br>(D) ～するところはどこでも |

**正解** (A)

**解説** 選択肢には前置詞と副詞が並んでいます。空所の前にはin major cities「大都市に」, 後ろにはthe globe「世界」があります。空所に入れて文意が通るのは, (A)のacross「～中の」です。

**PiCK UP** across the globe「世界中の」は, all around the worldやaround the world, all over the worldなどに言い換えることができます。

**語句** □ international 国際的な　□ branch 支店　□ major 大きい　□ globe 世界

## 19.

Carter Financial Solutions has -------
customers that their personal information will
be protected during the switch to the new
system.

(A) ensured
(B) designated
(C) insured
(D) assured

カーター・フィナンシャル・ソリューシ
ョンズは客に対し，新システムへの移行
時に個人情報は保護されると保証した。

(A) 〜を保証した
(B) 〜を指名した
(C) 〜を保証した
(D) 〜に…を保証した

**正解** (D)

**解説** 空所の前には has が，後ろには customers that があり，その後ろには節が続いています。選
択肢の中で〈人＋that節〉を続けることができ，なおかつ文意が通るのは，(D)の assured「〜
に…を保証した」です。(A) ensured と(C) insured も「保証した」という意味ですが，これ
らはこの形にはなりません。

**語句** □ customer 客　□ personal 個人の　□ protect 〜を守る　□ during 〜の間
□ switch to 〜への移行

## 20.

Chopbot is a robot ------- by a small team of
local engineers that is capable of cutting
fruits, vegetables, meat, and so on.

(A) build
(B) built
(C) building
(D) having built

チョップボットは地元の小さなエンジ
ニア集団が作ったロボットで，フルーツ
や野菜，肉などを切ることができる。

(A) 〜を建造する
(B) 建造された
(C) 〜を建造している
(D) 〜を建造した

**正解** (B)

**解説** 空所の前には冠詞のaと名詞のrobot「ロボット」が，後ろには前置詞のbyから始まるby a
small team「小さなチームによって」があります。「ロボットは小さなチームによって作られ
た」とすれば文意が通るため，正解は(B)の built「建造された」です。問題文中にあるthatは
関係代名詞の主格で，先行詞はa robotです。a robotを後ろから説明するby 〜 engineers
が長いため，注意して理解するようにしてください。

**語句** □ local 地元の　□ *be* capable of *doing* 〜することができる　□ and so on 〜など

## 21.

Hobbs Online ------- Web site servers on July 1, so customers will be unable to log in.
(A) will be switching
(B) switch
(C) is switched
(D) will be switched

ホッブス・オンラインは7月1日にウェブサイト用のサーバーを変更することにしているため、顧客はログインすることができない。

(A) 〜を変更することにしている
(B) 〜を変更する
(C) 変更される
(D) 変更されるだろう

**正解** (A)

**解説** 空所の前には名詞のHobbs Online「ホッブス・オンライン」、後ろには名詞のWeb site servers「ウェブサイト用のサーバー」があります。主語に合うものでなおかつ後ろに目的語を取れるのは、(A)のwill be switching「〜を変更することにしている」だけです。(B)はswitchesのように三人称単数現在形であれば正解になり得ます。(C)と(D)はいずれも受動態なので、後ろに目的語は続きません。

**語句** □ be unable to do 〜することができない　□ log in ログインする


## 22.

Customers ------- have not yet signed up for next week's Ultimate Coupon Competition should do so quickly.
(A) which
(B) what
(C) when
(D) who

来週のアルティメット・クーポン・コンペティションに申し込んでいないお客さまはすぐに申し込んでください。

(A)（関係代名詞）
(B)（関係代名詞）
(C)（関係副詞）
(D)（関係代名詞）

**正解** (D)

**解説** 空所の前にはCustomers「お客さま」という先行詞（人）があり、後ろにはhave not yet signed up「まだ申し込んでいない」という述語動詞が続いています。これらをつなぐのは主格の関係代名詞である(D)のwhoです。(A)のwhichは先行詞が物のときに使います。(B)のwhatは先行詞を含んだ関係代名詞で、the thing(s) whichに置き換えることが可能です。(C)のwhenは関係副詞または接続詞として使います。

**語句** □〈have not yet＋過去分詞〉まだ〜していない　□ sign up for 〜に申し込む
□ quickly すぐに

## 23.

I'd like to welcome the clients at the hotel, so please call me immediately after ------- plane lands.
(A) themselves
(B) their
(C) them
(D) they

ホテルで顧客を出迎えたいと思いますので，彼らの飛行機が到着したらすぐに電話をください。
(A) 彼ら自身
(B) 彼らの
(C) 彼らを，彼らに
(D) 彼らは

**正解** (B)

**解説** 空所の前には接続詞のafter, 後ろにはplane landsという〈名詞＋動詞〉が続いています。名詞のplaneの前に置いて「彼らの飛行機」という意味を成す(B)のtheirが正解です。

**PiCK UP** 他動詞のlandには「～を勝ち取る，獲得する」という意味もあります。

**語句** □ I'd like to *do* 私は～したい　□ welcome ～を出迎える　□ immediately すぐに　□ land 着陸する

## 24.

------- makes True Impression different from its competitors is the impressive level of customer service that it provides.
(A) When
(B) What
(C) Where
(D) Who

トゥルー・インプレッションが競合他社と違っているのは，提供する顧客サービスが感銘を受けるほどレベルが高いことだ。
(A) （関係副詞）
(B) （関係代名詞）
(C) （関係副詞）
(D) （関係代名詞）

**正解** (B)

**解説** 空所から始まるカタマリはisの前まで続いていて，これが文全体の主部となっています。主語となると同時に名詞節を作ることができるのは，(B)の関係代名詞Whatです。関係代名詞のwhatは〈what SV〉であれば「SがVすること，もの」，〈what is＋過去分詞〉であれば「～されること，もの」という意味になります。What makes True Impression different from its competitorsは直訳すると「トゥルー・インプレッションを競合他社と違うものにしていること」となります。

**PiCK UP** make *A B*「AをBにする」のようなパターン（SVOCの第5文型）で使われる動詞には，keep *A B*「AをBにしておく」，leave *A B*「AをBにしておく」，find *A B*「AがBだと分かる」，call *A B*「AをBと呼ぶ」，name *A B*「AをBと名付ける」などがあります。

**語句** □ competitor 競合他社　□ impressive 感動的な　□ provide ～を提供する

**25.**

Our conference is a place for ------- entrepreneurs to share their experiences and expertise with one another.

(A) accomplish
(B) accomplishing
(C) accomplishments
(D) accomplished

私たちの会議は, 熟達した起業家が経験や専門知識を互いに共有する場である。

(A) ～を成し遂げる
(B) ～を成し遂げつつある
(C) 成果
(D) 熟達した

**正解**　(D)

**解説**　空所の前には前置詞のfor, 後ろには名詞のentrepreneurs「起業家」があります。選択肢には他動詞のaccomplish「～を成し遂げる」のさまざまな形が並んでいますが, entrepreneursを前から修飾して文意が通るのはaccomplished「熟達した」なので, (D)が正解です。

**PiCK UP**　本問以外のパターンとして, for entertaining a guest「客をもてなすための」のような, 〈前置詞＋（他動詞の）動名詞＋目的語〉というパターンもしばしば使われます。前置詞の後ろに動名詞あるいは現在分詞が入るのか, 過去分詞が入るのかの判断は, 文意を考えてするようにしてください。

**語句**　□ conference 会議　□ entrepreneur 起業家　□ share A with B AをBと共有する
□ experience 経験　□ expertise 専門知識　□ one another お互い

---

**26.**

It is important to share sales data and ------- to maintain good communication between departments.

(A) record
(B) records
(C) recorded
(D) recording

部署間でよい意思疎通を保つ上で, 売り上げのデータと記録を共有することが大事だ。

(A) 記録（単数形）
(B) 記録（複数形）
(C) 記録された
(D) ～を記録している

**正解**　(B)

**解説**　空所には前にあるsales dataとandを使って並立するものが入ります。salesはdataと空所の両方を修飾していると考えれば文意が通るため, 空所には「記録」という意味の名詞が入ります。record「記録」は可算名詞なので, 単数形の場合は前に冠詞や代名詞の所有格などが必要になり, ここでは正解にはなり得ません。よって, 正解は複数形の(B) recordsです。

**PiCK UP**　recordは, 名詞「記録」, 自動詞「録音する」, 他動詞「～を記録する」, 形容詞「記録的な」というように, さまざまな品詞・意味で使われる単語です。recordingは現在分詞「～を記録している」や動名詞「～を記録すること」として使われるだけでなく, 名詞「レコーディング（音声や映像を何らかの媒体に記録すること）」として使うこともできます。

**語句**　□ share ～を共有する　□ maintain ～を保つ　□ between ～の間で
□ department 部署

## 27.

This signed copy serves as ------- of your agreement to the conditions stated in the contract.

(A) prove
(B) proved
(C) provable
(D) proof

この署名入りの複写は，契約書内で述べられている条件へのあなたの同意の証明としての役割を果たす。

(A) ～を証明する
(B) 証明された，～を証明した
(C) 証明できる
(D) 証明

**正解** (D)

**解説** 選択肢には動詞prove「～を証明する」のさまざまな形が並んでいます。前後にasとofという前置詞があるため，空所には名詞が入ります。よって，正解は(D)のproof「証明」です。

**PiCK UP** prove「～を証明する」はprove to be「～であることが判明する」という表現も押さえておいてください。

**語句** □ sign ～に署名する　□ serve as ～としての役割を果たす
□ agreement to ～への同意　□ condition 条件　□ state ～を述べる
□ contract 契約

## 28.

Ms. Beckett will be giving the presentation ------- Mr. Prior, who cannot present because he is sick today.

(A) after
(B) with
(C) instead of
(D) thanks to

ベケット氏は，病気のせいで今日はプレゼンテーションができないプライア氏に代わり，プレゼンテーションをすることになっている。

(A) ～の後に
(B) ～とともに
(C) ～の代わりに
(D) ～のおかげで

**正解** (C)

**解説** 選択肢にはさまざまな（群）前置詞が並んでいます。問題文後半にある関係代名詞のwho以降の内容から，プライア氏は「プレゼンテーションができない」ことが分かります。よって，正解は(C)のinstead of「～の代わりに」です。

**PiCK UP** instead of「～の代わりに」は，in place ofに言い換えることも可能です。

**語句** □ present プレゼンテーションをする

## 29.

| | |
|---|---|
| According to the contract, the construction of the bridge must be completed ------- the end of the year.<br>(A) within<br>(B) until<br>(C) by<br>(D) to | 契約によれば，橋の建設は年末までに完了しなくてはならない。<br>(A) （範囲）〜以内に<br>(B) （継続）〜まで<br>(C) （期限）〜までに<br>(D) （到達点）〜まで |

**正解** (C)

**解説** 選択肢にはさまざまな前置詞が並び，後ろにはthe end of the year「年末」という表現が続いています。空所の前にはthe construction of the bridge must be completed「橋の建設は完了しなくてはならない」とあります。期限を表す(C)のby「〜までに」を空所に入れれば，文意が通ります。

**PiCK UP** until「〜まで」とby「〜までに」は混同しやすいので注意が必要です。untilは「〜までずっと」という「継続」を表し，byは「期限」を表すと覚えておいてください。

**語句** □ according to 〜によると □ contract 契約 □ construction 建設 □ bridge 橋 □ complete 〜を完成させる

## 30.

| | |
|---|---|
| Silverlight employees should notify their managers no later than 9:00 A.M. ------- they need to take a day off from work.<br>(A) soon<br>(B) only<br>(C) then<br>(D) if | シルバーライトの従業員は，もし休暇を取る必要があるなら午前9時までにマネージャーに伝えること。<br>(A) すぐに<br>(B) たった<br>(C) それから<br>(D) もし〜なら |

**正解** (D)

**解説** 空所の前には1つ目の節が，後ろには2つ目の節が続いています。節と節をつなげる接続詞として(D)のif「もし〜なら」が，意味も通るので正解です。

**PiCK UP** 期限を表すno later than「〜までに」は，前置詞のbyに言い換えることができます。

**語句** □ employee 従業員 □ notify 〜に伝える □ no later than 〜までに □ need to do 〜する必要がある □ take a day off from work 仕事を1日休む

031

**Questions 31–34** refer to the following letter.

Tom Clarkson, Director
Environmental Protection Commission
Marina County
October 18

Dear Tom,

Please accept this as my official notice of ------- as Associate Engineer at the
                                              **31.**
Environmental Protection Commission for Marina County. As ------- in our
                                                              **32.**
conversation yesterday, I will notify my immediate supervisor personally on

Monday, October 21. Accordingly, my last day at work will be Friday, November

29.

-------. Please let me know how I can assist in ------- new or current team
  **33.**                                           **34.**
members.

Thank you again for everything. I wish you and the team all the best.

Sincerely,

Sara Gravis

---

**訳** 設問31-34は次の手紙に関するものです。

トム・クラークソン，ディレクター
環境保護委員会
マリナ郡
10月18日

トムへ

こちらをマリナ郡環境保護委員会のアソシエイト・エンジニアとしての正式な辞職の通知として
お受け取りください。昨日の話し合いで決めた通り，直属の上司には個人的に10月21日の月曜日
に知らせます。したがいまして，私の勤務最終日は11月29日の金曜日になります。

あなたにいただいたご指導とチャンスに感謝いたします。チームの新メンバーや現メンバーを訓
練するのをどのように手伝えばよいかお知らせください。

全てのことに感謝いたします。あなたやチームがうまくいくことを願っています。

敬具

サラ・グレイビス

> **語句** □ environmental 環境の □ protection 保護 □ commission 委員会
> □ county 郡 □ accept ～を受け取る □ as ～として □ official 公式の
> □ notice 知らせ □ as ～の通り □ conversation 会話 □ notify ～に知らせる
> □ immediate 直属の □ supervisor 上司 □ personally 個人的に
> □ accordingly それに従って □ assist 手伝う □ current 現在の

## 31.

| (A) registration | (A) 登録 |
|---|---|
| (B) resignation | (B) 辞職 |
| (C) employment | (C) 雇用 |
| (D) acceptance | (D) 受諾 |

**正解** (B)

**解説** 空所を含む文は Please accept this as my official notice of ------- as Associate Engineer at the Environmental Protection Commission for Marina County.「こちらをマリナ郡環境保護委員会のアソシエイト・エンジニアとしての正式な～の通知としてお受け取りください」となっていますが，この文だけでは正解を絞り込むことができません。第1段落の最後の文に，Accordingly, my last day at work will be Friday, November 29.「したがいまして，私の勤務最終日は11月29日の金曜日になります」とあるため，手紙の差出人であるサラ・グレイビスさんは「会社を辞める」ということが分かります。よって，正解は(B)の resignation「辞職」です。

## 32.

| (A) agrees | (A) 合意する（三人称単数現在形） |
|---|---|
| (B) will agree | (B) 合意するだろう |
| (C) agreed | (C) 合意された |
| (D) agreeing | (D) 合意すること |

**正解** (C)

**解説** 空所を含む文は As ------- in our conversation yesterday, I will notify my immediate supervisor personally on Monday, October 21.「昨日の話し合いで～通り，直属の上司には個人的に10月21日の月曜日に知らせます」となっています。空所の前にある As を前置詞だと考えた場合，空所には名詞が入りますが，選択肢に名詞はありません。(D)は名詞のように使える動名詞ですが前後とうまくつながりません。そこで，この As は接続詞であると考えると，本来後ろには〈主語＋述語動詞〉が続くはずです。実は，この文の前半の元の形は As it was agreed in our conversation yesterday で，そこから it was が省略されています。正解は(C) agreed で，「話し合いで合意された通り」という意味を表します。

## 33.

(A) A list of changes to last year's regulations is also enclosed.

(B) Thank you once again for recommending me for this promotion.

(C) During this period, you may cancel the arrangement without penalty.

(D) I appreciate the guidance and opportunities you have given me.

(A) 昨年の規定の変更の一覧も同封します。

(B) この昇進に私を推薦していただいたことに，改めて感謝いたします。

(C) この期間中は罰則なしで合意を取り消すことができます。

(D) あなたにいただいたご指導とチャンスに感謝いたします。

**正解** (D)

**解説** 文挿入問題です。空所は段落の最初にあり，後ろには Please let me know how I can assist in ------- new or current team members.「チームの新メンバーや現メンバー〜をどのように手伝えばよいかお知らせください」が続いています。前の段落の内容（仕事を辞めること）も踏まえて文意が通るのは，(D)の I appreciate the guidance and opportunities you have given me.「あなたにいただいたご指導とチャンスに感謝いたします」です。(A)は also「〜も」を使って「〜も同封します」とありますが，空所の前までにほかに同封するものについては述べられていません。(B)は this promotion「この昇進」が空所より前を含めてどこにも書かれてはいません。(C)も During this period「この期間中」を含め，問題文中では述べられていない内容です。

**語句** □ regulation 規定　□ enclose 〜を同封する　□ recommend 〜を推薦する
□ promotion 昇進　□ period 期間　□ arrangement 手配，合意　□ penalty 罰則
□ appreciate 〜に感謝する　□ guidance 指導　□ opportunity 機会

## 34.

(A) training
(B) train
(C) trains
(D) trained

(A) 〜を訓練すること，訓練
(B) 〜を訓練する
(C) 〜を訓練する（三人称単数現在形）
(D) 〜を訓練した，訓練された

**正解** (A)

**解説** 空所を含む文は Please let me know how I can assist in ------- new or current team members.「チームの新メンバーや現メンバー〜をどのように手伝えばよいかお知らせください」となっています。前置詞の後ろなので，名詞が入ります。空所の後ろに new or current team members が続くことに注目し，目的語を取り名詞の働きをする動名詞(A)が正解となります。

**PiCK UP** assist は〈assist＋人＋to do〉で「人が〜するのを助ける」，〈assist＋人＋to＋場所〉で「人を場所に案内する」という使い方をすることも覚えておいてください。

**Questions 35–38** refer to the following instructions.

Although Alcindor Moving Services strives to handle your belongings with the

utmost care, ------- cannot absolutely guarantee the safety of fragile items.
       **35.**

-------, it is the customer's responsibility to ensure that the contents of boxes we
  **36.**

transport are adequately protected. -------. Recycled boxes lack the firmness to
          **37.**

provide sufficient protection for their contents. Before packing any breakable

items, wrap them ------- in newspaper to keep them from knocking against one
        **38.**

other during transit. For more packing tips, visit www.alcindormoving.com and

click on the tab marked "Packing for Your Move."

---

**訳** 設問35-38は次の説明書に関するものです。

アルシンダー引っ越しサービスは最大限の注意を払ってお客さまのお荷物を扱うように努力しておりますが，私たちは壊れやすい品物の安全を完全に保証することはできません。したがいまして，私たちが運ぶ箱の中身が適切に保護されていることを確かめるのは，お客さまの責任になります。荷造りをする際は，当社が提供する新しい梱包容器のみをご利用ください。リサイクルされた箱は，内容物を十分に保護するだけの強度がありません。壊れやすい品物を詰める前に，輸送中に品物が互いにぶつかるのを防ぐため，新聞紙で1つ1つ包んでください。荷造りに関してさらにヒントが必要な方は www.alcindormoving.com をご覧いただき，Packing for Your Move（引っ越しの荷造り）というタブをクリックしてください。

---

**語句** 　☐ although ～だけれども　☐ strive to *do* ～するよう努力する
　☐ handle ～を扱う　☐ belongings 所持品　☐ utmost 最大限の
　☐ absolutely 完全に　☐ guarantee ～を保証する　☐ safety 安全
　☐ fragile 壊れやすい　☐ item 品物　☐ responsibility 責任
　☐ ensure ～を保証する　☐ content 中身　☐ transport ～を輸送する
　☐ adequately 適切に　☐ protect ～を保護する　☐ lack ～が欠けている
　☐ firmness 強度　☐ provide ～を提供する　☐ sufficient 十分な
　☐ protection 保護　☐ before *doing* ～する前に　☐ pack ～を詰める
　☐ breakable 壊れやすい　☐ wrap ～を包む　☐ knock against ～とぶつかる
　☐ one other お互いに　☐ transit 輸送　☐ tip ヒント
　☐ click on ～をクリックする　☐ tab タブ　☐ mark ～にマークを付ける

**35.**

| | |
|---|---|
| (A) we | (A) 私たちは |
| (B) our | (B) 私たちの |
| (C) ours | (C) 私たちのもの |
| (D) us | (D) 私たちを |

**正解** (A)

**解説** 空所を含む節は ------- cannot absolutely guarantee the safety of fragile items「〜壊れやすい品物の安全を完全に保証することはできません」となっています。空所の後ろには述語動詞のcannot absolutely guaranteeが続いているため、空所には主格である(A)のwe「私たちは」が入ります。

**36.**

| | |
|---|---|
| (A) Otherwise | (A) そうでなければ |
| (B) Therefore | (B) それゆえ |
| (C) Lastly | (C) 最後に |
| (D) Nevertheless | (D) それにも関わらず |

**正解** (B)

**解説** 空所を含む文は -------, it is the customer's responsibility to ensure that the contents of boxes we transport are adequately protected.「〜、私たちが運ぶ箱の中身が適切に保護されていることを確かめるのは、お客さまの責任になります」となっています。選択肢には主に接続副詞が並んでいるので、空所の前の文との話の流れから判断して正解を選ぶ必要があります。空所の前にある節の内容は「私たちは壊れやすい品物の安全を完全に保証することはできません」となっているので、文脈に沿うのは(B)のTherefore「それゆえ」になります。

## 37.

(A) For this reason, we advise customers to avoid them.
(B) We also offer reasonably priced moving insurance policies.
(C) Accordingly, we cannot compensate you for those broken dishes.
(D) When packing, use only new packing containers that we provide.

(A) このため，当社ではそれらを避けるようお客さまにアドバイスしています。
(B) 当社ではさらにご納得いただける価格の引越保険サービスも提供しています。
(C) したがいまして，これらの破損した皿について当社は補償いたしかねます。
(D) 荷造りをする際は，当社が提供する新しい梱包容器のみをご利用ください。

**正解** (D)

**解説** 文挿入問題です。空所の前の文は -------, it is the customer's responsibility to ensure that the contents of boxes we transport are adequately protected.「〜，私たちが運ぶ箱の中身が適切に保護されていることを確かめるのは，お客さまの責任になります」，後ろの文は Recycled boxes lack the firmness to provide sufficient protection for their contents. 「リサイクルされた箱は，内容物を十分に保護するだけの強度がありません」となっています。空所の後ろの内容が「リサイクルの箱は強度が十分ではない」というものなので，これにつながるのは (D) の When packing, use only new packing containers that we provide.「荷造りをする際は，当社が提供する新しい梱包容器のみをご利用ください」です。(A) は For this reason「このため」以下が前の文の内容とはつながりません。(B) は also「また」を含んでいますが，その場合は前にある文の内容も「何かを提供する」ものでなくてはなりません。(C) は those broken dishes「これらの破損した皿」が，空所の前までに一切登場していません。

**語句** □ advise A to do Aに〜するようアドバイスする　□ avoid 〜を避ける
□ offer 〜を提供する　□ reasonably priced 納得してもらえる価格の
□ moving 引っ越し用の　□ insurance policy 保険サービス
□ accordingly それに応じて　□ compensate 〜を補償する
□ when doing 〜するとき　□ pack 荷造りする　□ packing container 梱包容器

## 38.

(A) individually
(B) capably
(C) significantly
(D) fairly

(A) 個別に
(B) 上手に
(C) かなり
(D) 公正に

**正解** (A)

**解説** 空所にはさまざまな副詞が並んでいます。空所を含む文は Before packing any breakable items, wrap them ------- in newspaper to keep them from knocking against one other during transit.「壊れやすい品物を詰める前に，輸送中に品物が互いにぶつかるのを防ぐため，新聞紙で〜包んでください」です。空所には wrap them「それらを包む」を後ろから説明する副詞が入ると考えられます。(A) の individually「個別に」を入れると，後ろに続く「輸送中に品物が互いにぶつかるのを防ぐため」という内容と話がつながります。

**Questions 39–42** refer to the following article.

Manic Burger Goes Meatless

CAMBRIDGE—Fast-food chain Manic Burger ------- vegetarian burgers to its
                                              **39.**
menu at all branches in March. Company president Ronald King told reporters

the restaurant offered meatless "EcoBurgers" at several selected branches last

December and was encouraged by the positive ------- from diners. The new
                                               **40.**
menu will be launched nationwide on March 8.

The plant-based burger patties for the EcoBurger are being ------- by
                                                             **41.**
Portland-based supplier Veggie Planet. -------. "They make high-quality meatless
                                        **42.**
items that we're proud to add to our menu," King said of Veggie Planet.

---

**訳** 設問39-42は次の記事に関するものです。

マニック・バーガー，肉を使わないメニュー導入

ケンブリッジ ― ファストフード・チェーンのマニック・バーガーは，3月に全店舗でベジタリア
ン・バーガーをメニューに導入する。社長のロナルド・キングが記者に語った話によれば，同社
は昨年の12月に数店舗を選んで肉を使っていない「エコバーガー」を提供したところ，食べた人
から前向きな反応をもらい，背中を押されたと言う。新メニューは3月8日に全国で販売が開始さ
れる。

エコバーガー用の植物ベースのバーガーパテは，ポートランドに本拠を置く納入業者であるベジ
ー・プラネット社によって提供されている。同社はベジタリアン向けの食べ物を専門に扱ってい
る。「彼らが製造しているのは高品質の，肉を使わない品であり，それを当社のメニューに加える
ことを誇らしく思っています」とキングはベジー・プラネット社について語った。

- - - - - - - - - - - - - - - - - - - - - - - - - - - - - - - - - - - - - - - -

**語句** □ meatless 肉を使わない  □ branch 支店  □ offer ～を提供する
□ several いくつかの  □ select ～を選ぶ  □ encourage ～の背中を押す
□ positive 前向きな  □ diner 食事をする人  □ launch ～を発売する
□ nationwide 全国で  □ plant-based 植物ベースの  □ patty パテ
□ supplier 納入業者  □ *be* proud to *do* 誇りを持って～する
□ add to ～に加える

## 39.

(A) has introduced
(B) will introduce
(C) was introduced
(D) was introducing

(A) 〜を導入した
(B) 〜を導入するだろう
(C) 導入された
(D) 〜を導入しているところだった

**正解** (B)

**解説** 空所を含む文はFast-food chain Manic Burger ------- vegetarian burgers to its menu at all branches in March.「ファストフード・チェーンのマニック・バーガーは，3月に全店舗でベジタリアン・バーガーをメニューに〜」となっています。選択肢には，動詞introduce「〜を導入する」のさまざまな形が並んでいますが，最初の段落の最後の文にThe new menu will be launched nationwide on March 8.「新メニューは3月8日に全国で販売が開始される」とあります。よって，導入されるのは未来のことなので，正解は(B)のwill introduce「〜を導入するだろう」です。

## 40.

(A) expression
(B) description
(C) response
(D) answer

(A) 表現
(B) 描写
(C) 反応
(D) 答え

**正解** (C)

**解説** 空所を含む文はCompany president Ronald King told reporters the restaurant offered meatless "EcoBurgers" at several selected branches last December and was encouraged by the positive ------- from diners.「社長のロナルド・キングが記者に語った話によれば，同社は昨年の12月に数店舗を選んで肉を使っていない『エコバーガー』を提供したところ，食べた人から前向きな〜をもらい，背中を押されたと言う」となっています。文意が通るのは，(C)のresponse「反応」です。

**41.**

(A) providing
(B) provides
(C) provided
(D) provide

(A) 〜を提供すること
(B) 〜を提供する（三人称単数現在形）
(C) 提供される
(D) 〜を提供する

**正解** (C)

**解説** 空所を含む文は The plant-based burger patties for the EcoBurger are being ------- by Portland-based supplier Veggie Planet.「エコバーガー用の植物ベースのバーガーパテは，ポートランドに本拠を置く納入業者であるベジー・プラネット社によって〜いる」となっています。空所の前には be 動詞の are being，後ろには前置詞の by があり，これは「受け身の（現在）進行形」の表現であることが分かります。よって，正解は (C) の provided「提供される」です。

**PiCK UP** 受け身の進行形は〈be 動詞＋ being ＋過去分詞〉で表され，「〜されている最中だ」という意味になります。

**42.**

(A) The purchase was announced to reporters in February.
(B) The majority of fast-food customers appear to agree.
(C) Regular beef, chicken, and fish burgers will stay on the menu.
(D) The company specializes in food for vegetarians.

(A) 2月に買収が記者に発表された。
(B) ファストフード店の客の大半は同意しているようだ。
(C) 通常のビーフバーガー，チキンバーガー，フィッシュバーガーは引き続きメニューに残るだろう。
(D) 同社はベジタリアン向けの食べ物を専門に扱っている。

**正解** (D)

**解説** 文挿入問題です。空所の前には The plant-based burger patties for the EcoBurger are being ------- by Portland-based supplier Veggie Planet.「エコバーガー用の植物ベースのバーガーパテは，ポートランドに本拠を置く納入業者であるベジー・プラネット社によって〜いる」，後ろには "They make high-quality meatless items that we're proud to add to our menu," King said of Veggie Planet.「『彼らが製造しているのは高品質の，肉を使わない品であり，それを当社のメニューに加えることを誇らしく思っています』とキングはベジー・プラネット社について語った」とあります。空所の前後両方で話題となっているのは「ベジー・プラネット社の提供する植物ベースのパテ」です。この話の流れに沿うのは，(D) の The company specializes in food for vegetarians.「同社はベジタリアン向けの食べ物を専門に扱っている」です。The company は Veggie Planet のことを指しています。

**語句** □ purchase 購入，買収　□ be announced to 〜に対して発表される
□ majority of 〜の大半　□ appear to do 〜しているようだ　□ agree 同意する
□ specialize in 〜を専門とする

**Questions 43–46** refer to the following e-mail.

From: Beverly Huang, President
To: Staff volunteers for Bellhaven Community Fair
Date: June 22
Subject: Schedule

Thank you for ------- to staff Anderton Logistics' booth at the Belhaven
    **43.**

Community Fair on Saturday. Please be at the ground floor entrance of Westerly

Station by 7:45 A.M. For those planning to go by car, be aware that parking near

the station is extremely -------. The nearest public parking area is a five-minute
                    **44.**

walk from our meeting point. -------.
                    **45.**

Civic outreach is a key component to Anderton's business model. -------
                                    **46.**

willingness to help the company participate in community events like Saturday's

fair is greatly appreciated.

---

**訳** 設問43-46は次のeメールに関するものです。

送信者：ビバリー・ヒュアン，社長
宛先：ベルヘイブン・コミュニティ・フェアの社員ボランティア
日付：6月22日
件名：スケジュール

土曜日のベルヘイブン・コミュニティ・フェアにて，アンダートン・ロジスティクスのブースで
働くことを自発的に申し出てくれて，ありがとうございます。午前7時45分までにウェスタリー
駅の1階エントランスにいるようにしてください。自動車で向かう予定の方は，駅近くの駐車場所
は極めて少ないので注意してください。一番近い公共駐車場は，集合場所から歩いて5分のところ
にあります。遅刻しないように時間に1分余裕を見るようにしてください。

市民奉仕活動は，アンダートンのビジネスモデルにとって重要な要素です。当社が土曜日のフェ
アのような地域社会のイベントに参加するのをあなたが快く手伝ってくれることを，非常にありが
たく思っています。

---

**語句** □ thank you for ～してくれてありがとう　□ staff ～で働く，～に人を配置する
□ ground floor 1階　□ those 人々　□ plan to *do* ～する予定だ
□ *be* aware that ～に留意する　□ extremely 極端に
□ public parking area 公共駐車場　□ civic outreach 市民奉仕活動
□ key 重要な　□ component 要素　□ willingness to *do* 快く～すること
□ help *A do* Aが～するのを助ける　□ participate in ～に参加する
□ greatly 非常に　□ appreciate ～に感謝する

**43.**

| | |
|---|---|
| (A) volunteer | (A) 自発的に申し出る |
| (B) volunteering | (B) 自発的に申し出ること |
| (C) volunteered | (C) 自発的に申し出た |
| (D) volunteers | (D) 自発的に申し出る（三人称単数現在形） |

**正解** (B)

**解説** 空所を含む文はThank you for ------- to staff Anderton Logistics' booth at the Belhaven Community Fair on Saturday.「土曜日のベルヘイブン・コミュニティ・フェアにて，アンダートン・ロジスティクスのブースで働くことを〜，ありがとうございます」となっています。thank you for「〜してくれてありがとう」の後ろには名詞や動名詞が続くので，正解は(B)のvolunteering「自発的に申し出ること」です。

**44.**

| | |
|---|---|
| (A) automatic | (A) 自動の |
| (B) strict | (B) 厳格な |
| (C) scarce | (C) 不足している |
| (D) favorable | (D) 好都合の |

**正解** (C)

**解説** 空所を含む文は For those planning to go by car, be aware that parking near the station is extremely -------.「自動車で向かう予定の方は，駅近くの駐車場所は極めて〜であることに注意してください」となっています。be aware that「〜に留意してください」とあるため，空所にはマイナスイメージの表現が入ります。これを踏まえて文意が通るのは，(C)のscarce「不足している」です。

**45.**

(A) We request that you reconsider your decision.
(B) Discuss any other changes with your supervisor.
(C) We hope you have enjoyed attending the event.
(D) Be sure to allow sufficient time to avoid arriving late.

(A) 決断を再考するように要望します。
(B) ほかの変更はなんであれ上司と話し合ってください。
(C) イベントに楽しんで参加してもらえたらと思います。
(D) 遅刻しないように時間に十分余裕を見るようにしてください。

**正解** (D)

**解説** 文挿入問題です。空所の前には The nearest public parking area is a five-minute walk from our meeting point.「一番近い公共駐車場は，集合場所から歩いて5分のところにあります」とあります。ここまでの話題が「当日の集合時間と場所」に関することなので，この話の流れに沿うのは(D)の Be sure to allow sufficient time to avoid arriving late.「遅刻しないように時間に十分余裕を見るようにしてください」です。

**語句** □ request 〜を要望する　□ reconsider 〜を再考する　□ decision 決定
□ discuss 〜について話し合う　□ supervisor 上司
□ enjoy *doing* 〜することを楽しむ　□ attend 〜に参加する
□ *be* sure to *do* 必ず〜するようにする　□ allow （時間）を割り当てる
□ sufficient 十分な　□ avoid *doing* 〜することを避ける　□ arrive 到着する

**46.**

(A) Your
(B) Its
(C) Their
(D) Her

(A) あなたの
(B) その
(C) 彼らの
(D) 彼女の

**正解** (A)

**解説** 空所を含む文は ------- willingness to help the company participate in community events like Saturday's fair is greatly appreciated.「当社が土曜日のフェアのような地域社会のイベントに参加するのを〜が快く手伝ってくれることを，非常にありがたく思っています」となっています。空所にはさまざまな人称代名詞の所有格が並んでいますが，この e メールの内容は全て読み手，すなわち「あなた」に対して書かれているものなので，正解は(A)の Your です。

答え合わせをし，自分の得意・苦手な Part や設問タイプを確認し，あなたの今の "型" を確認しましょう。この結果をもとに，学習計画を立てます。学習計画の立て方は p.56 をご覧ください。

| 設問番号 | 正解 | 設問タイプ | | チェック |
|---|---|---|---|---|
| 1 | A | 7 | ペア表現・数・比較問題 | |
| 2 | B | 3 | 動詞問題 | |
| 3 | B | 4 | 前置詞vs接続詞vs副詞問題 | |
| 4 | B | 1 | 品詞問題 基礎編 | |
| 5 | A | 8 | 語彙問題 | |
| 6 | B | 8 | 語彙問題 | |
| 7 | A | 4 | 前置詞vs接続詞vs副詞問題 | |
| 8 | A | 3 | 動詞問題 | |
| 9 | A | 8 | 語彙問題 | |
| 10 | B | 8 | 語彙問題 | |
| 11 | A | 8 | 語彙問題 | |
| 12 | A | 5 | 代名詞問題 | |
| 13 | C | 2 | 品詞問題 応用編 | |
| 14 | B | 6 | 関係詞問題 | |
| 15 | C | 7 | ペア表現・数・比較問題 | |
| 16 | B | 8 | 語彙問題 | |
| 17 | D | 5 | 代名詞問題 | |
| 18 | A | 4 | 前置詞vs接続詞vs副詞問題 | |
| 19 | D | 8 | 語彙問題 | |
| 20 | B | 3 | 動詞問題 | |
| 21 | A | 3 | 動詞問題 | |
| 22 | D | 6 | 関係詞問題 | |
| 23 | B | 5 | 代名詞問題 | |
| 24 | B | 6 | 関係詞問題 | |
| 25 | D | 2 | 品詞問題 応用編 | |
| 26 | B | 2 | 品詞問題 応用編 | |
| 27 | D | 1 | 品詞問題 基礎編 | |
| 28 | C | 8 | 語彙問題 | |
| 29 | C | 8 | 語彙問題 | |
| 30 | D | 4 | 前置詞vs接続詞vs副詞問題 | |

Part 5 の表に対応

| Part 6 | 31 | B | 2 | 語彙問題 |
| | 32 | C | 1 | 動詞問題 |
| | 33 | D | 4 | 文挿入問題 |
| | 34 | A | 1 | 動詞問題 |
| | 35 | A | 3 | 代名詞・接続詞（接続副詞）問題 |
| | 36 | B | 3 | 代名詞・接続詞（接続副詞）問題 |
| | 37 | D | 4 | 文挿入問題 |
| | 38 | A | 2 | 語彙問題 |
| | 39 | B | 1 | 動詞問題 |
| | 40 | C | 2 | 語彙問題 |
| | 41 | C | 1 | 動詞問題 |
| | 42 | D | 4 | 文挿入問題 |
| | 43 | B | 1 | 動詞問題 |
| | 44 | C | 2 | 語彙問題 |
| | 45 | D | 4 | 文挿入問題 |
| | 46 | A | 3 | 代名詞・接続詞（接続副詞）問題 |

型診断　　　正答数・誤答数からあなたの型を診断しましょう。

| | Part 5 | | Part 6 | |
|---|---|---|---|---|
| | 正答数 | 誤答数 | 正答数 | 誤答数 |
| 設問タイプ1 | | | | |
| 設問タイプ2 | | | | |
| 設問タイプ3 | | | | |
| 設問タイプ4 | | | | |
| 設問タイプ5 | | | | |
| 設問タイプ6 | | | | |
| 設問タイプ7 | | | | |
| 設問タイプ8 | | | | |

**A キソガタメ型**
診断テストで全てのPartの正答率が4割以下だった方

**B 弱点補強型**
正答率が4割を超えるPartがある一方，弱点が特定のPartや設問タイプに偏っている方

**C ブラッシュアップ型**
全てのPartが正答率4割を超え，突出して苦手なPart・設問タイプがない方

**D 満点志向型**
診断テストを全問正解した方

## トレーニング・カウンセリング

### :: 自分の型の診断

診断テストを解いたら，まず答え合わせをし，Part別・設問タイプ別に正答数・誤答数を集計します。セルフチェック（p.8参照）をした方は，結果とのずれがないかを確認しましょう。「意外と苦手だったタイプ」が見つかるかもしれません。例えば「品詞問題」は得意だと思って取り組んでみたところ，experiencedが「経験豊富な」という意味で形容詞的に用いられる分詞だとは知らなくて解けなかった，ということがあるかもしれません。このような場合は「チャンス」です。「基本パターンから逸脱するものも出題される」ことを知り，知識としてストックしていくようにしてください。

単純に得意・苦手なタイプを把握するだけではなく，本書では，4つの型に分けて現状を診断し，次のトレーニング計画につなげることをすすめます。

| **A** キソガタメ型 | **B** 弱点補強型 | **C** ブラッシュアップ型 | **D** 満点志向型 |
|---|---|---|---|
| 診断テストで全てのPartの正答率が4割以下だった方が該当します。 | 正答率が4割を超えるPartがある一方，弱点が特定のPartや設問タイプに偏っている方が該当します。 | 全てのPartが正答率4割を超え，突出して苦手なPart・設問タイプがない方が該当します。 | 診断テストを全問正解した方が該当します。 |

### :: 型にあわせたトレーニングメニュー

型にあわせて，おすすめのトレーニングメニューを紹介します。

### **A** キソガタメ型メニュー

> **学習順** Part 5の設問タイプ1から，Part 6の設問タイプ4まで，順番に学習する

全体的に苦手な設問タイプが多い場合，基礎力をしっかり鍛えずに苦手だと思う設問タイプを1つずつ解いていっても，本番のテストでうまくいかない可能性があります。前から順に学習を進めましょう。このメニューは，1つ1つの文をしっかり読んで理解することがテーマでもあります。Practiceを解いて間違えた問題は，まず解説を読んで，語彙や文法を理解してから再度解答することをおすすめします。基礎をしっかり身につけましょう。

### **B** 弱点補強型メニュー

---
**学習順** 　① Part 5の設問タイプ1から8の中で「自信がない」と思うところから取り
　　　　　　組む
　　　　　② 自分の苦手なPart・設問タイプを学習する
　　　　　③ 残りのPart・設問タイプに取り組んでみる
---

弱点補強型の方は，Part 5を1から見ていき，自分が「自信がない」と感じるところをピックアップ，そこから学習を始めてみてください。文法問題は全般的に得意だと思っていても，前置詞や接続詞，副詞が選択肢に並んでいる設問タイプが苦手であったり，Part 6に対する苦手意識はあまりないと感じていても，文挿入問題だけは自信がない，という方は少なくありません。先に苦手である部分，つまり弱点を補強し，その後で得意なところを一通り確認する流れで学習を進めてください。こうすることで，次の受験日が迫っている場合でも，より短時間で総合力を高めて試験に臨むことが可能です。時間があるのなら，自分の苦手なPart・設問タイプを一通り学習した上で，得意な設問タイプをさらに伸ばしていけるとよいでしょう。

### **C** ブラッシュアップ型メニュー

---
**学習順** 　① 得意・正解が多かったPart・設問タイプの攻略法を確認し，知識の漏れ
　　　　　　を補った上でPracticeに挑戦する
　　　　　② 残りのPart・設問タイプを克服する
---

強みを徹底的に磨いてから，苦手克服に移るというメニューです。強み＝自分の得意ということもあり，学習をしていて楽しく感じるはずなので，おのずとモチベーションも上がります。得意分野をしっかりと磨いてから苦手な分野に進んでみてください。

攻略法と自分の解き方が違う場合，自分が自信を持って解けるタイプの問題であれば，ご自身の解き方を優先してかまいません。『なるほど，自分の解き方にこのやり方をアレンジしよう』と参考にしたり，『このやり方には賛同できないので自己流で解こう』と自分の解き方の再確認をしてみたりするとよいでしょう。

### **D** 満点志向型メニュー

---
**学習順** 　① Part 5のPracticeの問題を，1問平均10秒で解答する（解答する問題数
　　　　　　×10秒を設定し，その時間内に必ず解答し終えるようにします）
　　　　　② Part 6のPracticeの問題を，1問平均15秒で解答する（解答する問題数
　　　　　　×15秒を設定し，その時間内に必ず解答し終えるようにします）
---

リーディングセクションで450点以上（Part 5，6で9割程度正解）を取るような方は，いわゆる「苦手な設問タイプ」はほとんどないと言ってよいでしょう。このような方は，弱点をより詳しく分析していかないと，ある程度のところで高止まりしてしまう可能性があ

ります。ですので，満点を目指した解き方を志向しましょう。

Part 5，6ともに，どの問題に対しても，①解説ができる，②語句が全て分かる，③文意を言えるという状態にしてください。①の解説は，必ず「20秒以内」の説明にまとめてください。20秒で解説できる問題は，必ず20秒以内に解答することができます。単語は意味だけでなく，品詞，発音，語法までを覚えて説明できるようにします。

## ▌▌ 学習計画を立てる上での時間配分

学習計画を立てる上で，どのように時間をかけるのか迷う方もいるでしょう。ここでは，1つの設問タイプごとのおすすめの学習の流れと，それぞれにかかる時間を紹介します。自分が1日に使える時間をもとに，自分の計画を立ててみてください。

| Part 5・6 | Part 5・6設問タイプ別攻略法を読み，例題を解く…20分<br>Practiceを解く…10分　Practiceの復習…120分 |
| --- | --- |
| | Practiceの復習のタスク…① 問題の解説を全て読む（30分）<br>② 解説を読んでつまずいたところを確認する（30分）<br>③ 文法・語彙を確認する（30分）<br>④ 音読を行う（30分）＊手順は下にあります |

キソガタメ型で，毎日60〜90分学習できる方は，まず1日目に設問タイプ別攻略法を読み，例題を解いたら，Practiceも解き，復習のタスク①②まで進みましょう。そして2日目にはPracticeの復習のタスク③④に取り組みましょう。設問タイプが全部で12あるので，攻略法を一通り終えるのに24日間かかります。どうしても学習時間を確保できない日があることを考えると，4〜5週間ほどかかると考えられます。学習時間を半分しか確保できない場合は，倍の48日，つまり，約1カ月半程度かかります。ただし，「5週間後に受験しなければならないが，1日の学習時間を増やすことは難しい」というような場合は，「すべての問題を音読するのではなく，間違えた問題だけにする」など，1つの設問タイプにかける学習時間を減らす工夫をすればよいでしょう。

## ▌▌「復習のタスク」音読の手順

付属音声（詳しくはp.11を参照）を活用して取り組みましょう。通勤や買い物に行く途中，家事をやりながらなど，隙間時間も活用して行うとよいでしょう。

①音声を確認する
　まず，音声を聞きます。設問文の内容を100％理解した上で取り組みましょう。

②オーバーラッピングする（1問につき10〜20回）
　設問文を見ながら音声と同時に音読（オーバーラッピング）します。

③シャドーイングする（1問につき10〜20回）
　設問文を見ないで音声の少し後から遅れて音読（シャドーイング）します。

# Part 5
## 短文穴埋め問題

TOEICは「努力が100%
そのまま結果に結びつく」
テストです！

# Part 5（短文穴埋め問題）の攻略法

| 問題数 | 30問（No. 101～130） |
|---|---|
| 出題内容 | 空所がある短文を読んで，その空所に入れる最も適切な語句を4つの選択肢の中から選ぶ。 |
| 解答時間 | 1問平均20秒 |

## ▪▪ 解く際の流れ

### ①選択肢から問題のタイプを判断する

Part 5には大きく分けて「文法問題」と「語彙問題」の2つのタイプの問題があります。問題のタイプによって解法のアプローチが異なりますので，まずは(A)～(D)の選択肢を確認し，問題のタイプを判断しましょう。

・同じ語幹のさまざまな単語が並んでいる
　→（1）文法問題（本書の設問タイプ1～7が該当）
・同じ品詞のさまざまな単語が並んでいる
　→（2）語彙問題（本書の設問タイプ8が該当）
である可能性が高いです。

### ②問題のタイプに合った解き方をする

（1）文法問題の場合

　空所の前後を見て，その部分だけで解けそうなものはすぐに解答します。空所に正解を入れてみて，文意を確認して問題なさそうだったら，次の問題に進みましょう。空所の前後だけで解けないものについては，主語と述語動詞を特定し，構文を確認するなどして正解を選ぶようにします。

（2）語彙問題の場合

　こちらは空所の前後を確認するだけでは正解が選べない問題がほとんどです。文頭から問題文を読み進めていき，文脈や語句のつながりから判断して正解を選ぶようにします。

では，実際に例題を1問解いてみましょう。

LIJ Co. decided to start offering commissions on sales in order to ------- their employees.
(A) motivation
(B) motivate
(C) motivated
(D) motivating

## ①選択肢から問題のタイプを判断する

例題の選択肢には動詞motivate「（人）をやる気にさせる」のさまざまな形が並んでいるので，文法問題であると考えます。

## ②問題のタイプに合った解き方をする

文法問題なので，空所の前後を確認します。空所の前にはin order toとあり，空所の後ろにはtheir employeesが続いています。

LIJ Co. decided to start offering commissions on sales <u>in order to ------- their employees</u>.

本問の場合は，下線の付いている部分だけを見て正解を導くことが可能です。in order toの後ろには動詞の原形が続くため，正解は(B)のmotivateになります。

LIJ社は従業員のやる気をアップさせるために，売り上げからの歩合の提供を始めることを決めた。
(A) やる気
(B)（人）をやる気にさせる
(C) motivateの過去形，過去分詞
(D) motivateの動名詞，現在分詞

正解 (B)

## ▪▪ 800点の壁とPart 5

Part 5は，TOEIC L&Rテストの初学者が，よく「リーディング・セクションは，まずはPart 5の問題からできるように学習していきましょう」と言われるパートです。もちろん，それは間違ってはいませんが，「初学者が最初に取り組むべきパートだから易しい」という考え方は必ずしも正しいとは言えません。なぜなら，一言でPart 5と言っても，both *A* and *B* さえ知っていれば正解を選べるような易しい問題から，900点を安定して取得できるような上級者でも正解することが難しい問題までが混在しているからです。

このような Part 5 で，中級者が上級者を目指し，800点の壁を越えていくために必要なことは何でしょうか。それは，「上級者でも正解することが難しい問題」にアプローチしていくこと，ではありません。これまでに学習してきた基本問題を可能な限り短時間で解き，パーフェクトに正解できるようにしていくことです。本書のPracticeでは，各攻略法で取り上げたポイントの反復練習ができるようになっていますので，基礎を徹底的に自身の血肉としていくようにしてください。

990点を目指すような人にとってすら，パーフェクトを阻む最後の壁として立ちはだかるパートです。本書で着実に知識を積み上げ，その上で難問にアプローチしていくようにしましょう。

## ▟▛ 設問タイプ

本書では8つのタイプに設問を分けました。①②の品詞問題と③動詞問題は，基本的で解きやすい問題が多いので，①～③の問題をまずは確実にクリアできるようにしていきましょう。④～⑦については出題される問題にもよります。少しずつ知識をストックしていきましょう。⑧は Part 5 の半分程度を占めますが，1つずつ覚えていくしかありません。まずは①～⑦の文法問題で確実に得点しましょう。

### ①品詞問題 基礎編（毎回3～5問程度）

ある単語のさまざまな品詞の形が選択肢に並んでいる問題を，本書では品詞問題と呼びます。基礎編では，問題文に文の構成要素（SVOC）がそろっているタイプと，文の構成要素がそろっていないタイプがあることを確認し，選択肢に名詞，動詞，形容詞，副詞など異なる品詞が並んでいるパターンの文法問題の解き方を学びます。品詞問題の多くは，空所の前後を確認し，問題文を部分的に見るだけで解答できるので，まずこのタイプの問題を速く正確に解けるようにしましょう。

### ②品詞問題 応用編（毎回2～4問程度）

応用編では，品詞問題の中でも基礎編で学んだ問題よりもさらに難易度の高いものを学びます。例えば，基礎編での品詞問題は，形容詞の使い方を知っていればそれだけで解けるような問題を扱っています。応用編では，形容詞の使い方を知っているだけでは選択肢を1つに絞り込めず，形容詞と（形容詞的に使われる）分詞の使い方まで理解していないと解けないような問題を扱います。このように1つの文法知識だけでは解答することができない，2つ以上の文法知識を複合的に必要とする問題や，文法知識で選択肢を絞り込み，さらに文意から正解を選ぶタイプの問題などの解法・考え方をマスターしていきましょう。

### ③動詞問題（毎回2～5問程度）

動詞を軸とするさまざまなタイプの問題です。動詞の原形をはじめ，不定詞（to ＋

動詞の原形），現在分詞（動詞のdoing形），過去分詞（動詞の-ed形，不規則動詞の過去分詞），動名詞（動詞のdoing形）などの派生語のどれが空所に入れるのに適切であるかという問題，時制（現在・過去・未来），進行形・完了形，そして態（能動態・受動態）の問題が出題されます。

#### ④前置詞 vs 接続詞 vs 副詞問題（毎回1〜3問程度）

選択肢に，前置詞，接続詞，副詞が混在する問題です。前置詞，接続詞，副詞の性質の違いを理解し，空所に適切な品詞を選びます。

#### ⑤代名詞問題（毎回1〜3問程度）

大きく分けて2つ，「代名詞の格の問題」と「不定代名詞の問題」を扱います。各代名詞の用法をマスターすることが，代名詞問題を攻略するカギとなります。

#### ⑥関係詞問題（毎回1〜2問程度）

空所に適切な関係代名詞（who, which, whose, thatなど）を選ぶ問題を主に扱います。出題頻度は関係代名詞ほど高くありませんが，関係副詞（when, whereなど），複合関係代名詞（whatever, whoeverなど）についてもまとめておきましょう。

#### ⑦ペア表現・数・比較問題（毎回1〜2問程度）

上記の①〜⑥の設問タイプ別攻略法で，Part 5に出題されるほとんどの文法問題に対応できる知識はカバーしていますが，それ以外にも毎回以下のいずれかのパターンが数問出題されます。ペア表現問題はboth A and B「AとBの両方」やnot only A but also B「AだけでなくBも」などのことです。数の問題は後ろに続く名詞によってmanyかmuchを使い分ける問題などを指します。比較問題は原級，比較級，最上級のどれを使うのかが問われるような問題です。

#### ⑧語彙問題（毎回12〜15問程度）

語彙問題は，選択肢に同じ品詞の問題が並び，文意をきちんと理解することによって空所に最も適切な語を選ぶタイプの問題です。文法問題は問われている知識さえ持っていれば空所の前後を見るだけで解けるものも少なくありませんが，語彙問題は文頭からきちんと問題の内容を理解して読み進める必要があります。

### ▪▪ 押さえておきたい文法用語など

各設問タイプの学習に入る前に，Part 5の学習で必要な文法用語などを確認しておきましょう。

### ①品詞とその役割

各単語には品詞というものがあり，各品詞の役割は以下の通りです。Part 5の問題を解く上で，品詞の情報はとても重要です。ひとつずつ覚えていきましょう。

| 品詞 | 役割 | 例 |
|---|---|---|
| 名詞 | 人やもの・ものごとを表す | arrangement「手配」, desk「机」, entrepreneur「起業家」, event「イベント」 |
| 動詞 | 主語の動作や状態を表す | arrange「〜を手配する」, decide「〜を決める」establish「〜を設立する」, find「〜を見つける」, leave「〜を出発する」, use「〜を使う」 |
| 形容詞 | 名詞を修飾する | distinguished「著名な」, extreme「極度の」, leading「有数の」, successful「成功した」 |
| 副詞 | 動詞や形容詞，副詞などを修飾する | easily「簡単に」, extremely「極度に」, loudly「大声で」, officially「公式に」, somewhat「幾分」, successfully「首尾よく」 |
| 代名詞 | 名詞や名詞句の代わりとなる | he「彼」, it「それ」, that「あれ」, they「彼ら」, where「どこ」, which「どちら」 |
| 接続詞 | 語と語，句と句，節と節を結ぶ | and「そして〜」, because「なぜなら〜」, but「しかし〜」, if「もし〜」, that「〜ということ」, when「〜するとき」, while「〜する間に」 |
| 前置詞 | 名詞（句）の前に置いて意味を限定する | at「〜に」, among「〜の中で」, beside「〜のそばに」, for「〜のために」, in「〜の中に」, notwithstanding「〜にも関わらず」, on「〜の上に」, onto「〜の上に」, regarding「〜に関して」, to「〜へ」, with「〜と一緒に」 |
| 冠詞 | 名詞の前に置く | a / an（不定冠詞）, the（定冠詞） |

### ②語・句・節とは

「語」は単語1語1語のことで，「句」は2語以上の単語から成り意味を成すカタマリです。そして「節」は〈主語＋述語動詞〉を含むカタマリです。次の例文を見てください。

| | | 句 | | | | | | 句 | |
|---|---|---|---|---|---|---|---|---|---|
| 語 | 語 | 語 | 語 | 語 | 語 | 語 | 語 | 語 | 語 |
| Kenta | visited | Hiromi's | office | yesterday | because | it | was | her | birthday. |

主語　述語動詞　　　　　　　　　　　　　　　　主語　述語動詞

節　　　　　　　　　　　　　　　　　　　節

Kentaやvisited, officeなどの単語1語ずつの単位が「語」になります。そして
Hiromi's officeやher birthdayなど2つ以上の語から成り,「ヒロミの事務所」や「彼
女の誕生日」のようにまとまった意味を成すカタマリが「句」になります。また,
Kenta visited Hiromi's office yesterdayとit was her birthdayのように〈主語＋述語
動詞〉を含むカタマリが「節」になります。

### ③他動詞と自動詞の違い

動詞には他動詞と自動詞の2種類があります。次の例文を見てみましょう。

Kenta visited her office yesterday.
「ケンタは昨日, 彼女のオフィスを訪ねた」
Kenta went to her office yesterday.
「ケンタは昨日, 彼女のオフィスに行った」

上の文の動詞visited（visitの過去形）「〜を訪れた」と, 下の文のwent（goの過去
形）「行った」はどちらも同じような意味ですが, この2つにはvisitが他動詞, go
が自動詞という違いがあります。

他動詞は後ろに「動詞の力が及ぶ対象」となる目的語（名詞）が続きます。自動詞
は「単なる主語の動作」を表す動詞なので, 後ろに目的語は続きませんが代わりに,
上記の例文のように〈前置詞＋目的語〉が続くことがあります。
Part 5では, この自動詞と他動詞の性質の違いをヒントに正解を導く問題も出題さ
れます。自動詞なのか他動詞なのか, 自動詞であればどのような前置詞と共に用い
ることが多いのかを意識して覚えるようにするとよいでしょう。

### ④「文法的な切れ目」の見分け方

文法問題で空所の前後を見る際,「文法的な切れ目」を見分けることが重要になり
ます。目安を押さえておきましょう。

・文の構成要素（主語／述語動詞／目的語／補語）→これらの前後で区切る
・接続詞／関係詞／前置詞→これらの品詞の単語の前で区切る
・時を表す表現／場所を表す表現→これらを表す語句の前後で区切る

# 1 品詞問題 基礎編

ある単語のさまざまな品詞の形が選択肢に並んでいる問題を，本書では「品詞問題」と呼ぶことにします。基礎編では，問題文に**文の構成要素（SVOC）がそろっているタイプ**と，**文の構成要素がそろっていないタイプ**があることを確認しましょう。品詞問題の多くは，正しい文法知識を持っているかを問う問題です。空所の前後を確認し，問題文を部分的に見るだけで解答できるものも多いです。

## POINT 1 文の構成要素（SVOC）と品詞について確認する

品詞問題を解くには，英文がSVOC（主語・述語動詞・目的語・補語）とM（修飾語句）で構成されていることを覚えておきましょう。S（主語）には「名詞」が，V（述語動詞）には「動詞」が，O（目的語）には「名詞」が，そしてC（補語）には「名詞」か「形容詞」が使われます。

今回，基礎編で取り上げる**文の要素がそろっているタイプとは，文として成立するために文法的に必要な要素を全て含んだ英文**のことです。最低限，SとV（主語と述語動詞）が必要です。英文は原則として以下の5つの型に分類されます。

①S（主語）＋V（述語動詞）

Tetsuya walks in the park every day.
　　S　　　　V
（テツヤは毎日公園を散歩する）

②S（主語）＋V（述語動詞）＋C（補語）

She looks familiar.
　S　　V　　　C
（彼女（の顔に）は見覚えがある）

③S（主語）＋V（述語動詞）＋O（目的語）

LIJ Co. provides us with the latest information.
　　S　　　　V　　　O
（LIJ社は私たちに最新の情報を提供する）

④S（主語）＋V（述語動詞）＋O（目的語）＋O（目的語）

Mr. Okada lent me his textbook yesterday.
　　S　　　　V　　O　　　O
（オカダ氏は，昨日私に教科書を貸してくれた）

⑤S（主語）＋V（述語動詞）＋O（目的語）＋C（補語）

We kept the flowers fresh for her retirement party.
　S　　V　　　O　　　　C
（私たちは彼女の退職記念パーティーのために，その花を新鮮に保っておいた）

そして，**文の構成要素がそろっていないタイプとは，この文の要素（SVOC）に使われる名詞や動詞，形容詞のいずれかが欠けている英文**のことを意味します。

Part 5 では，問題文がどんな要素で構成されているかを見抜く必要があります。そのために重要なのが，前述のSVOCの理解に加え，節や句を把握するための「文法的な切れ目」です。接続詞，前置詞，関係詞の前や，時を表す表現，場所を表す表現の前後などで文を区切り，空所が文の中でどのような機能を果たしているのかを確認するようにしましょう。

では，文の構成要素がそろっていないタイプと文の構成要素がそろっているタイプのそれぞれについて，解答方法を確認していきましょう。

**POINT 2** 文の構成要素がそろっていないタイプの問題は，名詞，動詞，そして形容詞に注意を払う

まずは，文の構成要素がそろっていないタイプの問題です。POINT 1で確認したように，このタイプの問題は，**名詞や動詞，形容詞など，英文を構成する要素のいずれかが欠けています。文の構成要素がそろっていないことに気づいたら，その要素を補えばよい**のですから，**正解は名詞，動詞，形容詞のいずれかになる**と考えます。では例題を見てみましょう。

---

**例題**　　　　　　　　　　　　　　　　　　　　♪ 035

1. Samson Factory's engineers conducted -------, but they were unable to find the cause of the malfunction.
　(A) investigations
　(B) investigate
　(C) investigates
　(D) investigated

---

解説の前に，Part 5 文法問題の解答手順を確認しておきます。

**Part 5 文法問題の解答手順**

(1) 選択肢を見て，設問タイプを確認する
(2) 文法知識で空所の前後を区切って，構成要素（SVOC）を確認する

(3) 空所に入れるのに適切な品詞を判断する

(4) 文意が通るかどうかを確認する

では，この手順に沿って説明していきます。

## (1) 選択肢を確認しましょう

選択肢には動詞investigate「～を調査する」とその派生語が並んでいるので，品詞問題だと分かります。

## (2) 空所の前後を区切り，SVOCを確認しましょう

空所の後ろがカンマ，つまり文法的な切れ目になっているので，ここまでを確認します。Samson Factory's engineers「サムソン・ファクトリーの技師たち」が主語(S)，conducted「～を行った」が述語動詞（V）です。

## (3) 空所に入る品詞を判断しましょう

conductedは他動詞なので後ろに目的語が必要ですが，空所になっています。よって空所には目的語が入ります。目的語になるのは名詞なので，(A) investigations「調査」が正解だと考えられます。

## (4) 文意を確認しましょう

(A) を入れると，Samson Factory's engineers conducted investigations「サムソン・ファクトリーの技師たちは調査を行った」となり，but以降とも自然につながります。

---

**正解と訳**

**1.** Samson Factory's engineers
　　　　　　　S

conducted -------, but they were unable
　　V　　　　　　O　　　　S　　　V　　　C

to find the cause of the malfunction.
　　　　　　　　M

(A) investigations
(B) investigate
(C) investigates
(D) investigated

サムソン・ファクトリーの技師たちは調査を行ったが，不具合の原因を見つけられなかった。

(A) 調査（複数形）
(B) ～を調査する
(C) ～を調査する（三人称単数現在形）
(D) ～を調査した，調査された

正解 (A)

**語句** □ conduct ～を行う　□ cause 原因　□ malfunction 不具合

**POINT 3** 文の構成要素がそろっているタイプの問題は，修飾語となる形容詞や副詞が正解になる場合が多い

次に，文の構成要素がそろっているタイプの問題です。**文の構成要素がそろっている問題は，多くの場合，形容詞や副詞などが正解となって問題文中の語句を修飾しています。**

形容詞は名詞を，副詞は名詞以外（動詞，形容詞，副詞，文全体）をそれぞれ修飾します。

それでは，実際に例題を解いてみましょう。

---

**例題**　　　　　　　　　　　　　　　🎵 036

2. Nourish Nutrition has formulated two ------- supplements to aid weakened immune systems.
   (A) different
   (B) differently
   (C) difference
   (D) differences

---

### (1) 選択肢を確認しましょう

選択肢には形容詞different「異なる」とその派生語が並んでいるので，品詞問題だと分かります。

### (2) 空所の前後を区切り，SVOC を確認しましょう

Nourish Nutrition が主語（S），has formulated が述語動詞（V），two ------- supplements が動詞の目的語（O）です。空所の後ろの方にある to aid weakened immune systems は修飾語（M）となります。よって，文の構成要素がそろっていると確認できます。

### (3) 空所に入る品詞を判断しましょう

目的語である two ------- supplements を見て，空所に入れる品詞を考えましょう。空所の直後にある supplements「サプリメント」は名詞です。名詞を前から修飾するのは形容詞です。選択肢の中で形容詞は (A) different です。

### (4) 文意を確認しましょう

(A) を空所に入れてみましょう。two different supplements「2つの異なるサプリメント」となり，文全体の意味も通ります。

今回正解となったdifferentは形容詞ですが，語尾に-lyを付けたdifferently「異なって」は副詞です。副詞は語尾に-lyが付くものが多いです。知らない単語に出会ったときでも，語尾から品詞を判断することができる場合があります。(C)のdifference「違い」は名詞です。語尾に-ceが付くものは名詞の場合が多いのです。後に掲載する「主な品詞の語尾一覧」(p.76～) を確実に覚え，瞬時に単語の品詞が判断できるようにしましょう。

## ■■ 形容詞の修飾ルール

この例題では，「名詞を修飾するのは形容詞」という点がポイントでした。品詞問題で言う「形容詞」とは厳密には形容詞そのものだけではなく「形容詞の働きをするもの」を指し，これには分詞（現在分詞・過去分詞）や不定詞（形容詞的用法）が含まれます。それぞれ，どのように名詞を修飾するか，確認しておきましょう。

| 形容詞の置かれる位置 | 例 |
| --- | --- |
| 形容詞＋名詞 | a fund-raising event（資金調達イベント） |
| 形容詞＋形容詞＋名詞 | the first fund-raising event（はじめての資金調達イベント） |
| 現在分詞［過去分詞］＋名詞 | an increasing access（増加するアクセス） |
| 名詞＋現在分詞［過去分詞］ | an occupation requiring professional abilities（専門的能力を必要とする職業） |
| 名詞＋不定詞（形容詞的用法） | the plan to construct a large building（大きな建物を建設する計画） |

---

**正解と訳**

**2.** <u>Nourish Nutrition</u> <u>has formulated</u>
　　　　　S　　　　　　　　　　V
two ------- <u>supplements</u>
　　　　　　　　　O
<u>to aid weakened immune systems.</u>
　　　　　　　　M

(A) different
(B) differently
(C) difference
(D) differences

ノーリッシュ・ニュートリションは弱った免疫系を助ける2つの異なるサプリメントを考案した。
(A) 異なる
(B) 異なって
(C) 違い（単数形）
(D) 違い（複数形）

正解 (A)

- - - - - - - - - - - - - - - - - -

**語句** □ formulate ～を考案する　□ supplement サプリメント　□ aid ～を救う
　　　　□ weaken ～を弱らせる　□ immune 免疫

## POINT 4 副詞は修飾される語句の前後だけでなく離れた位置に置くこともできる

文の構成要素がそろっているタイプの問題の空所には，形容詞や副詞が入ることが多いと解説しましたが，ここでは副詞の例を見てみましょう。

---

**例 題**　　　　　　　　　　　　　　　　　　　　♪ 037

3. Penguin Mail is an application designed to search for new e-mail -------.
   (A) period
   (B) periodical
   (C) periodic
   (D) periodically

---

### (1) 選択肢を確認しましょう

選択肢には名詞period「期間」とその派生語が並んでいるので品詞問題です。

### (2) 空所の前後を区切り，SVOC を確認しましょう

文の主語（S）は Penguin Mail，述語動詞（V）は is で，an application が補語（C）になっています。designed から e-mail までは an application を説明する修飾語句（M）です。空所は文の最後にありますが，空所の前までで文は完成していることが分かります。

### (3) 空所に入る品詞を判断しましょう

文の構成要素がそろっている文なので，空所には修飾語が入ると考えます。この問題のように完成している文の後ろに空所がある場合，副詞が入ることが多いので，副詞を入れることをまず考えてみるとよいでしょう。選択肢のうち副詞は (D) periodically「定期的に」です。

### (4) 文意を確認しましょう

(D) を入れると，search for new e-mail periodically「定期的に新しいメールを探す」となり，文意も通ります。periodically は離れた位置にある search を後ろから修飾しています。

### ▪▪ 副詞の修飾ルール

この例題のように，**副詞は修飾される語句の前後だけでなく離れた位置に置くことも可能です**。副詞が置かれる位置は形容詞に比べてバラエティに富んでいますの

で，問題をたくさん解いて慣れていきましょう。

| 副詞の置かれる位置 | 例 |
|---|---|
| 主語＋副詞＋述語動詞 | They seldom have the opportunity to meet their CEO.（彼らがCEOに会う機会はめったにない） |
| 助動詞＋副詞＋動詞の原形 | Our customer service representatives can adequately answer.<br>（顧客サービスの担当者が適切に解答できる） |
| 副詞＋自動詞 | He hardly believed in the story.<br>（彼はその話をほとんど信じなかった） |
| have [has] ＋副詞＋過去分詞 | She has finally achieved her wish.<br>（彼女はついに望みをかなえた） |
| be動詞＋副詞＋過去分詞 | Our merchandise is affordably priced.<br>（私たちの商品は手頃な価格だ） |
| 副詞，完全文<br>（文を修飾） | Additionally, she was shown the latest results.<br>（加えて，彼女は最新の結果を見せられた） |

---

**正解と訳**

**3.** Penguin Mail is an application
　　　　S　　V　　　C
designed to search for new e-mail
　　　　　　M
-------.
　M
(A) period
(B) periodical
(C) periodic
(D) periodically

ペンギン・メールは新着eメールを定期的に検索するように作られたアプリケーションである。
(A) 期間
(B) 定期刊行の
(C) 定期的な
(D) 定期的に

正解 (D)

**語句** □ designed to *do* 〜するように作られている　□ search for 〜を検索する

**POINT 5** 前置詞の後ろには名詞（句）が続く

「他動詞の後ろには目的語が続く」ということを理解している人は多いですが，**前置詞の後ろに続くのも目的語，つまり名詞（句）である**ということも理解しておきましょう。

---

### 例題　♪ 038

4. For reasons of -------, employees are not permitted to operate these machines until they have completed the training course.
   (A) safety
   (B) safe
   (C) safely
   (D) safer

---

#### (1) 選択肢を確認しましょう
選択肢には形容詞safe「安全な」とその派生語が並んでいるので，品詞問題だと分かります。

#### (2) 空所の前後を区切り，SVOCを確認しましょう
空所の直前には前置詞のof，空所の後ろにはカンマと完全な文が続いています。

#### (3) 空所に入る品詞を判断しましょう
前置詞は「名詞の前に置く詞（ことば）」なので，後ろには名詞が続きます。選択肢のうち名詞は (A) safety「安全」です。

#### (4) 文意を確認しましょう
For reasons of safety「安全上の理由から」となり，文意も通ります。よって正解は (A) です。

なお，名詞として機能するものには動名詞もあることを押さえておきましょう。名詞と動名詞の違いについては②品詞問題 応用編のp.90を参照してください。

**4.** For reasons of -------, employees
          　　　　　　　　　　　　　S
are not permitted to operate these
　　　V　　　　　　　　　M
machines until they have completed
　　　　　　　　S　　　　　　V
the training course.
　　　O

(A) safety
(B) safe
(C) safely
(D) safer

安全上の理由から，従業員は研修を完全に終えるまでこの機械を操作することはできない。

(A) 安全
(B) 安全な
(C) 安全に
(D) より安全な

正解 (A)

---

**POINT 6**　等位接続詞による並列関係を見抜く

文の構成要素がそろっているタイプの問題では，等位接続詞（**and**や**or**のように対等の関係になるものを結び付ける接続詞）に着目して空所に入る品詞を判断する問題もよく出題されます。

---

**例題**　　　　　　　　　　　　　　　　　　　♪ 039

**5.** The fee for the cleaning services can be paid online or ------- to a member of our cleaning crew.
(A) directly
(B) direction
(C) directing
(D) directs

---

**(1) 選択肢を確認しましょう**

選択肢には動詞direct「〜を監督する」の派生語が並んでいるので品詞問題です。

**(2) 空所の前後を区切り，SVOCを確認しましょう**

空所の前には等位接続詞のorがあり，後ろにはtoで始まる修飾語句（M）があります。この文の主語（S）はThe fee (for the cleaning services)「（クリーニング・サービスの）料金」，述語動詞（V）はcan be paid「支払われることができる」で

す。

## (3) 空所に入る品詞を判断しましょう

等位接続詞は文法的に対等な関係にある語と語，句と句，節と節をつなぎます。or の前には副詞のonline「オンラインで」があるので，------- to a member of our cleaning crew も副詞の働きをすると考えられます。to以下は副詞句ですので，空所には名詞以外を修飾できる副詞が入ると判断できます。

## (4) 文意を確認しましょう

選択肢のうち副詞は (A) directly「直接に」です。空所に入れて文意を確認しましょう。can be paid online or directly (to a member of our cleaning crew)「料金はオンラインでの支払いも可能だし，（清掃員）に直接払ってもいい」となり，文意も通ります。よって正解は (A) です。

並列関係をヒントに解く品詞問題では，ほかにA and Bの並列関係もよく出題されます。

---

**正解と訳**

5.  The fee for the cleaning services
    　　　　　　　　　　　　　S
can be paid online or ------- to a
　　V　　　　M
member of our cleaning crew.
　　　　　　　　M

(A) directly
(B) direction
(C) directing
(D) directs

清掃サービスの料金はオンラインでの支払いも可能だし，清掃員に直接払ってもいい。

(A) 直接に
(B) 方向
(C) ～を監督している，～を監督すること
(D) ～を監督する（三人称単数現在形）

正解 (A)

**語句** □ fee 料金 　□ online オンラインで 　□ cleaning crew 清掃員

---

## ▪▪ 主な品詞の語尾一覧

### 名詞の語尾

| 語尾のパターン | 例 |
| --- | --- |
| -tion / -sion | expectation（期待）, innovation（革新）, preparation（準備）, invasion（侵害）など |
| -ance / -ence | appliance（器具）, assistance（援助）, attendance（出席）, silence（沈黙）など |
| -ment | advertisement（広告）, appointment（約束）, experiment（実験）など |
| -ship | leadership（指導力）, membership（会員の身分）, partnership（協力関係）など |
| -ness | awareness（自覚すること）, business（事業）, kindness（親切）など |
| -ancy / -ency | expectancy（期待）, contingency（不測の事態）, frequency（頻度）など |
| -er / -or | manufacturer（製造業者）, supplier（供給業者）, inspector（検査官）など |
| -ian | librarian（図書館員）, musician（音楽家）, technician（技師）など |
| -ist | journalist（報道記者）, novelist（小説家）, tourist（旅行者）など |

### 動詞の語尾

| 語尾のパターン | 例 |
| --- | --- |
| -ize | organize（〜を計画する）, publicize（〜を公表する）, recognize（〜を認める）など |
| -ify | identify（〜を特定する）, notify（〜に知らせる）, verify（〜を確かめる）など |
| -en | lengthen（〜を伸ばす）, lessen（〜を少なくする）, widen（〜を広げる）など |

形容詞の語尾

| 語尾のパターン | 例 |
|---|---|
| -ous | ambitious（野心的な）, prosperous（繁栄した）, various（さまざまな）など |
| -ful | helpful（役に立つ）, hopeful（希望に満ちた）, successful（成功した）など |
| -ive | collective（集合的な）, conclusive（決定的な）, constructive（建設的な）など |
| -al | additional（追加の）, beneficial（役に立つ）, integral（不可欠の）など |
| -able | acceptable（受け入れ可能な）, affordable（値段が手頃な）, dependable（頼りになる）など |
| -ly | costly（値段の高い）, friendly（親切な）, weekly（毎週の）など |

副詞の語尾

| 語尾のパターン | 例 |
|---|---|
| -ly | commendably（立派に）, frequently（頻繁に）, regularly（定期的に）など |

＊-ly が語尾の副詞の多くは, -ly を取ると形容詞になります（commendable は「賞賛すべき」, frequent は「頻繁な」, regular は「定期的な」という意味の形容詞です）。また, costly「値段の高い」や friendly「親切な」, weekly「毎週の」のような -ly を語尾に持つ形容詞は, -ly を取ると名詞になります。

---

**攻略法まとめ** 品詞問題 基礎編

- 文の構成要素（SVOC）と品詞について確認する
- 文の構成要素がそろっていないタイプの問題は, 名詞, 動詞, そして形容詞に注意を払う
- 文の構成要素がそろっているタイプの問題は, 修飾語となる形容詞や副詞が正解になる場合が多い
- 副詞は修飾される語句の前後だけでなく離れた位置に置くこともできる
- 前置詞の後ろには名詞（句）が続く
- 等位接続詞による並列関係を見抜く

空所に入る最も適切なものを(A)(B)(C)(D)の中から1つ選びなさい。

1. The ------- of a new appointment system at Westbury Medical Offices was announced on March 12.

   (A) introduce
   (B) introduces
   (C) introduced
   (D) introduction

2. Here at DeLoit Delivery, we take pride in being a ------- shipping company.

   (A) reliable
   (B) reliably
   (C) relies
   (D) reliance

3. Before installing your Genever Dishwasher, inspect the water supply -------.

   (A) careful
   (B) caring
   (C) carefully
   (D) cares

4. The Verity Group establishes ------- to promote health education in rural areas of developing countries.

   (A) organized
   (B) organizations
   (C) organize
   (D) organizes

5. In his latest book, *The Cool Factor*, writer Leon Simpson ------- some important environmental issues.

   (A) examination
   (B) examiner
   (C) examines
   (D) examining

6. The Idiomtude Group's editors work ------- with authors to produce the best publications possible.

   (A) closed
   (B) closing
   (C) closely
   (D) closes

7. ------- merchandise can be returned within one year of the purchase date for a full refund.

   (A) Defect
   (B) Defective
   (C) Defects
   (D) Defectively

8. The ------- of Hannah Parks as the new CEO of Forrest Parks was announced on the morning of August 8.

   (A) select
   (B) selects
   (C) selected
   (D) selection

**9.** Although Ms. Belmont has been criticized for her unique method of ------- films, her creations are always popular with audiences.

(A) direct
(B) direction
(C) directing
(D) directed

**10.** Downton Designs are renowned for having a large base of loyal customers who use their services -------.

(A) repeat
(B) repetitive
(C) repeated
(D) repeatedly

**11.** Chappy Con is a convention for ------- animators to network and progress further in their field.

(A) experience
(B) to experience
(C) experiences
(D) experienced

**12.** -------, the number of years of experience required for executive roles has dramatically increased.

(A) Recent
(B) More recent
(C) Most recent
(D) Recently

**13.** Employees of Olympia Communications are ------- in favor of the new work-from-home program.

(A) overwhelm
(B) overwhelmingly
(C) overwhelming
(D) overwhelms

**14.** Holden Consulting has designed two ------- strategies for expanding businesses of different sizes.

(A) separate
(B) separately
(C) separation
(D) separations

**15.** Tailor and West Literary Magazine very ------- accepts submissions from unpublished authors.

(A) rarely
(B) rareness
(C) rare
(D) rarest

**16.** The main goal of last month's marketing campaign was not to increase sales, but to improve the image of the product as eco-friendly and -------.

(A) practical
(B) practice
(C) practically
(D) practices

## 1.

🎵 040

| The ------- of a new appointment system at Westbury Medical Offices was announced on March 12. | ウェストベリー・メディカル・オフィスで新しい予約システムが導入されることが3月12日に発表された。 |
|---|---|
| (A) introduce | (A) 〜を導入する |
| (B) introduces | (B) 〜を導入する（三人称単数現在形） |
| (C) introduced | (C) 〜を導入した，導入された |
| (D) introduction | (D) 導入 |

**正解** (D)

**解説** 空所の前には冠詞のThe，後ろには前置詞のofがあります。前置詞の前は文法的な切れ目なので，本問はTheと空所を見るだけで解ける問題ではないかと考えます。冠詞の後ろには名詞が来るので，正解は(D)のintroduction「導入」です。

**PiCK UP** 動詞introduceの基本的な意味は「〜を紹介する」です。introduce *A* to *B* の形で「AをBに紹介する」という意味で使われます。introduce *oneself*は「自己紹介をする」という意味です。

**語句** □ appointment 予約　□ announce 〜を発表する

## 2.

🎵 041

| Here at DeLoit Delivery, we take pride in being a ------- shipping company. | ここデロイト・デリバリーでは，信頼できる運送会社であることに誇りを持っています。 |
|---|---|
| (A) reliable | (A) 信頼できる |
| (B) reliably | (B) 確実に |
| (C) relies | (C) 信頼する（三人称単数現在形） |
| (D) reliance | (D) 信頼 |

**正解** (A)

**解説** 空所の前には冠詞のaが，後ろには複合名詞のshipping company「運送会社」があります。名詞を前から修飾するのは形容詞なので，正解は(A)のreliable「信頼できる」です。-ableは形容詞の語尾の典型で，「〜できる」という意味を単語に持たせます。

**PiCK UP** 動詞のrelyは自動詞で，rely onの形で「〜に頼る」という意味になります。類義表現にdepend on，count on，look toなどがあります。

**語句** □ take pride in 〜に誇りを持つ

## 3.

🎵 042

Before installing your Genever Dishwasher, inspect the water supply -------.

(A) careful
(B) caring
(C) carefully
(D) cares

ジェネバー・ディッシュウォッシャーを取り付ける前に，水道を注意深く検査してください。

(A) 注意深い
(B) 思いやり
(C) 注意深く
(D) 関心事（複数形）

**正解** (C)

**解説** 空所を含む節はinspect「～を検査する」から空所までです。命令文のため主語（you）が省略されており，inspect「～を検査する」を述語動詞，the water supply「水道」を目的語と考えると，「水道を検査してください」という意味になります。空所がなくても文が成立しており，その文の後ろに空所があるので，副詞が入る可能性を考えます。正解はinspectを修飾する副詞(C) carefully「注意深く」で，空所に入れると「水道を注意深く検査してください」という意味になります。

**PiCK UP** beforeには接続詞のイメージがあるかもしれませんが，この問題のbeforeは前置詞で後ろに動名詞(installing)が来ています。同様のものにafter *doing*「～した後で」，since *doing*「～して以来」などがあります。一方，when *doing*「～するとき」，while *doing*「～している間に」などの形もTOEIC L&Rテストでは頻出ですが，このwhenやwhileは接続詞で，*doing*の前に〈主語＋be動詞〉が省略されています。

**語句** □ install ～を取り付ける　□ inspect ～を検査する　□ water supply 水道

## 4.

🎵 043

The Verity Group establishes ------- to promote health education in rural areas of developing countries.

(A) organized
(B) organizations
(C) organize
(D) organizes

ベリティー・グループは，発展途上国の郊外地域において健康教育を促進するための組織を設立している。

(A) ～を組織した，組織された
(B) 組織（複数形）
(C) ～を組織する
(D) ～を組織する（三人称単数現在形）

**正解** (B)

**解説** 空所の前には他動詞のestablishes「～を設立する」があり，後ろには〈to＋動詞の原形〉が続いています。ここは文法的な切れ目なので，本問はestablishesと空所の部分を見るだけで解答することが可能です。空所にはestablishesの目的語となる名詞が必要になるため，正解は(B)のorganizations「組織」となります。

**語句** □ establish ～を設立する　□ promote ～を促進する　□ education 教育
□ rural 田舎の　□ developing country 発展途上国

## 5.

♪ 044

In his latest book, *The Cool Factor*, writer Leon Simpson ------- some important environmental issues.

(A) examination
(B) examiner
(C) examines
(D) examining

最新の著作である『ザ・クール・ファクター』で作家レオン・シンプソンはいくつかの重要な環境問題を調べている。

(A) 試験
(B) 試験官
(C) ～を調べる（三人称単数現在形）
(D) ～を調べている，～を調べること

**正解** (C)

**解説** 空所の前のLeon Simpsonが主語で，後ろのsome important environmental issues「いくつかの重要な環境問題」は述語動詞の目的語です。述語動詞がないため，空所には動詞が入ります。よって，正解は(C)のexamines「～を調べる」です。

**PiCK UP** latest「最新の」は，updated「更新された，最新の」やcurrent「現在の，最新の」などに言い換えることができます。

**語句** □ latest 最新の　□ important 重要な　□ environmental 環境の　□ issue 問題

## 6.

♪ 045

The Idiomtude Group's editors work ------- with authors to produce the best publications possible.

(A) closed
(B) closing
(C) closely
(D) closes

イディオムテュード・グループの編集者たちは，できる限り最高の出版物を出すために，著者と密接にかかわって仕事を進めている。

(A) ～を閉めた，閉められた
(B) ～を閉めている，～を閉めること
(C) 密接に
(D) ～を閉める（三人称単数現在形）

**正解** (C)

**解説** 空所の前には動詞のwork「働く」，後ろには前置詞のwithがあります。前にある動詞を後ろから説明する副詞の(C) closely「密接に」が正解です。work closely withで「～と密接に関わって仕事を進める」という意味になります。このフレーズのまま覚えてしまうことをおすすめします。

**PiCK UP** 〈the＋形容詞の最上級＋名詞＋possible〉は「できる限り～の…」という意味を表します。例えば，the best price possibleであれば「できる限りの最善の価格」という意味になります。the best possible priceという言い方をすることも可能です。

**語句** □ work with ～と仕事を進める　□ produce ～を制作する　□ publication 出版物
□ possible できるだけの

## 7.

🎵 046

------- merchandise can be returned within one year of the purchase date for a full refund.

(A) Defect
(B) Defective
(C) Defects
(D) Defectively

不良品は購入日から1年以内であれば全額返金による返品が可能です。

(A) 欠陥
(B) 欠陥のある
(C) 欠陥（複数形）
(D) 不完全に

**正解** (B)

**解説** 空所とmerchandise「商品」の部分が，問題文全体の主語となっています。名詞のmerchandiseを前から「どのような商品なのか」と指定する，形容詞の(B) Defective「欠陥のある」が正解です。defectiveはfaulty「欠陥のある」などに言い換えが可能な単語です。

**語句** □ merchandise 商品　□ return ～を返す　□ within ～以内に　□ purchase 購入
　　　□ full 完全な　□ refund 返金

## 8.

🎵 047

The ------- of Hannah Parks as the new CEO of Forrest Parks was announced on the morning of August 8.

(A) select
(B) selects
(C) selected
(D) selection

ハンナ・パークスをフォレスト・パークスの新CEOに選出したことが8月8日の朝に発表された。

(A) ～を選ぶ
(B) ～を選ぶ（三人称単数現在形）
(C) ～を選んだ，選ばれた
(D) 選出

**正解** (D)

**解説** 空所の前には冠詞のThe，後ろには前置詞のofが続いています。冠詞の後ろには名詞が続くので，正解は(D)のselection「選出」です。(A)のselectには「厳選した」という形容詞としての使い方もあります。

**PiCK UP** asには本問のように「～として」という意味の前置詞としての使い方のほかに，「～なので」という「理由を表す接続詞」としての使い方もあることを押さえておいてください。

**語句** □ as ～として　□ announce ～を発表する　□ on the morning of ～の朝に

**9.** 🎵 048

Although Ms. Belmont has been criticized for her unique method of ------- films, her creations are always popular with audiences.
(A) direct
(B) direction
(C) directing
(D) directed

ベルモント氏はその独創的な映画の監督手法で批判を浴びてきたが，彼女の作品は常に観客に人気がある。
(A) 〜を監督する
(B) 監督すること
(C) 〜を監督している，〜を監督すること
(D) 〜を監督した，監督された

**正解** (C)

**解説** 空所の前には前置詞のof, 後ろには名詞のfilmsがあります。名詞のfilmsを前から修飾する形容詞を入れるのか，ofの目的語となる動名詞を入れるのかは，文意から判断することになります。ここでは動名詞のdirectingを入れると unique method of directing films「独創的な映画の監督手法」となり文意が通るため，正解は(C)です。

**PiCK UP** directには「直接の」という意味の形容詞の用法もあります。

**語句** □ although 〜だけれども　□ criticize 〜を批判する　□ unique 独創的な
□ method 方法　□ creation 作品　□ always 常に
□ *be* popular with 〜に人気がある　□ audience 観客

---

**10.** 🎵 049

Downton Designs are renowned for having a large base of loyal customers who use their services -------.
(A) repeat
(B) repetitive
(C) repeated
(D) repeatedly

ダウントン・デザインは，同社のサービスを繰り返し利用する常連客の基盤が大きいことで知られている。
(A) 〜を繰り返す
(B) 繰り返しの
(C) 〜を繰り返した，繰り返された
(D) 繰り返して

**正解** (D)

**解説** 空所の少し前を見ると，主格の関係代名詞のwhoがあります。whoが主語の働きをしており，〈主語＋述語動詞〉がそろって節になっています。useを修飾する副詞(D) repeatedly「繰り返して」が正解です。

**PiCK UP** 関係代名詞や節をつなぐ接続詞がある文には，必ず節が2つ，つまり〈主語＋述語動詞〉が2組以上含まれることになります。

**語句** □ *be* renowned for 〜で知られている　□ base 基盤　□ loyal customer 常連客

## 11.

🎵 050

Chappy Con is a convention for -------
animators to network and progress further in
their field.

(A) experience
(B) to experience
(C) experiences
(D) experienced

チャピー・コンは，経験のあるアニメー
ターたちが自分たちの分野で人脈を広
げ，さらに進歩することを目的とした会
議だ。

(A) ～を経験する，経験
(B) ～を経験すること
(C) 経験（複数形），～を経験する（三人
　　称単数現在形）
(D) 経験のある，～を経験した

**正解** (D)

**解説** 選択肢には，動詞experience「～を経験する」の派生語が並んでいます。空所の前には前置
詞のforがあり，後ろにはanimators「アニメーター」という名詞が続いています。空所には
名詞を前から修飾する形容詞，(D)のexperienced「経験のある」が入ります。

**PiCK UP** 問題文に登場するnetwork「人脈を広げる」とprogress「進歩する」は，い
ずれも自動詞です。

**語句** □ convention 会議　□ network 人脈を広げる　□ progress 進歩する
□ further さらに　□ field 分野

## 12.

🎵 051

-------, the number of years of experience
required for executive roles has dramatically
increased.

(A) Recent
(B) More recent
(C) Most recent
(D) Recently

最近では，経営幹部としての役割を果た
す上で求められる経験年数は劇的に増
えた。

(A) 最近の
(B) もっと最近の
(C) 最新の
(D) 最近では

**正解** (D)

**解説** 選択肢には形容詞recent「最近の」の比較表現と副詞が並んでいます。また，空所は問題文
の先頭にあり，後ろにはカンマがあって空所が独立した形になっています。単独で文全体を修
飾できるのは副詞なので，正解は(D)のRecently「最近では」です。(A)は形容詞なので被修
飾語の名詞が必要，(B)の比較級は，比較対象である何かが文中に必要であり，(C)のMost
recentを使う場合には定冠詞のtheや所有格を前に必要とし，修飾する名詞も伴います。

**語句** □ experience 経験　□ require ～を必要とする　□ executive 経営幹部　□ role 役割
□ dramatically 劇的に　□ increase 増える

## 13.

♪ 052

Employees of Olympia Communications are ------- in favor of the new work-from-home program.

(A) overwhelm
(B) overwhelmingly
(C) overwhelming
(D) overwhelms

オリンピア・コミュニケーションズの従業員は, 新しい在宅勤務プログラムに圧倒的に賛成している。

(A) ～を圧倒する
(B) 圧倒的に
(C) 圧倒するような, ～を圧倒すること
(D) ～を圧倒する (三人称単数現在形)

**正解** (B)

**解説** 選択肢には動詞overwhelm「～を圧倒する」とその派生語が並んでいます。空所の前にはbe動詞のareが, 後ろには前置詞から始まるin favor of「～に賛成して」が続いています。主語のEmployees of Olympia Communicationsとbe動詞以下は, 空所がなくてもイコールの関係でつながっていることが分かります。よって, 空所には空所以下全体を修飾する副詞の(B) overwhelmingly「圧倒的に」が入ります。

**語句** □ employee 従業員　□ in favor of ～に賛成して
□ work-from-home program 在宅勤務プログラム

## 14.

♪ 053

Holden Consulting has designed two ------- strategies for expanding businesses of different sizes.

(A) separate
(B) separately
(C) separation
(D) separations

ホールデン・コンサルティングは規模の異なるビジネスを拡大させるために2つの個別の戦略を考案した。

(A) 個別の
(B) 個別に
(C) 分離
(D) 間隔 (複数形)

**正解** (A)

**解説** 空所の前には形容詞のtwo「2つの」が, 後ろには名詞のstrategies「戦略」が続いています。「どのような戦略なのか」を説明する, (A)の形容詞separate「個別の」が正解です。本問では名詞の前に形容詞が2つ続き,〈形容詞＋形容詞＋名詞〉の順に並んでいますが, いずれの形容詞も名詞のstrategiesを修飾しています。

**PiCK UP** 単語は〈副詞＋形容詞＋名詞〉の順に並ぶ場合が多いのですが,〈形容詞＋形容詞＋名詞〉,〈形容詞＋名詞＋名詞〉のように並ぶ場合もあります。名詞を前から修飾するのは形容詞と名詞, 形容詞の前には多くの場合副詞が来ますが, 本問のように2つの形容詞が後ろに続く名詞を修飾する場合もあるということを押さえておいてください。

**語句** □ design ～を考案する, デザインする　□ strategy 戦略　□ expand ～を拡大する
□ different 異なる

## 15.

♪ 054

Tailor and West Literary Magazine very ------- accepts submissions from unpublished authors.

(A) rarely
(B) rareness
(C) rare
(D) rarest

テイラー・アンド・ウェスト・リテラリー・マガジンは，出版経験のない著者の投稿を本当にめったに受け付けない。

(A) めったに（～しない）
(B) 珍しさ
(C) まれな
(D) 最も珍しい

**正解** (A)

**解説** 空所の前には副詞のvery「とても」が，後ろには動詞のaccepts「～を受け付ける」が続いています。副詞のveryが修飾し，veryとセットで動詞のacceptsを修飾できるのは(A)の副詞rarely「めったに（～しない）」です。

**PiCK UP** 副詞は「名詞以外」を前後から修飾します。本問のように，〈副詞＋副詞＋動詞〉のパターンもあるということを押さえておいてください。

**語句** □ accept ～を受け付ける　□ submission 投稿　□ unpublished 出版経験のない
□ author 著者

## 16.

♪ 055

The main goal of last month's marketing campaign was not to increase sales, but to improve the image of the product as eco-friendly and -------.

(A) practical
(B) practice
(C) practically
(D) practices

先月のマーケティングキャンペーンの主な目標は売上を伸ばすことではなく，環境に優しく実用的であるとして製品のイメージを向上させることだった。

(A) 実用的な
(B) ～を練習する，練習
(C) 実用的で
(D) ～を練習する（三人称単数現在形）

**正解** (A)

**解説** 空所の前には等位接続詞のandがあります。等位接続詞による並列関係に注目すると，andの前にeco-friendly「環境に優しい」という形容詞があり，空所にも形容詞が入ると考えられます。選択肢のうち形容詞は(A) practicalで，eco-friendly and practical「環境に優しく実用的な」となり，文意も通ります。よって(A)が正解です。eco-friendlyは語尾が-lyですが，副詞ではなく形容詞であることに注意しましょう。

**語句** □ marketing マーケティングの　□ increase ～を増やす　□ improve ～を改善する
□ product 製品　□ eco-friendly 環境に優しい

# 2 品詞問題 応用編

ここでは品詞問題の中で，基礎編で学んだ問題よりもさらに難易度の高いものについて学びます。1つの文法知識だけでは解答することができない，2つ以上の文法知識を複合的に必要とする問題や，文法知識で選択肢を絞り込み，さらに文意から正解を選ぶタイプの問題などの解法・考え方をマスターしていきましょう。

**POINT 1** 単数形vs複数形は，述語動詞との一致や冠詞の有無などに注意する

空所には名詞が入ると判断したものの，**選択肢には単数形と複数形の両方がある場合があります。この場合は，まず述語動詞に注目**してみましょう。

---

**例題** ♪ 056

1. ------- working in the marketing department handle the design and execution of all advertising campaigns.
   (A) Employee
   (B) Employees
   (C) Employed
   (D) Employ

---

## (1) 選択肢を確認しましょう

選択肢には動詞employ「～を雇用する」とその派生語が並んでいるので品詞問題です。

## (2) 空所の前後を区切り，SVOCを確認しましょう

空所は問題文の先頭にあります。文頭からdepartmentまでが主語，handle「～を取り扱う」が述語動詞，the design以降が目的語となります。

## (3) 空所に入る品詞を判断しましょう

空所の後にあるworkingは動名詞か現在分詞です。動名詞だとすると，その前に来るのは副詞か名詞の所有格ですが，選択肢にはありません。現在分詞だとすると，その前に修飾される名詞が必要になりますが，(A)と(B)が名詞であり，正解はそのどちらかだと考えられます。

## (4) 述語動詞との一致に注意

(A) Employeeは単数形，(B) Employeesは複数形です。単数形か複数形かを選ぶ場合は，まず述語動詞に注目してみましょう。handleの語尾にはsが付いておらず，主語は三人称単数ではないと考えられるため，正解は複数形の (B) Employees「従業員たち」になります。

### 🔧 冠詞の有無なども正解を選ぶポイントになる

(A) のEmployeeは可算名詞の単数形なので，基本的に前には冠詞や人称代名詞の所有格などが必要であることも押さえておいてください。この視点で解かせる問題もよく出題されます。例えば，この問題のhandleがhandledと過去形だった場合を考えてみてください。動詞の形からは正解を導くことができません。その場合は，空所の前に冠詞や所有格がないことを確認して複数形のEmployeesを選びます。

---

**正解と訳**

1. ------- working in the marketing department handle the design and execution of all advertising campaigns.
   (A) Employee
   (B) Employees
   (C) Employed
   (D) Employ

マーケティング部で働いている従業員は，全ての広告キャンペーンの計画と実行を行っている。
   (A) 従業員（単数形）
   (B) 従業員（複数形）
   (C) ～を雇用した，雇用された
   (D) ～を雇用する

正解 (B)

**語句** □ marketing department マーケティング部　□ handle ～を取り扱う　□ execution 実行　□ advertising 広告　□ campaign キャンペーン

---

**POINT 2**　名詞vs名詞は意味をよく確認し，文意から適切なものを選ぶ

空所には名詞が入ると判断したものの，**選択肢に意味の異なる名詞が2つ以上ある問題もよく出題されます。この場合は文意から適切なものを選択**します。

---

**例題**　♪ 057

2. Once the article's ------- has been approved by an editor, it gets sent to the design department.
   (A) publication
   (B) published
   (C) publisher
   (D) having published

---

## (1) 選択肢を確認しましょう

選択肢には動詞publish「〜を出版する」の派生語が並んでいる品詞問題です。

## (2) 空所の前後を区切り，SVOCを確認しましょう

空所の前には所有を表すarticle's「記事の」があり，後ろには述語動詞のhas been approvedがあります。

## (3) 空所に入る品詞を判断しましょう

所有を表す表現の後ろには名詞が続くため，文法的には (A) publication「出版」と (C) publisher「出版社」の2つが正解候補となります。

## (4) 文意から正解を選びましょう

Once the article's ------- has been approved by an editor「いったん編集者によって記事の〜が認められると」という文意に合うのは (A) publication「出版」です。

### 🔳 名詞vs動名詞

名詞vs名詞の問題の中には名詞vs動名詞の問題もあります。動名詞は動詞と名詞の機能を持っています。名詞との相違点のうち，品詞問題を解く上で押さえておきたいのは次の3点です。

①動名詞には冠詞がつかない
②他動詞が動名詞になった場合，後ろに基本的には目的語が必要
③動名詞は名詞でありながら動詞の性質を持つため，形容詞ではなく副詞で修飾する

---

**正解と訳**

**2.** Once the article's ------- has been approved by an editor, it gets sent to the design department.
(A) publication
(B) published
(C) publisher
(D) having published

いったん編集者によって記事の出版が認められると，それはデザイン部に送られる。
(A) 出版
(B) 〜を出版した，出版された
(C) 出版社
(D) 〜を出版したこと

正解 (A)

**語句** □ once いったん〜すると　□ approve 〜を認める　□ editor 編集者
□ get sent to 〜に送られる　□ department 部

---

**POINT 3** 現在分詞vs過去分詞は「〜する」「〜される」の視点を中心に判断する

形容詞として機能する語が複数選択肢に残る問題も頻出です。現在分詞vs過去分詞の問題の解き方を見ていきましょう。

---

**例題**　♪ 058

3. Burgo's sells individually ------- jewelry and accessories crafted by local artisans in rural Italy.
   (A) designing
   (B) design
   (C) designed
   (D) designs

---

### (1) 選択肢を確認しましょう

選択肢には動詞design「〜をデザインする」とその派生語が並んでいるので品詞問題です。

### (2) 空所の前後を区切り，空所に入る品詞を判断しましょう

空所の前にはBurgo's sellsという〈主語＋述語動詞〉の後に副詞individually「個々に」があります。individuallyは一見するとsellsを修飾しているように見えますが，空所の後ろには名詞jewelry「ジュエリー」があり，これはsellsの目的語になると考えられます。副詞が他動詞を修飾する場合，目的語の後に置かれることが普通です。したがって，individuallyが修飾するのはsellsではなく，空所に入る語だと考えられます。副詞individuallyに修飾され，名詞jewelryを修飾するのは形容詞です。選択肢のうち形容詞として機能するのは (A) designing（現在分詞）と (C) designed（過去分詞）です。現在分詞と過去分詞は形容詞としての機能を持ち，名詞を修飾できることを押さえておきましょう。

### (3) 現在分詞vs過去分詞は「〜する」or「〜される」を確認

現在分詞と過去分詞の２つが候補に残った場合は，修飾される名詞の立場から「〜する」なのか「〜される」なのかを考えます。jewelry「ジュエリー」はデザイン「される」ものなので，正解は過去分詞の (C) designedです。

### (4) 文意を確認しましょう

Burgo's sells individually designed jewelry「バーゴーズは個々にデザインされたジュエリーを売っている」となり，意味も通ります。

**3.** Burgo's sells individually ------- jewelry and accessories crafted by local artisans in rural Italy.

(A) designing
(B) design
(C) designed
(D) designs

バーゴーズは，イタリアの農村部の地元の職人によって手作りされた，1つ1つデザインされたジュエリーやアクセサリーを販売している。

(A) 〜デザインしている，〜をデザインすること
(B) 〜をデザインする，デザイン（単数形）
(C) 〜をデザインした，デザインされた
(D) 〜をデザインする（三人称単数現在形），デザイン（複数形）

正解 (C)

**語句** □ individually 個々に　□ jewelry ジュエリー　□ craft 〜を手作りする
　　　□ local 地元の　□ artisan 職人　□ rural 農村部の

## ❚❚ 形容詞vs分詞

例題では現在分詞vs過去分詞の例を取り上げましたが，形容詞vs分詞の問題も出題されます。この場合も，空所に入れて文意が通るのはどれかを考えて判断しましょう。形容詞が正解になることが多いので，まず形容詞を空所に入れてみて，文意を確認しましょう。

### 分詞形容詞

| 語尾のパターン | 例 |
|---|---|
| -ing | appealing（魅力的な），booming（急成長している），decreasing（減少している），encouraging（勇気づける），existing（現存の），increasing（増加している），interesting（面白い），misleading（紛らわしい），overwhelming（圧倒的な），remaining（残りの） |
| -ed | accomplish（優れた），broken（壊れた），concentrated（集中した），detailed（詳細な），fallen（落ちた），furnished（家具付きの），learned（学識のある），retired（退職した） |

## POINT 4　名詞が名詞を修飾する場合がある

基礎編では形容詞が名詞を修飾する例を確認しましたが，名詞が名詞を修飾する場合もあります（複合名詞）。例題を見てみましょう。

### 例題 🎵 059

**4.** Upon registration for the course, every student will receive an ------- card which is required to enter the college library.
(A) identifies
(B) identification
(C) identified
(D) identifying

## （1）選択肢を確認しましょう

選択肢には動詞identify「〜の身元を明らかにする」の派生語が並んでいるので品詞問題です。

## （2）空所の前後を区切り，SVOCを確認しましょう

この文の主語はevery student，述語動詞はwill receiveです。空所の前には冠詞のan，後ろには名詞のcard「カード」があり，an ------- cardがこの文の目的語になります。

## （3）空所に入る品詞を判断しましょう

（1）で確認したように，選択肢には動詞identify「〜の身元を明らかにする」の派生語が並んでいるので，an ------- cardの部分は「身分証明書」という意味になると考えられます。

空所には名詞cardを修飾する形容詞が入りますが，「身分証明書」のように定型表現がありそうな場合は〈名詞＋名詞〉の「複合名詞」の可能性を検討してみましょう。

この問題では(B)のidentificationを入れるとidentification cardとなり，「身分証明書（IDカード）」という意味の複合名詞になります。

## （4）文意を確認しましょう

名詞の(B)を入れるとevery student will receive an identification card「全生徒が身分証明書を受け取る」となり，文意も通るので(B)が正解です。

選択肢のうち，(C) identified（過去分詞）と(D) identifying（現在分詞）も形容詞として機能するので文法上は空所に入れることができますが，複合名詞のように決まった言い方がある場合，これらは正解にはなりません。複合名詞は問題を解く過程で，1つ1つ覚えていきましょう。

**4.** Upon registration for the course, every student will receive an ------- card which is required to enter the college library.

(A) identifies
(B) identification
(C) identified
(D) identifying

講座に申し込んだら，全生徒が大学の図書館に入るのに必要な身分証明書を受け取る。

(A) 〜の身元を明らかにする（三人称単数現在形）
(B) 身分証明
(C) 身元を特定された
(D) 〜の身元を明らかにしている

正解 (B)

**語句** □ upon 〜と同時に　□ registration for 〜への申し込み　□ receive 〜を受け取る　□ require 〜を必要とする　□ enter 〜に入る　□ college 大学

## ▓▓ TOEIC L&Rテストに頻出の複合名詞

| 複合名詞 | 意味 |
| --- | --- |
| advertising agency | 広告会社 |
| anniversary party | 周年記念パーティー |
| board member | 取締役 |
| branch manager | 支店長 |
| business owner | 企業のオーナー |
| charity event | チャリティーイベント |
| client base | 顧客層 |
| company picnic | 会社のピクニック |
| conference room | 会議室 |
| construction project | 建設プロジェクト |
| customer satisfaction | 顧客満足 |
| expiration date | 有効期限 |
| file cabinet | 書類棚 |
| football stadium | サッカースタジアム |
| freight expense | 運送費 |
| installation cost | 工事費，取り付け費 |
| job seeker | 求職者 |
| press conference | 記者会見 |
| production process | 生産工程 |
| sales department | 営業部 |
| travel allowance | 出張手当 |
| video ad | 動画広告 |
| weather forecast | 天気予報 |

2 品詞問題 応用編

### 攻略法まとめ 品詞問題 応用編

- 単数形 vs 複数形は，述語動詞との一致や冠詞の有無などに注意する
- 名詞 vs 名詞は意味をよく確認し，文意から適切なものを選ぶ
- 現在分詞 vs 過去分詞は「〜する」「〜される」の視点を中心に判断する
- 名詞が名詞を修飾する場合がある

**1.** Judging by the surprised expressions on his co-stars' faces, the actor's revealing of the film's release date was -------.

(A) accident
(B) accidental
(C) accidentally
(D) accidents

**2.** The study results showed that overall work ------- improved when employees were allowed to take short naps.

(A) perform
(B) performing
(C) performance
(D) performer

**3.** Reviews of Summersweet's UV blocking swimwear show that customers value the extra sun protection and find the designs -------.

(A) attraction
(B) attractive
(C) attracts
(D) attracted

**4.** This award is given to those who have achieved 100 percent ------- at work during the September 1 through March 31 period.

(A) attend
(B) attendees
(C) attendance
(D) attendant

**5.** At the press conference, CEO Molly Hayworth announced ------- for a new shopping mall near the airport.

(A) planned
(B) plans
(C) planner
(D) was planning

**6.** While free for all guests of the hotel, ------- to the fitness center is restricted to the hours listed below.

(A) access
(B) accessed
(C) accessing
(D) accessible

**7.** Due to increased customer demand, it may be ------- to open a second production facility.

(A) necessitating
(B) necessary
(C) necessarily
(D) necessities

**8.** Ms. Gresham served as the ------- president for seventeen years, until Mr. Digby took her place.

(A) association
(B) associates
(C) associated
(D) associating

**9.** Many college students ------- their precious time to help clean up the Westfall University campus.

(A) volunteering
(B) volunteered
(C) voluntary
(D) volunteers

**10.** The top ------- of the customer support team is to do whatever is necessary to make our customers happy.

(A) priority
(B) priorities
(C) prioritize
(D) prioritized

**11.** The Berkshire Automobile Group releases an ------- line of vehicles every summer.

(A) update
(B) updated
(C) updates
(D) updating

**12.** Ms. Tate says her success is thanks in part to a constant ------- to make her customers happy.

(A) drive
(B) driving
(C) drove
(D) driver

**13.** With the expansion of its public transportation services, Blackbridge's tourism ------- has improved vastly.

(A) industrialization
(B) industrial
(C) industrialize
(D) industry

**14.** Due to the state of the economy, ------- across the industry have been raising prices.

(A) supplies
(B) supplier
(C) supplied
(D) suppliers

**15.** To improve the quality of public parks, the city government has announced a new community cleanup -------.

(A) initiator
(B) initiating
(C) initiate
(D) initiative

**16.** According to a recent survey, customers find Western Banking's "Everyday Checking" account the most -------.

(A) appeal
(B) appealing
(C) appeals
(D) appealingly

品詞問題 応用編

2

## 1.

**♪ 060**

| Judging by the surprised expressions on his co-stars' faces, the actor's revealing of the film's release date was -------. | 共演者の驚きの表情から判断して、その俳優が映画の公開日を明らかにしたのは思いがけないことだった。 |
| --- | --- |
| (A) accident | (A) 事故 |
| (B) accidental | (B) 思いがけない |
| (C) accidentally | (C) 偶然に |
| (D) accidents | (D) 事故（複数形） |

**正解** (B)

**解説** 空所の前にはbe動詞のwasがあります。be動詞の後ろには形容詞か名詞が来ますが、主語の the actor's revealing of the film's release date「俳優が映画の公開日を明らかにしたこと」とイコールの関係になるのは(B)の形容詞accidental「思いがけない」です。(A) accidentは可算名詞なので前に冠詞が必要です。

**PiCK UP** co-starは「共演者」です。co-は「共通，一緒」などの意味を表します。co-worker「同僚」（＝colleague）がTOEIC L&Rテストでは頻出です。

**語句** □ judging by ～から判断すると　□ surprised 驚いた　□ expression 表情
□ co-star 共演者　□ actor 俳優　□ reveal ～を明らかにする
□ release date 公開日

## 2.

**♪ 061**

| The study results showed that overall work ------- improved when employees were allowed to take short naps. | 従業員が短時間の昼寝をすることが許されると全体的な業績が向上することが研究結果から示された。 |
| --- | --- |
| (A) perform | (A) ～を演じる |
| (B) performing | (B) ～を演じること |
| (C) performance | (C) 業績 |
| (D) performer | (D) 演技者 |

**正解** (C)

**解説** 選択肢には動詞perform「～を演じる」とその派生語が並んでいます。空所はshow that「～ということを示す」というthat節中にあるので、この節の中を確認していきます。空所の前にはoverall work「全体的な仕事」，空所の後ろにはimprovedと接続詞when「～するとき」が続いているので，whenの前で一度区切ります。overall work ------- が主語，improved が述語動詞になると考えると，選択肢のうち空所に入れて主語のカタマリを作ることができるのは名詞の(C) performanceです。overall work performance improved「全体的な業績が向上した」となり文意も通りますので，(C)が正解です。work performanceは〈名詞＋名詞〉からなる複合名詞で，形容詞のoverallはこの複合名詞を前から修飾しています。

**語句** □ result 結果　□ overall 全体的な　□ improve 向上する　□ employee 従業員
□ be allowed to do ～することを許される　□ take a nap 昼寝をする

## 3.

♪ 062

Reviews of Summersweet's UV blocking swimwear show that customers value the extra sun protection and find the designs -------.

(A) attraction
(B) attractive
(C) attracts
(D) attracted

サマースイーツ製のUVカット水着のレビューを見ると，客は日焼け防止機能が高いことを評価しており，デザインも魅力的だと考えている。

(A) 魅力
(B) 魅力的な
(C) ～を魅了する（三人称単数現在形）
(D) ～を魅了した，魅了された

**正解** (B)

**解説** 選択肢には動詞attract「～を魅了する」の派生語が並んでいます。空所の前にはthe designs「デザイン」があり，その前にある動詞のfindの使い方を問う問題です。find「～を見つける」は，find *A B* で「AがBだと分かる」という意味で使われます。Aにはfindの目的語となる名詞が入り，BにはAとイコールとなる形容詞か名詞（のカタマリ）が来ます。本問ではAに当たるのがthe designsなので，Bに来るのは形容詞の(B) attractive「魅力的な」です。find the designs attractiveで「デザインが魅力的だと分かる」という意味になります。

**PiCK UP** find *A B* のパターンは「第5文型」（SVOCから成る英文。p.67参照）と呼ばれるもので，ほかにもmake *A B*「AをBにする」，leave *A B*「AをBのままにしておく」，keep *A B*「AをBにしておく」などがよく使われます。

**語句** □ review レビュー　□ block ～を遮る　□ swimwear 水着　□ value ～を評価する　□ extra 必要以上の　□ protection 保護，防止

## 4.

♪ 063

This award is given to those who have achieved 100 percent ------- at work during the September 1 through March 31 period.

(A) attend
(B) attendees
(C) attendance
(D) attendant

この賞は9月1日から3月31日の間に職場で100パーセントの出席を達成した人たちに贈られる。

(A) ～に出席する
(B) 出席者（複数形）
(C) 出席
(D) 接客係，付き添いの

**正解** (C)

**解説** 選択肢には動詞attend「～に出席する」とその派生語が並んでいます。空所の前には述語動詞のhave achieved「～を達成した」と形容詞の100 percent「100パーセントの」があり，後ろにはat work「職場で」が続いています。100 percentが前から修飾し, have achievedの目的語となる名詞が空所には入ります。(A) attend「～に出席する」以外は全て名詞として機能しますが，文意が通るのは(C) attendance「出席」だけです。

**語句** □ award 賞　□ those who ～する人たち　□ achieve ～を達成する　□ during ～の間　□ period 期間

## 5.

| | |
|---|---|
| At the press conference, CEO Molly Hayworth announced ------- for a new shopping mall near the airport.<br>(A) planned<br>(B) plans<br>(C) planner<br>(D) was planning | 記者会見でモリー・ヘイワースCEOは空港近くで新しいショッピングモールを開業する計画を発表した。<br>(A) ～を計画した，計画された<br>(B) 計画（複数形），～を計画する（三人称単数現在形）<br>(C) 立案者<br>(D) ～を計画していた |

**正解** (B)

**解説** 空所の前には他動詞のannounce「～を発表する」の過去形があり，後ろには前置詞のforがあります。他動詞の後ろには目的語が来るので，正解は(B)のplans「計画」です。announceは後ろにthat節を取ることもできます。

**語句** □ press conference 記者会見　□ CEO（＝ Chief Executive Officer）最高経営責任者
□ announce ～を発表する

## 6.

| | |
|---|---|
| While free for all guests of the hotel, ------- to the fitness center is restricted to the hours listed below.<br>(A) access<br>(B) accessed<br>(C) accessing<br>(D) accessible | フィットネス・センターの利用は，ホテルの宿泊客は全員無料だが，下記に示された時間帯に制限されている。<br>(A) 利用，～を利用する<br>(B) ～を利用した，利用された<br>(C) ～を利用している，～を利用すること<br>(D) 利用可能な |

**正解** (A)

**解説** 選択肢にはaccessとその派生語が並んでいます。空所の前はカンマがあり，その前には接続詞While「～ではあるが」から始まる1つ目の節があります。空所の後ろにはto the fitness center「フィットネス・センターへ」が続いていますが，その後ろには述語動詞のis restrictedがあります。よって，空所は2つ目の節の先頭であり，主語になる名詞が入ることが分かるため，正解は(A)のaccess「利用」です。(C)のaccessingは名詞としても機能しますが，accessは他動詞なので述語動詞になっても後ろにtoは不要です。

**PiCK UP** whileとfreeの間にはaccess to the fitness center isという〈主語＋述語動詞〉が省略されています。

**語句** □ while ～ではあるが　□ be restricted to ～に限られている
□ listed below 下記に示された

## 7.

🎵 066

Due to increased customer demand, it may be ------- to open a second production facility.

(A) necessitating
(B) necessary
(C) necessarily
(D) necessities

客からの需要が増えていることから，2つ目の生産施設の開設が必要かもしれない。

(A) 〜を必要としている，〜を必要とすること
(B) 必要な
(C) 必ず
(D) 必要なもの（複数形）

**正解** (B)

**解説** 選択肢には形容詞necessary「必要な」とその派生語が並んでいます。空所の前にはbe動詞の原形，後ろには不定詞のto open「〜を開けること」が続いています。be動詞の後ろには形容詞か名詞が続き，それはbe動詞の前にある主語とイコールの関係になります。主語はitですが，itは形式主語で，その内容はto open a second production facility「2つ目の生産施設を開設すること」であると考えると，これとイコールの関係になる(B)のnecessaryだと分かります。

**PiCK UP** due toは「〜が原因で，〜のせいで」という意味です。ほぼ同じことを表す表現として，owing to，thanks to，because of，そしてon account ofの5つをセットにして覚えておくとよいでしょう。

**語句** □ due to 〜が原因で □ increase 〜を増やす □ demand 需要 □ production 生産
□ facility 施設

## 8.

🎵 067

Ms. Gresham served as the ------- president for seventeen years, until Mr. Digby took her place.

(A) association
(B) associates
(C) associated
(D) associating

グレシャム氏は，ディグビー氏と交代するまで協会の会長を17年間務めた。

(A) 協会
(B) 仲間（複数形），〜を結び付ける（三人称単数現在形）
(C) 〜を結び付けた，結び付けられた
(D) 〜を結び付けている，〜を結び付けること

**正解** (A)

**解説** 選択肢には動詞associate「〜を結び付ける」の派生語が並んでいます。空所の前には冠詞のthe，後ろには名詞のpresident「会長」が続いています。名詞を前から修飾する品詞の第一候補は形容詞ですが，第二候補としては名詞を挙げることができます。(A)のassociation「協会」を空所に入れるとassociation president「協会の会長」という複合名詞を作ることができるため，正解は(A)です。複合名詞は出会う度に1つ1つ覚えていくとよいでしょう。(C)のassociatedは過去分詞，(D)のassociatingは現在分詞と考えるといずれも形容詞として機能しますが，「結び付けられた会長」「結び付けている会長」ではいずれも文意が通らないので不正解です。

**語句** □ serve as 〜を務める □ president 会長 □ until 〜までずっと
□ take *one's* place 〜と交代する

**9.** 🎵 068

Many college students ------- their precious time to help clean up the Westfall University campus.
(A) volunteering
(B) volunteered
(C) voluntary
(D) volunteers

多くの大学生が彼らの貴重な時間を進んで提供し，ウェストフォール大学構内の清掃を手伝った。
(A) ～を進んで提供している，ボランティア活動をすること
(B) ～を進んで提供した
(C) 自発的な
(D) ～を進んで提供する（三人称単数現在形），ボランティア（複数形）

**正解** (B)

**解説** 選択肢には動詞volunteer「～を進んで提供する」の派生語が並んでいます。空所の前にはMany college students「多くの大学生」があり，後ろにはtheir precious time「彼らの貴重な時間」が続いています。空所以外の部分に述語動詞がないため，正解は(B)の動詞volunteered「～を進んで提供した」が入ります。主語が複数なので(D)は不適切です。

**PiCK UP** volunteerは自動詞「ボランティア活動をする」の使い方もあります。選択肢にはありませんが，副詞のvoluntarily「自発的に」と共に押さえておいてください。

**語句** □ precious 貴重な □ clean up ～を清掃する

**10.** 🎵 069

The top ------- of the customer support team is to do whatever is necessary to make our customers happy.
(A) priority
(B) priorities
(C) prioritize
(D) prioritized

カスタマー・サポート・チームの最優先事項は，顧客を満足させるために必要なことはなんでもすることだ。
(A) 優先すること（単数形）
(B) 優先すること（複数形）
(C) ～を優先させる
(D) ～を優先させた，優先された

**正解** (A)

**解説** 選択肢には名詞priority「優先すること」とその派生語が並んでいます。空所の前にはThe topがあり，後ろには前置詞のofが続いていることから，空所にはThe topが修飾する名詞が入りますが，選択肢には名詞が2つあります。(A) priority「優先すること」（単数形）と(B) priorities「優先すること」（複数形）のうち，述語動詞isと一緒に使えるのは単数形の(A)です。

**語句** □ whatever ～するのはなんでも □ necessary 必要な

## 11.

🎵 070

The Berkshire Automobile Group releases an ------- line of vehicles every summer.
(A) update
(B) updated
(C) updates
(D) updating

バークシャー・オートモービル・グループは，毎年夏に最新の自動車ラインアップを発表する。
(A) 〜を最新にする，アップデート
(B) 〜を最新にした，更新された
(C) 〜を最新にする（三人称単数現在形），アップデート（複数形）
(D) 〜を最新にしている，〜を最新にすること

**正解** (B)

**解説** 選択肢には動詞update「〜を最新にする」とその派生語が並んでいます。空所の前には冠詞のan，後ろには名詞のline「ラインアップ」があります。名詞の前なので空所には形容詞か名詞が続きますが，まずは形容詞の可能性を考えましょう。動詞の変化形で形容詞の働きをするものは，現在分詞と過去分詞のいずれかです。よって，正解候補は(B)のupdated「更新された」と(D)のupdating「〜を最新にしている」ですが，修飾される名詞lineの立場になって考えると，lineは「更新される」ものであることが分かるため，正解は(B)です。

**語句** □ release 〜を発表する　□ line ラインアップ　□ vehicle 自動車

## 12.

🎵 071

Ms. Tate says her success is thanks in part to a constant ------- to make her customers happy.
(A) drive
(B) driving
(C) drove
(D) driver

テート氏が言うには，彼女が成功している要因の1つは，客を満足させたいという彼女の絶えることのない気持ちである。
(A) 衝動，〜を動かす
(B) 〜を動かしている，〜を動かすこと
(C) 〜を動かした
(D) 運転手

**正解** (A)

**解説** 選択肢には動詞drive「〜を動かす」の派生語が並んでいます。空所の前には冠詞のaと形容詞のconstant「絶えることのない」があり，後ろにはto makeという不定詞が続いています。不定詞の前は文法的な切れ目であり，a constantと空所が名詞のカタマリを作ることが分かるため，意味も合わせて考えて，空所には名詞の(A) drive「衝動」が入ります。

**語句** □ success 成功　□ thanks in part to 一部は〜のおかげである
□ constant 絶えることのない　□ make *A B* AをBにする

## 13.

With the expansion of its public transportation services, Blackbridge's tourism ------- has improved vastly.

(A) industrialization
(B) industrial
(C) industrialize
(D) industry

公共交通サービスの拡大に伴って、ブラックブリッジの観光業が大いに上向いた。

(A) 工業化
(B) 産業の
(C) 〜を工業化する
(D) 産業

**正解** (D)

**解説** 文法的な切れ目であるカンマで文を区切り、カンマ以降を見ます。空所の前にはBlackbridge's tourismがあり、空所の後にはhas improved「上向いた」があります。has improvedが述語動詞だとすると Blackbridge's から空所までは主語と考えられます。選択肢のうち名詞は (A) industrialization「工業化」と(D) industry「産業」の2つですが、文意が通るのは(D)です。tourism industryで「観光業」という意味になります。なお、文頭からカンマまでは、Blackbridge's以降の節を修飾する副詞句です。

**語句** □ with 〜を伴って □ expansion 拡大 □ public transportation 公共交通 □ tourism 観光 □ improve 上向く □ vastly 大いに

## 14.

Due to the state of the economy, ------- across the industry have been raising prices.

(A) supplies
(B) supplier
(C) supplied
(D) suppliers

景気を理由に業界中の納入業者が価格を引き上げている。

(A) 〜を供給する（三人称単数現在形）、供給品（複数形）
(B) 納入業者
(C) 〜を供給した、供給された
(D) 納入業者（複数形）

**正解** (D)

**解説** 選択肢には動詞supply「〜を供給する」の派生語が並んでいます。空所の前にはカンマによる切れ目があり、後ろには前置詞のacrossから始まるカタマリがあり、さらにその後ろには動詞のカタマリであるhave been raising「〜を引き上げている」があります。空所から始まるカタマリは文の主語になることが分かるため、空所には名詞が入ります。名詞は(A)、(B)、(D)ですが、意味から考えて(A)は外れます。残るのは単数形の(B)と複数形の(D)ですが、動詞にhaveが使われているため、これに合う複数形の(D)が正解です。

**語句** □ due to 〜が原因で □ the state of economy 景気 □ across 〜のいたるところに □ industry 業界 □ raise 〜を上げる

## 15.

🎵 074

To improve the quality of public parks, the city government has announced a new community cleanup -------.

(A) initiator
(B) initiating
(C) initiate
(D) initiative

市立公園の質を向上させるために，市当局はコミュニティーによる新たな清掃構想を発表した。

(A) 創始者
(B) ～を始めること
(C) ～を始める
(D) 構想

**正解** (D)

**解説** 選択肢には動詞initiate「～を始める」の派生語が並んでいます。空所の前には冠詞のaから始まるa new community cleanup「コミュニティーによる新たな清掃」があり，後ろで文は終わっています。冠詞から始まるカタマリの最後には基本的には名詞が入ります。選択肢のうち名詞は(A)，(B)，(D)ですが，(A)は文意が通りません。(B)は他動詞initiateの動名詞なので，後ろに目的語が必要です。以上から，残った (D) initiative「構想」が正解です。a new community cleanup initiativeで「コミュニティーによる新たな清掃構想」という意味になります。

**語句** □ improve ～を向上させる　□ quality 質　□ public park 市立公園
□ city government 市当局　□ announce ～を発表する
□ community コミュニティー　□ cleanup 清掃

## 16.

🎵 075

According to a recent survey, customers find Western Banking's "Everyday Checking" account the most -------.

(A) appeal
(B) appealing
(C) appeals
(D) appealingly

最近の調査によれば，客はウェスタン・バンキングの『エブリデイ・チェッキング』口座が最も魅力的だと思っている。

(A) 訴える，訴えること
(B) 魅力的な
(C) 訴える（三人称単数現在形）
(D) 魅力的に

**正解** (B)

**解説** 選択肢には動詞appeal「訴える」とその派生語が並んでいます。空所の前にはthe mostという最上級を表す表現があり，空所で文は終わっています。the mostに続くのは，ここでは形容詞の(B) appealing「魅力的な」か，副詞の(D) appealingly「魅力的に」に絞られます。また，問題文の動詞findはfind A B「AがBだと分かる」という使い方をします。Aには名詞が，Bには形容詞か名詞が来るので，正解は(B)のappealing「魅力的な」です。

**語句** □ according to ～によれば　□ recent 最近の　□ survey 調査　□ customer 客
□ account 口座，アカウント

# 3 動詞問題

動詞問題とは，選択肢に動詞の原形や不定詞，分詞などの変化形が並んでいる問題で，主述の一致や態（能動態・受動態），時制（現在・過去・未来）などの視点から判断し，空所に入る適切な語を選びます。

**POINT 1** 動詞問題の着眼点は①主述の一致，②態，③時制

まずは，動詞問題で見るべきポイントはどこなのかをしっかりと押さえましょう。

## ①主述の一致（主語に合った述語動詞の形を選ぶ）

主語の人称や単数か複数かによって，使う述語動詞の形もそれに合わせなければいけません。それが**主述の一致**です。例えば一般動詞のhaveの場合，主語が一人称単数で時制が現在の文であればhaveを使いますが，主語が三人称単数で時制が現在であればhasになります。be動詞の場合，主語が一人称単数で時制が現在の場合はam，主語が三人称単数で時制が現在の場合はisというように，動詞の形を主語に合わせましょう。

## ②態（能動態か受動態か）

動詞が他動詞であれば，2種類の態，能動態「～する」と受動態「～される」の文を作れる場合があります。**能動態の文であれば，動詞の後ろには目的語が続き，受動態であれば，後ろに目的語は続きません**（ただし，giveのように動詞が授与を表すものの場合には，受動態であっても動詞の後ろには1つ目的語が続くことがあります）。これについては，POINT 3で詳しく説明します。

## ③時制（現在か過去か）

時制が現在の文であれば動詞は現在形を使いますが，過去の文であれば動詞は過去形になります。時制で正解を判断する問題では，必ず**時制に関するキーワード**が文中に登場します。

これらの観点のいずれか（もしくは複数）から正解を探り，解答するようにしてください。

**POINT 2** 主述の一致の問題は，主語の人称と数に注意

この問題は，主述の一致に注目して解きましょう。

---

**例 題**             🎵 076

1. In recent years, more and more companies ------- efforts to reduce waste.
   (A) makes
   (B) are making
   (C) to be making
   (D) are made

---

選択肢に動詞make「〜を作る」のさまざまな形が並んでいる動詞問題です。

### （1）空所の前後を確認しましょう

空所前にはmore and more companies「ますます多くの企業」という名詞のカタマリがあり，後ろにはefforts「努力」という名詞が続いています。

### （2）主語（S）と述語動詞（V）を特定しましょう

more and more companiesが主語ですが，述語動詞が見当たりませんので，空所に入る語句は述語動詞になると考えられます。よって，不定詞の(C)to be makingは正解候補から削除できます。

### （3）主述の一致，態，時制を検討しましょう

まず，主述の一致を検討します。主語は複数なので述語動詞にareを使っている(B)と(D)に正解候補を絞れます。

次に，態を検討します。空所の後ろには，目的語になる名詞が続いているため，受動態である(D)はここでは不適切です。よって，正解は(B)のare makingとなります。

正解 (B)

**語句** □ recent 最近の □ more and more ますます多くの □ effort 努力 □ reduce ～を減らす □ waste 廃棄物

---

## POINT 3 　態の問題は目的語の有無を確認する

この問題は，態に注目して解きましょう。

### 例題

♪ 077

**2.** All shelves in the "Up-and-coming Authors" section need to be completely -------.
   (A) reorganize
   (B) reorganized
   (C) reorganizing
   (D) to reorganize

選択肢には動詞reorganize「～を再編成する」のさまざまな形が並んでいます。

### (1) 空所の前後を確認しましょう

空所の前にはbe completelyがあり，後ろで文は終わっています。

### (2) 主語（S）と述語動詞（V）を特定しましょう

本文の主語（S）はAll shelves (in the "Up-and-coming Authors" section)，述語動詞（V）はneed to beです。

### (3) 能動態「～する」か受動態「～される」かを検討しましょう

態に注目して選択肢を見ると (B) のreorganizedは過去分詞なので，〈be動詞＋過去分詞〉で受動態となります。空所の後ろには目的語がなく，受動態にすると文意も通るため，正解は (B) です。

なお，reorganizeは他動詞なので，能動態なら目的語が必要です。doing形となった場合も，後ろには目的語が必要です。しかし，ここでは目的語となる名詞がないので，reorganizingは正解にはなりません。

本問のように，**基本的に受動態の後ろには目的語は続きません**。なぜなら，本来目的語であった語が受動態の文では主語の位置に移動しているからです。ただし，以下の例のように，**動詞が授与を表すもので，能動態のときに目的語を2つ取れるものである場合には，受動態でも後ろに目的語が1つ続く**ということを押さえておいてください。

### （例）

① Mr. Takagi gave <u>me</u> the watch. （能動態）

「タカギ氏は私にその腕時計をくれた」

② <u>I</u> was given the watch by Mr. Takagi. （受動態）

「私はその時計をタカギ氏にもらった」

①の文では授与を表す動詞give「〜を与える」の過去形gaveを使っており，2つの目的語（meとthe watch）が動詞の後ろに続いています。

これを受動態で表した②の文では，①の文の1つ目の目的語であるmeがIになって主語の位置に移動，2つ目の目的語であるthe watchは，そのまま動詞の後ろに残る形となっています。

---

**正解と訳**

**2.** All shelves in the "Up-and-coming Authors" section need to be completely -------.

(A) reorganize
(B) reorganized
(C) reorganizing
(D) to reorganize

『新進気鋭の著者』コーナーの全ての棚は完全に並べ直す必要がある。

(A) 〜を再編成する
(B) 〜を再編成した，再編成された
(C) 〜を再編成している，〜を再編成すること
(D) 〜を再編成するために

正解 (B)

---

**語句** □ shelf 棚　□ up-and-coming 新進気鋭の　□ author 著者　□ section コーナー
□ need to *do* 〜する必要がある　□ completely 完全に

この問題は，時制に注目して解きましょう。

---

**例題** ♪ 078

3. In its first year of operation, two million people ------- the park, and that number is even greater today.
   (A) visited
   (B) will visit
   (C) will have visited
   (D) visit

---

選択肢には動詞 visit「～を訪れる」のさまざまな形が並んでいます。

### (1) 空所の前後を確認しましょう

空所の前には two million people「200万人」，後ろには名詞句の the park「公園」があります。

### (2) 主語（S）と述語動詞（V）を特定しましょう

この問題の主語（S）は two million people ですが，述語動詞（V）が見当たらないので，空所には，述語動詞が入ります。

### (3) 時制に関するキーワードを探しましょう

選択肢はいずれも主語の two million people「200万人」に続く述語動詞になり得る形なので，主述の一致では正解を絞り込めません。また，選択肢はいずれも能動態で目的語の the park「公園」を続けることができるので，態の観点からも正解を絞り込めません。

そこで，時制の観点から考えると，1つ目の節の冒頭に In its first year of operation「開園初年度に」，文の最後に today「今日」という**時制に関するキーワード**があります。よって，正解は過去形の (A) visited です。In its first year の状況と today の状況を比べた文になっています。

### 正解と訳

**3.** In its first year of operation, two million people ------- the park, and that number is even greater today.
(A) visited
(B) will visit
(C) will have visited
(D) visit

開園初年度に200万人が来園したが，その数は今日，さらに増えている。
(A) 〜を訪れた，訪問された
(B) 〜を訪れるだろう
(C) 〜を訪れているだろう
(D) 〜を訪れる，訪問

正解 (A)

**語句** □ operation 稼働　□ million 100万の

## POINT 5 述語動詞が入らないところには，分詞か動名詞，もしくは不定詞が入る

この問題では，述語動詞以外の動詞の働きに注目してみましょう。

### 例題 ♪ 079

**4.** All employees are required to follow the vacation request procedure ------- in the company handbook.
(A) described
(B) describing
(C) describes
(D) will describe

選択肢には動詞describe「〜を説明する」のさまざまな形が並んでいます。

### (1) 空所の前後を確認しましょう
空所の前にはthe vacation request procedure「休暇申請手続き」という名詞句があり，後ろにはin the company handbook「社内ハンドブックの中に」という場所を表す副詞句が続いています。

### (2) 主語（S）と述語動詞（V）を特定しましょう
この問題の主語（S）はAll employeesで，are requiredが述語動詞（V）です。

### (3) 分詞と動名詞に注目しましょう
(1)(2)を踏まえ，さらに文中には接続詞や関係詞がないことから，空所には述語動詞は入らないと判断することができます。選択肢のうち，述語動詞ではないものを探すと，過去分詞と考えた場合の(A)described「説明された」と，(B)のdescribing

「(現在分詞) 〜を説明している」「(動名詞) 〜を説明すること」の2つに絞れます。describeは他動詞なので，doing形にも目的語が続きますが，空所の後ろに目的語はないので(B)は不正解です。よって，正解は(A)です。**名詞のカタマリであるthe vacation request procedureを，過去分詞から始まるカタマリdescribed in the company handbookが後ろから説明している**と考えてください。

---

**4.** All employees are required to follow the vacation request procedure ------- in the company handbook.

(A) described
(B) describing
(C) describes
(D) will describe

全従業員は，社内ハンドブックで説明されている休暇申請手続きに従わなければならない。

(A) 〜を説明した，説明された
(B) 〜を説明している，〜を説明すること
(C) 〜を説明する（三人称単数現在形）
(D) 〜を説明するだろう

正解 (A)

**語句** □ employee 従業員 □ follow 〜に従う □ vacation 休暇 □ request 申請
□ procedure 手続き

---

## 分詞の用法

**現在分詞と過去分詞は，いずれも名詞を前後から修飾し，形容詞的な働きをします。**
以下で，分詞の使い方を整理しましょう。

### ①分詞が単独で名詞を修飾する場合

多くの場合，名詞の前に分詞を置きます。

### ② 〈分詞＋α〉で名詞を修飾する場合

多くの場合，名詞の後ろに〈分詞＋α〉を置きます。

現在分詞と過去分詞のどちらを使うかは，被修飾語（句）となる名詞（句）の立場で考えます。**名詞が「動作をする立場」であれば現在分詞，「動作をされる立場」であれば過去分詞**を使います。この例題では，the vacation request procedure「休暇申請手続き」は社内ハンドブックの中で「説明されている」ものなので，過去分詞のdescribedを使うというわけです。

### ③分詞構文を作る場合

分詞が動詞と接続詞の働きを兼ねて用いられ，副詞句を作るものを分詞構文と言います。時，原因・理由，付帯状況，条件，譲歩などの意味を表し，接続詞と主語

（＋be動詞）が省略されています。

A storm hit the town, <u>and it caused</u> a delay in traffic.

↓

A storm hit the town, <u>causing</u> a delay in traffic.

「嵐が町を直撃し，交通に遅れが生じた」

<u>Because he was disappointed</u> with last month's sales, the manager decided to increase the advertising budget.

↓

<u>Disappointed</u> with last month's sales, the manager decided to increase the advertising budget.

「先月の売上に落胆したので，マネージャーは広告の予算を増やすことに決めた」

## ■■ 動名詞の用法

動名詞は動詞を名詞のように使う形で，describingであれば「～を説明すること」という意味になります。Describing the problem is difficult for me.「その問題を説明することは，私にとって難しい」のように，主語や目的語として使うことができます。

## ■■ 不定詞の用法

不定詞は〈to＋動詞の原形〉の形を取り，名詞的用法（～すること），形容詞的用法（～するための），副詞的用法（～するために，～して）という３つの用法があります。

### ①名詞的用法（～すること）

To describe the problem is difficult. 「その問題を説明するのは難しい」

### ②形容詞的用法（～するための）

This is the keyword <u>to describe</u> the problem.

「これはその問題を説明するためのキーワードです」

### ③副詞的用法（～するために，～して）

Mr. Okada used the word "stagnant" <u>to describe</u> the economic situation.

「オカダ氏は経済の状況を説明するために『停滞』という単語を使った」

## ■■ 不定詞と動名詞

不定詞も動名詞も動詞の目的語になりますが，動詞によっては不定詞と動名詞のどちらかしかとらないものがあります。確認しておきましょう。

| 動詞の目的語 | 例 |
|---|---|
| 不定詞のみ | agree「〜に同意する」，decide「〜を決定する」，desire「〜を望む」，determine「〜を決心する」，expect「〜を予期する」，manage「〜を何とかやる」，offer「〜を申し出る」，pretend「〜のふりをする」，promise「〜を約束する」，refuse「〜を拒否する」，resolve「〜を決心する」 |
| 動名詞のみ | admit「〜を認める」，avoid「〜を避ける」，consider「〜を熟考する」，deny「〜を否定する」，enjoy「〜を楽しむ」，finish「〜を終える」，imagine「〜を想像する」，mind「〜を気にする」，practice「〜を練習する」，stop「〜をやめる」，suggest「〜を提案する」 |

## ■■ to *do* vs to *doing*

toの後ろに*do*ではなく*doing*が来るものもあります。この場合のtoは前置詞なので，toの後ろの動詞は動名詞になっています。よく出題されるものは以下です。
①*be* committed [dedicated/devoted] to *doing*「〜することに専心している」
②look forward to *doing*「〜することを楽しみに待つ」

**攻略法まとめ** 動詞問題

• 動詞問題の着眼点は①主述の一致，②態，③時制

• 主述の一致の問題は，主語の人称と数に注意

• 態の問題は目的語の有無を確認する

• 主述の一致，態の観点から正解を判断できない場合は，時制に関するキーワードに注
　意

• 述語動詞が入らないところには，分詞か動名詞，もしくは不定詞が入る

空所に入る最も適切なものを(A)(B)(C)(D)の中から1つ選びなさい。

**1.** Every applicant is ------- to take a test, regardless of experience level.

(A) require
(B) requires
(C) required
(D) will require

**2.** The important thing for the owner of Westport Pizza was to ------- a lower rental rate with his landlord.

(A) negotiating
(B) negotiates
(C) negotiated
(D) negotiate

**3.** A large number of local residents have strongly ------- our company's recent efforts to install artworks in public spaces.

(A) support
(B) supported
(C) supporting
(D) to support

**4.** An event ------- to showcase the newly developed range of Panible products to the media.

(A) were held
(B) hold
(C) will be held
(D) holding

**5.** Mr. White's amazing story ------- in a one-hour special next Tuesday following the Channel 6 news.

(A) will be featured
(B) to feature
(C) to be featured
(D) will be featuring

**6.** Our state-of-the-art oven, ------- for working parents with little time to cook, can be controlled using your smartphone.

(A) created
(B) create
(C) creating
(D) creation

**7.** Ms. Rosario played a major role in the writing of the musical and ------- the debut show when it opens next month.

(A) supervised
(B) supervising
(C) will supervise
(D) had supervised

**8.** Mr. Daniels ------- the board meeting last week, but he was busy entertaining an important client.

(A) will join
(B) will have joined
(C) would have been joined
(D) would have joined

**9.** Hiring managers are interviewing candidates for the CFO position now and ------- their top choices when the next board meeting is held.

(A) present
(B) presenting
(C) will present
(D) have presented

**10.** The Quincy Post ------- a skilled writer with previously published work to join our team of reporters.

(A) seeking
(B) is seeking
(C) are sought
(D) have been sought

**11.** ------- in the center of the city, LIJ Hotel attracts visitors who come for business and recreational purposes alike.

(A) Situated
(B) Situating
(C) Situation
(D) Situate

**12.** Because low temperatures can ------- the trees, the owners of these farms must keep them in greenhouses.

(A) damage
(B) damaging
(C) damaged
(D) damages

**13.** The annual company retreat serves ------- relationships between staff members.

(A) to strengthen
(B) strengthens
(C) is strengthening
(D) strengthened

**14.** At some train stations, abandoned items ------- to charitable organizations.

(A) donate
(B) donates
(C) are donated
(D) is donating

**15.** International Recruit is dedicated to ------- you the most competent freelancers for your needs.

(A) find
(B) finding
(C) have found
(D) be found

**16.** It is anticipated that the Better Home property development project ------- its final phase by July of next year.

(A) reaches
(B) reached
(C) will have reached
(D) to be reached

3

動詞問題

## 1.

🎵 080

| | |
|---|---|
| Every applicant is ------- to take a test, regardless of experience level.<br>(A) require<br>(B) requires<br>(C) required<br>(D) will require | 全ての応募者は，経験の程度に関係なく，テストを受けなければならない。<br>(A) 〜を必要とする<br>(B) 〜を必要とする（三人称単数現在形）<br>(C) 〜を必要とした，必要とされている<br>(D) 〜を必要とするだろう |

**正解** (C)

**解説** 選択肢には動詞require「〜を必要とする」のさまざまな形が並んでいます。空所の前にはbe動詞のis，後ろには不定詞のto takeが続いています。選択肢の中で空所に入れて意味が通るのは(C)を過去分詞として考えた場合のrequired「必要とされている」だけです。be required to *do*で「〜する必要がある」と覚えておいてもよいでしょう。正解は(C)です。

**PiCK UP** 本問ではrequire「〜を必要とする」が出てきましたが，これはneedと同様の意味です。acquire「〜を獲得する」≒get，inquire「〜を尋ねる」≒askと，3つセットで押さえておくとよいでしょう。

**語句** □ applicant 応募者　□ regardless of 〜に関係なく　□ experience 経験

## 2.

🎵 081

| | |
|---|---|
| The important thing for the owner of Westport Pizza was to ------- a lower rental rate with his landlord.<br>(A) negotiating<br>(B) negotiates<br>(C) negotiated<br>(D) negotiate | ウェストポート・ピザのオーナーにとって大切なことは，賃料の値下げについて大家と交渉することだった。<br>(A) 〜を取り決めている，〜を取り決めること<br>(B) 〜を取り決める（三人称単数現在形）<br>(C) 〜を取り決めた，取り決められた<br>(D) 〜を取り決める |

**正解** (D)

**解説** 選択肢には動詞negotiate「〜を取り決める」のさまざまな形が並んでいます。空所の前にはwas toという〈be動詞＋to〉が，後ろにはa lower rental rate「より低い賃料」という名詞句があります。この文はThe important thing「大切なこと」が主語，be動詞のwasが述語動詞で，to ------- が補語になると考えます。不定詞の名詞用法は補語になるので，正解は原形の(D) negotiateです。

**PiCK UP** negotiateは自動詞としても他動詞としても使われます。〈negotiate＋物＋with＋人〉で「物について人と交渉する」という使い方を押さえておいてください。

**語句** □ owner オーナー　□ rate 料金　□ landlord 大家

**3.**

A large number of local residents have strongly ------- our company's recent efforts to install artworks in public spaces.

(A) support
(B) supported
(C) supporting
(D) to support

地元住民の多数が，芸術作品を公共の場所に設置しようという弊社の最近の努力を強く支持した。

(A) ～を支持する
(B) ～を支持した，支持された
(C) ～を支持している，～を支持すること
(D) ～を支持すること

**正解** (B)

**解説** 選択肢には動詞support「～を支持する」のさまざまな形が並んでいます。空所の前にはhaveと副詞のstrongly「強く」，後ろにはour company's recent efforts「弊社の最近の努力」という名詞句があります。haveをヒントに「これは〈have＋過去分詞〉から成る現在完了形ではないか」と考えると，後ろに続く名詞句が目的語になります。have strongly supportedで「強く支持した」となり文意も通るため，正解は(B)のsupportedです。

**PiCK UP** 〈a large number of＋複数名詞〉で「多くの～」という意味になります。

**語句** □ a large number of 多くの～　□ local 地元の　□ resident 住民　□ strongly 強く　□ recent 最近の　□ effort 努力　□ install ～を取り付ける　□ artwork 芸術作品　□ public 公共の

**4.**

An event ------- to showcase the newly developed range of Panible products to the media.

(A) were held
(B) hold
(C) will be held
(D) holding

新たに開発されたパニブル製品の数々をメディアに披露するために，イベントが開催されるだろう。

(A) ～が開催された
(B) ～を開催する
(C) ～が開催されるだろう
(D) 開催中の

**正解** (C)

**解説** 選択肢には動詞hold「～を開催する」のさまざまな形が並んでいます。空所の前にはAn event「イベント」，後ろにはto showcase「～を披露するために」があります。この文はAn eventが主語，to showcaseは空所を説明する不定詞（副詞的用法）で，その後のthe newly以下はshowcaseの目的語です。述語動詞がないので，空所には述語動詞が入ります。選択肢のうち(D) holdingは現在分詞または動名詞なので述語動詞になりません。残った(A)～(C)のうち，(A) were heldと(B) holdは主語An event（三人称単数）と一致しないので不適切です。よって，正解は(C) will be heldです。

**PiCK UP** この問題は選択肢から時制の問題のように見えますが，主述の一致の観点から解く問題でした。このように，時制の問題と思わせる形が選択肢に並んでいても，実際には時制以外の観点から解く問題も動詞問題には多いので注意しましょう。

**語句** □ showcase ～を披露する　□ newly 新しく　□ develop ～を開発する　□ range（製品の）集まり　□ product 製品　□ media メディア

## 5.

Mr. White's amazing story ------- in a one-hour special next Tuesday following the Channel 6 news.

(A) will be featured
(B) to feature
(C) to be featured
(D) will be featuring

ホワイト氏の驚くべき話は, 来週の火曜日にチャンネル6ニュースの後, 1時間スペシャルで特集されるだろう。

(A) 特集されるだろう
(B) 〜を特集するために
(C) 特集されるために
(D) 〜を特集するだろう

**正解** (A)

**解説** 選択肢には動詞feature「〜を特集する」のさまざまな形が並んでいます。空所の前にはMr. White's amazing story「ホワイト氏の驚くべき話」, 後ろにはin a one-hour special「1時間スペシャルで」という前置詞から始まるカタマリが続いています。featureは他動詞なので後ろには目的語が続きますが, 空所の後ろには目的語がありません。この場合は受動態ではないかと考えます。選択肢のうち受動態は(A)と(C)ですが, 空所以外に述語動詞がないので, 正解は述語動詞として機能する(A)です。

**PiCK UP** 前置詞のfollowingは「〜の後に」という意味で, 前置詞のafterと同じように使うことができます。

**語句** □ amazing 驚くべき □ following 〜の後に

## 6.

Our state-of-the-art oven, ------- for working parents with little time to cook, can be controlled using your smartphone.

(A) created
(B) create
(C) creating
(D) creation

当社の最新式のオーブンは, 料理する時間がほとんどない働く親のために作られたもので, スマートフォンを使った操作が可能だ。

(A) 作られた, 〜を作った
(B) 〜を作る
(C) 〜を作っている, 〜を作ること
(D) 創造

**正解** (A)

**解説** 選択肢には動詞create「〜を作る」のさまざまな形が並んでいます。空所の前には主語となるOur state-of-the-art oven「当社の最新式のオーブン」とカンマがあり, 空所の後ろには前置詞のforから始まるカタマリとカンマがあります。さらにその後ろには述語動詞のcan be controlled「操作されることが可能だ」が続いています。カンマからカンマの間は主語の説明をしていると考えられます。正解候補は(A) created「作られた」と(C) creating「〜を作っている」の2つです。ovenは「作られる」立場にあるため, 正解は(A)です。名詞が直前の名詞を説明することもありますが, (D) creation「創造」では文意が通りませんし, 「作品」という意味では可算名詞なので, 冠詞などが必要になります。

**語句** □ state-of-the-art 最新式の □ oven オーブン

**7.**

🎵 086

Ms. Rosario played a major role in the writing of the musical and ------- the debut show when it opens next month.

(A) supervised
(B) supervising
(C) will supervise
(D) had supervised

ロザリオ氏はそのミュージカルの執筆で主要な役割を果たし、来月に公開される初上演では監督をする。

(A) ～を監督した、監督された
(B) ～を監督している、～を監督すること
(C) ～を監督するだろう
(D) ～を監督した

3

動詞問題

**正解** (C)

**解説** 選択肢には動詞supervise「～を監督する」のさまざまな形が並んでいます。空所の前には接続詞のandがあり、Ms. Rosario「ロザリオ氏」を主語とする述語動詞がandを使って2つ並列されていると考えることができます。空所の後ろには目的語となるthe debut show「初上演」が続いており、さらにその後ろにはwhen it opens next month「来月に公開されるとき」という時制に関するキーワードがあるので、正解は未来を表す表現の(C)です。

**語句** □ play a role 役割を果たす　□ major 主要な　□ writing 執筆
□ debut show 初上演

**8.**

🎵 087

Mr. Daniels ------- the board meeting last week, but he was busy entertaining an important client.

(A) will join
(B) will have joined
(C) would have been joined
(D) would have joined

ダニエルズ氏は先週の役員会議に参加するはずだったが、重要な顧客をもてなすので忙しかった。

(A) ～に参加するだろう
(B) ～に参加しているだろう
(C) 参加されただろう
(D) ～に参加していただろう

**正解** (D)

**解説** 選択肢には動詞join「～に参加する」のさまざまな形が並んでいます。空所の前には主語となるMr. Daniels「ダニエルズ氏」があり、空所の後ろには目的語となるthe board meeting「役員会議」と、過去を表すlast week「先週」が続いています。選択肢のうち過去を表す表現は仮定法である(C)のwould have been joined「参加されただろう」と(D)のwould have joined「～に参加していただろう」の2つですが、(C)は受動態なので、後ろに名詞が続くのは不自然です。よって、正解は(D)です。本来ならば参加するはずだった会議に、事情があって参加できなかったことを仮定法を使って表しています。

**語句** □ board meeting 役員会議　□ entertain ～をもてなす

**9.**

♪ 088

Hiring managers are interviewing candidates for the CFO position now and ------- their top choices when the next board meeting is held.

(A) present
(B) presenting
(C) will present
(D) have presented

採用担当マネージャーが現在，CFO職への応募者と面談しているところで，次回の役員会の開催時に彼らが第一の候補者を提示するだろう。

(A) 〜を示す
(B) 〜を示している，〜を示すこと
(C) 〜を示すだろう
(D) 〜を示した

**正解** (C)

**解説** 選択肢には動詞present「〜を示す」のさまざまな形が並んでいます。空所の前には接続詞のandがあり，Hiring managers「採用担当マネージャー」を主語とする述語動詞がandを使って2つ並列されていると考えることができます。空所の後ろには目的語となるtheir top choices「第一の候補者（たち）」が続いており，さらにその後ろには接続詞when「〜するとき」から始まる現在形の節が続いています。この節の中にthe next board meeting「次回の役員会」という時制に関するキーワードがあるので，正解は未来を表す表現の(C)です。

**PiCK UP** presentはpresent A to B「AをBに提示する」という形で使われたり，「現在の，出席して」という意味の形容詞として使われたりすることが多い語です。

**語句** □ hiring manager 採用担当マネージャー　□ interview 〜を面接する
□ candidate 応募者　□ CFO（＝ Chief Financial Officer）最高財務責任者
□ choice 選択　□ board meeting 役員会　□ be held 開催される

**10.**

♪ 089

The Quincy Post ------- a skilled writer with previously published work to join our team of reporters.

(A) seeking
(B) is seeking
(C) are sought
(D) have been sought

クインシー・ポストは，これまでに出版された記事があり，本紙の記者チームに加わってくれる，腕の立つライターを探している。

(A) 〜を探している，〜を探すこと
(B) 〜を探している
(C) 求められている
(D) 求められた

**正解** (B)

**解説** 選択肢には動詞seek「〜を探す」のさまざまな形が並んでいます。空所の前には主語となるThe Quincy Post「クインシー・ポスト」があり，空所の後ろには目的語となるa skilled writer「腕の立つライター」が続いています。空所以外には述語動詞がないため空所には述語動詞が入り，主語に合った形でなおかつ目的語を取るのは(B)の現在進行形is seekingだけです。

**PiCK UP** seekはlook forやsearch forに言い換えることが可能です。

**語句** □ skilled 腕の立つ　□ previously 以前　□ publish 〜を出版する

## 11.

♪ 090

------- in the center of the city, LIJ Hotel attracts visitors who come for business and recreational purposes alike.

(A) Situated
(B) Situating
(C) Situation
(D) Situate

市の中心にあるので，LIJホテルはビジネス目的で訪れる人も娯楽目的で訪れる人も同様に引き寄せる。

(A) 位置づけられた，～を位置づけた
(B) ～を位置づけている，～を位置づけること
(C) 場所
(D) ～を位置づける

**正解** (A)

**解説** 選択肢には動詞situate「～を位置づける」のさまざまな形が並んでいます。空所の後には in the center of the cityという前置詞で始まる句があり，その後にはLIJ Hotelを主語とする文が続いています。空所からカンマまではLIJ Hotel以降の文を修飾する副詞句となるので，空所には分詞構文を作る(A) Situatedか(B) Situatingが入ります。主語のホテルは「位置づけられる」立場なので，(A) Situatedが正解です。

**語句** □ attract ～を引き寄せる　□ recreational 娯楽の　□ *A* and *B* alike AもBも同様に

## 12.

♪ 091

Because low temperatures can ------- the trees, the owners of these farms must keep them in greenhouses.

(A) damage
(B) damaging
(C) damaged
(D) damages

低い気温が樹木にダメージを与えかねないので，これらの農場の主たちは樹木を温室に入れておかなければならない。

(A) ～に損傷を与える，損傷
(B) ～に損傷を与えつつある，～に損傷を与えること
(C) ～に損傷を与えた，損傷を与えられた
(D) ～に損傷を与える（三人称単数現在形）

**正解** (A)

**解説** 選択肢には動詞damage「～に損傷を与える」のさまざまな形が並んでいます。空所の前には助動詞のcan「～することができる」か，空所の後ろにはthe trees「樹木」が続いています。助動詞の後ろなので空所には動詞の原形が来るため，正解は(A)のdamageです。

**PiCK UP**「～なので」という理由を表す接続詞のbecauseは，同じく接続詞のas，since，forに言い換えることができます（ただし，forは2つの節のうち後半の節でしか使えません）。

**語句** □ temperature 気温　□ owner 所有者　□ farm 農場　□ greenhouse 温室

## 13.

| | |
|---|---|
| The annual company retreat serves ------- relationships between staff members.<br><br>(A) to strengthen<br>(B) strengthens<br>(C) is strengthening<br>(D) strengthened | 毎年行われる社員旅行は，社員間の人間関係を強固にするのに役立つ。<br><br>(A) ～を強固にすること<br>(B) ～を強固にする（三人称単数現在形）<br>(C) ～を強固にしつつある<br>(D) ～を強固にした，強固にされた |

**正解** (A)

**解説** 選択肢には動詞strengthen「～を強固にする」のさまざまな形が並んでいます。空所の前には動詞のserves「役立つ」が，空所の後ろには名詞のrelationships「関係」が続いています。serveはserve to *do*で「～する助けとなる，～するのに役立つ」という意味になり，文意も通るため，正解は(A)のto strengthenです。

**PiCK UP** staff「スタッフ」は集合名詞で，スタッフ全体をまとめて指します。そのため，スタッフの個々のメンバーを指したいときはa staffではなくa staff memberと言い，複数ならstaff membersと言います。

**語句** □ annual 年に1回の　□ company retreat 社員旅行　□ relationship 関係

## 14.

| | |
|---|---|
| At some train stations, abandoned items ------- to charitable organizations.<br><br>(A) donate<br>(B) donates<br>(C) are donated<br>(D) is donating | 一部の駅では，捨てられたものが慈善事業を行う組織に寄付される。<br><br>(A) ～を寄付する<br>(B) ～を寄付する（三人称単数現在形）<br>(C) 寄付される<br>(D) ～を寄付している |

**正解** (C)

**解説** 選択肢には動詞donate「～を寄付する」のさまざまな形が並んでいます。空所の前は主語のabandoned items「捨てられたもの」，後ろはto charitable organizations「慈善事業を行う組織に」です。この文には述語動詞が見当たらないので空所には述語動詞が入ります。選択肢は全て述語動詞として機能するので主述の一致を検討しましょう。主語のabandoned itemsは複数形なので(B) donatesと(D) is donatingは不適切です。残った(A) donateは能動態，(C) are donatedは受動態なので，態の観点から正解を判断しましょう。主語のabandoned itemsは「寄付される」立場にあるので，正解は受動態の(C)です。

**PiCK UP** donate *A* to *B*で「AをBに寄付する」という意味になります。問題文中ではこれが受動態の*A* is donated to *B*「AがBに寄付される」の形になっていることも押さえておきましょう。

**語句** □ abandon ～を捨てる　□ item 品物　□ charitable organization 慈善事業を行う組織

## 15.

🎵 094

International Recruit is dedicated to ------- you the most competent freelancers for your needs.
(A) find
(B) finding
(C) have found
(D) be found

インターナショナル・リクルートは，ニーズに合わせて最も有能なフリーランサーを見つけることに専心している。
(A) ～を見つける
(B) ～を見つけること
(C) ～を見つけた
(D) 見つけられる

**正解** (B)

**解説** 選択肢には動詞find「～を見つける」のさまざまな形が並んでいます。空所の前にはis dedicated to「～に専心している」があり，空所の後ろにはyou the most competent freelancersが続いています。find *A B*は「AがBだと分かる」という使い方をすることが多いですが，ここでは「AにBを見つけてあげる」という意味で使われており，*A*に当たるのがyou「あなたに」，*B*に当たるのが the most competent freelancers「最も有能なフリーランサーを」です。be dedicated toの後ろにはdoing形が続くため，正解は(B)のfinding「～を見つけること」です。

**PiCK UP** *be* dedicated to *doing*「～することに専心している」は，*be* devoted to *doing*，*be* committed to *doing*に言い換えることが可能です。

**語句** □ *be* dedicated to *doing* ～することに専心している　□ competent 有能な
□ freelancer フリーランサー

## 16.

🎵 095

It is anticipated that the Better Home property development project ------- its final phase by July of next year.
(A) reaches
(B) reached
(C) will have reached
(D) to be reached

ベター・ホームの土地開発プロジェクトは，来年の7月までに最終工程に達すると見込まれている。
(A) ～に達する（三人称単数現在形）
(B) ～に達した
(C) ～に達しているだろう
(D) 達せられること

**正解** (C)

**解説** 空所があるのはthat節内であり，選択肢には動詞reach「～に達する」のさまざまな形が並んでいます。空所の前には主語となるthe Better Home property development project「ベター・ホームの土地開発プロジェクト」が，後ろにはits final phase「（その）最終工程」が続いています。さらに後ろにはby July of next year「来年の7月までに」という未来のある時期（＝最終工程に達するであろう時期）があるため，正解は未来完了形の(C) will have reached「～に達しているだろう」です。

**PiCK UP** 未来完了形の文では，「動作が完了するであろう未来のある時点」が文中に示される場合が多いです。

**語句** □ anticipate ～を予期する　□ property 地所　□ development 開発　□ phase 段階
□ by ～までに

# 4 前置詞vs接続詞vs副詞問題

Part 5では選択肢に前置詞，接続詞，副詞が混在する問題が出題されます。それぞれの品詞がどのようなときに使われるのかを学ぶと同時に，頻出のパターンを一通り網羅してマスターしていきましょう。

**POINT 1** 空所の後ろが名詞（句）の場合，空所には前置詞が入ることが多い

前置詞vs接続詞vs副詞問題は，空所の後ろが名詞（句）か節かを確認しましょう。空所の後ろが名詞（句）の場合は前置詞が正解となるパターンが多いです。例題を見てみましょう。

---

**例 題** ♪ 096

1. Since the building permit was denied, the construction project will be postponed ------- further notice.
   (A) until
   (B) onto
   (C) because
   (D) all

---

## （1）選択肢を確認しましょう

選択肢には前置詞や接続詞，形容詞が並んでいます。

(A) until 前 ～まで　接 ～するときまで
(B) onto 前 ～の上に
(C) because 接 ～なので
(D) all 形 全ての～

## （2）空所の前後を確認しましょう

空所の前には述語動詞の will be postponed「延期されるだろう」が，後ろには名詞句の further notice「さらなるお知らせ」が続いています。

## （3）品詞と意味から正解を判断しましょう

<u>the construction project</u> / <u>will be postponed</u> / ------- <u>further notice.</u>
S　　　　　　　　　　　　　　V　　　　　　　　　　　M　（名詞句）

名詞句の前には前置詞や形容詞などを置くことができますが，文意が通るのは (A) のuntil「～まで」のみです。

until further notice「別途お知らせがあるまで」という前置詞から始まる句は副詞句となり，will be postponed「延期されるだろう」という述語動詞を修飾しています。

**正解と訳**

**1.** Since the building permit was denied, the construction project will be postponed ------- further notice.
(A) until
(B) onto
(C) because
(D) all

建設許可が認められなかったため，その建設プロジェクトは別途お知らせがあるまで延期されるだろう。
(A) ～まで，～するときまで
(B) ～の上に
(C) ～なので
(D) 全ての

正解 (A)

**語句** □ since ～なので　□ permit 許可　□ deny ～を否定する　□ construction 建設　□ postpone ～を延期する　□ further notice さらなるお知らせ

**POINT 2** 空所の後ろが節の場合，空所には接続詞が入ることが多い

空所の後ろが節の場合は，空所を含む節ともう一方の節をつなぐ接続詞が空所に入るのではと，まず考えます。例題で確認してみましょう。

**例題** ♪ 097

**2.** ------- the Burnel Freeway is currently open to the public, a lane has been closed off for further maintenance.
(A) While
(B) During
(C) Now
(D) Still

**（1）選択肢を確認しましょう**

選択肢には接続詞や前置詞，副詞が並んでいます。

(A) While 接 ～ではあるものの，～している間
(B) During 前 ～の間
(C) Now 接 今や～なので　副 今

(D) Still 副 今なお

## （2）空所の前後を確認しましょう

空所の後ろには節とカンマ，そしてもう1つの節が続いています。

<u>------- the Burnel Freeway is currently open to the public,</u>
　　　　　節1（バーネル高速道が今は一般向けに開通している）

<u>a lane has been closed off for further maintenance.</u>
　　　節2（さらに手入れが必要なため1車線は通行止めになっている）

## （3）品詞と意味から正解を判断しましょう

2つの節をつなぐためには，節と節をつなぐことができる接続詞が必要です。該当するのは (A) の While「～ではあるものの，～している間」と (C) の Now「今や～なので」の2つですが，文意が通るのは (A) の While です。節1と節2が逆接の関係になっていることに注意しましょう。

---

**正解と訳**

**2.** ------- the Burnel Freeway is currently open to the public, a lane has been closed off for further maintenance.
(A) While
(B) During
(C) Now
(D) Still

バーネル高速道が今は一般向けに開通しているものの，さらに手入れが必要なため1車線は通行止めになっている。
(A) ～ではあるものの，～している間
(B) ～の間
(C) 今や～なので，今
(D) 今なお

正解 (A)

- - - - - -

**語句** □ freeway 高速道　□ *be* open to ～に開かれている　□ the public 一般人
　　　□ lane 車線　□ *be* closed off 通行止めになっている　□ further さらなる
　　　□ maintenance 手入れ

---

**POINT 3**　群前置詞，群接続詞の意味と用法を覚える

群前置詞（複数の語のカタマリが前置詞の役割をするもの）と群接続詞（複数の語のカタマリが接続詞の役割をするもの）の意味と用法も確認しておきましょう。

例題         🎵 098

**3.** Customers will be unable to access the Web site on January 1 -------
routine scheduled maintenance.
(A) as a result
(B) in order to
(C) because of
(D) so that

## (1) 選択肢を確認しましょう

選択肢には単語ではなく群前置詞や群接続詞などが並んでいます。

(A) as a result 副 その結果

(B) in order to ～するために

(C) because of 前 ～のせいで

(D) so that 接 ～できるように

## (2) 空所の前後を確認しましょう

空所の前には節があり，後ろにはroutine scheduled maintenance「いつも実施しているメンテナンス」という名詞句が続いています。

Customers will be unable to access the Web site on January 1
<u>節</u>
------- routine scheduled maintenance.
<u>名詞句</u>

## (3) 品詞と意味から正解を判断しましょう

空所の後ろに名詞句があるので，空所には前置詞の役割をするものが入ります。選択肢のうち該当するのは (C) の because of「～のせいで」だけなので，これが正解です。空所以下の内容が空所前の節の「原因・理由」となっています。

(A) は後ろに名詞句を続ける場合には as a result of「～の結果として」という形を取り，(B) は in order to *do*「～するために」という形を取るので後ろには動詞の原形が続きます。(D) の so that「～できるように」は後ろに節が続きます。

**3.** Customers will be unable to access the Web site on January 1 ------- routine scheduled maintenance.

(A) as a result
(B) in order to
(C) because of
(D) so that

いつも実施しているメンテナンスが予定されているため，利用者は1月1日はウェブサイトにアクセスできない。

(A) その結果
(B) ～するために
(C) ～のせいで
(D) ～できるように

正解 (C)

**語句** □ customer 利用者　□ *be* unable to *do* ～することができない
□ access ～にアクセスする　□ routine いつもの　□ schedule ～を予定に入れる
□ maintenance メンテナンス

## よく出る（群）接続詞と（群）前置詞

| 意味 | 接続詞 | 前置詞 |
|---|---|---|
| ～なので，～が理由で，～のせいで | because, since, as, for | because of, thanks to, owing to, due to, on account of |
| ～だけれども | although, though, even though | |
| ～するように | so that, in order that | |
| ～にも関わらず | | despite, in spite of, notwithstanding |
| ～するといけないので | in case | |
| ～している間，～である一方で | while | |
| 一度～したら | once | |
| とても…なので～ | so ... that～ | |
| ～かどうか，～であろうとなかろうと | whether | |
| ～は別として | | apart from, aside from |
| 今や～なので | now that | |

**POINT 4** 副詞は意味と使われる状況を理解しておく

副詞は前置詞のように名詞の前に置いて修飾語句を作ることはできません。また，接続詞のように節と節をつなぐこともできません。この性質をよく押さえておきま

### 例題

🎵 099

4. If you have already received the package, ------- you can disregard this e-mail.
   (A) even
   (B) also
   (C) then
   (D) until

## （1）選択肢を確認しましょう

選択肢には副詞と前置詞（接続詞）が並んでいます。

(A) even 副 ～でさえ

(B) also 副 また

(C) then 副 それなら，そのとき

(D) until 前 ～まで　接 ～するときまで

## （2）空所の前後を確認しましょう

問題文全体を見ると節が2つあることが分かります。

## （3）品詞と意味から正解を判断しましょう

接続詞のIfが文頭にあるので空所に接続詞は入りません。(D) のuntilには接続詞のほかに前置詞の用法もありますが，空所の後ろには〈主語＋述語動詞〉が続いているので不適切です。残った選択肢は全て副詞なので，意味から適切なものを選びましょう。正解は(C) のthen「それなら」です。

thenは「そのとき，それから」という意味の副詞ですが，この例題のように前の節の内容を受けて「それなら，その場合」という意味でも使われることを押さえておいてください。

**4.** If you have already received the package, ------- you can disregard this e-mail.

(A) even
(B) also
(C) then
(D) until

荷物をすでに受け取っていたら，このeメールは無視してかまいません。

(A) 〜でさえ
(B) また
(C) それなら，そのとき
(D) 〜まで，〜するときまで

正解 (C)

語句 □ already すでに　□ receive 〜を受け取る　□ package 荷物
　　 □ disregard 〜を無視する

---

攻略法まとめ　前置詞vs接続詞vs副詞問題

• 空所の後ろが名詞（句）の場合，空所には前置詞が入ることが多い

• 空所の後ろが節の場合，空所には接続詞が入ることが多い

• 群前置詞，群接続詞の意味と用法を覚える

• 副詞は意味と使われる状況を理解しておく

1. Sweet Marché customers should visit the customer service desk within one month of purchase ------- they wish to return an item.
   - (A) if
   - (B) early
   - (C) hardly
   - (D) that

2. We highly encourage exchanging contact details with other business owners that you meet ------- the three-day event.
   - (A) among
   - (B) while
   - (C) throughout
   - (D) between

3. Research shows that, ------- cost, safety features are one of the most important factors consumers consider when purchasing a vehicle.
   - (A) alongside
   - (B) without
   - (C) meanwhile
   - (D) firstly

4. ------- interested candidates, further details pertaining to the vacancy can be found on our Web site.
   - (A) For
   - (B) Despite
   - (C) Additionally
   - (D) Whereas

5. ------- the widespread popularity of his self-published novel, Nathan West received contract offers from many major publishers.
   - (A) Because
   - (B) When
   - (C) Following
   - (D) However

6. According to the guidelines, only employees who report their absences ------- they are due to start work are eligible for sick pay.
   - (A) before
   - (B) where
   - (C) neither
   - (D) however

7. ------- the success of their latest product, Star Shot Appliance's annual report will likely please investors.
   - (A) Since
   - (B) Among
   - (C) Upon
   - (D) Given

8. The restaurant can begin serving customers ------- after it has passed a health and safety inspection.
   - (A) when
   - (B) only
   - (C) still
   - (D) most

**9.** Servers are in charge of collecting and delivering dishes from the kitchen ------- they are prepared by the chef.

(A) on top of
(B) as soon as
(C) with regard to
(D) along with

**10.** Local residents can start commuting to the city center by train ------- the construction of the train station has been completed.

(A) nor
(B) now that
(C) whether
(D) how

**11.** After ten years of delays, plans to restore Wolfston Cathedral are ------- being put into action.

(A) finally
(B) still
(C) when
(D) after

**12.** Hammerly Hardware has a team of experienced workers on hand ------- of any issues

(A) in case
(B) anyway
(C) preferable
(D) regardless

**13.** When you arrive at the house on Saturday, my husband will tell you ------- to plant the new trees.

(A) since
(B) where
(C) in order
(D) about

**14.** New Bridge Inc. has installed clean water systems in over twenty villages ------- the organization was founded five years ago.

(A) since
(B) for
(C) whose
(D) during

**15.** The RGT Electronics Company has published a special report to deal with uncertainty ------- the safety of their products.

(A) because
(B) in case
(C) therefore
(D) regarding

**16.** Most people listen to the entire recording of the presentation, but I recommend focusing on the last twenty minutes -------.

(A) before
(B) without
(C) instead
(D) around

4

前置詞 vs 接続詞 vs 副詞問題

## 1.

🎵 100

Sweet Marché customers should visit the customer service desk within one month of purchase ------- they wish to return an item.

(A) if
(B) early
(C) hardly
(D) that

スウィート・マルシェをご利用のお客さまは、商品の返品をご希望される場合、購入後1カ月以内にカスタマー・サービス・デスクにお越しいただく必要があります。

(A) 腰 もし〜なら
(B) 副 早く
(C) 副 ほとんど〜ない
(D) 腰 〜ということ

**正解** (A)

**解説** 選択肢には接続詞と副詞が並んでいます。空所の後ろには節が続いているため、正解は接続詞の(A) if「もし〜なら」と(D) that「〜ということ」のいずれかです。文意が通るのは(A)のifです。空所以下の内容が「もし〜ならば」という条件を表し、最初の節ではその条件に当てはまる場合にしなくてはならないことが述べられています。

**PiCK UP** hardlyは「ほとんど〜ない、めったに〜しない」という意味の副詞で、物事の程度や頻度を否定的に述べるときに使われます。

**語句** □ customer 客　□ within 〜以内に　□ purchase 購入
□ wish to *do* 〜することを希望する　□ return 〜を返品する　□ item 品物

## 2.

🎵 101

We highly encourage exchanging contact details with other business owners that you meet ------- the three-day event.

(A) among
(B) while
(C) throughout
(D) between

3日間のイベントを通してあなたが会うほかの事業主たちと連絡先の詳細を交換することを大いに奨励します。

(A) 前 (多くの場合3者以上) の間で
(B) 腰 〜である一方で、〜する間に
(C) 前 〜を通して
(D) 前 (多くの場合2者) の間で

**正解** (C)

**解説** 選択肢には前置詞と接続詞が並んでいます。空所の後ろにはthe three-day event「3日間のイベント」という名詞句が続いているので、空所に入るのは前置詞です。よって、接続詞の(B) while「〜である一方で、〜する間に」は不適切です。残った3つは全て前置詞なので、意味から正解を判断します。three-day eventの前に置いて文意が通るのは、(C) throughout「〜を通して」です。throughout the three-day event「3日間のイベントを通して」という意味の副詞句となり、空所の直前にある動詞meetを修飾しています。

**語句** □ highly 非常に　□ encourage 〜を奨励する　□ exchange 〜を交換する
□ contact detail 連絡先の詳細　□ business owner 事業主

## 3.

🎵 102

Research shows that, ------- cost, safety features are one of the most important factors consumers consider when purchasing a vehicle.

(A) alongside
(B) without
(C) meanwhile
(D) firstly

調査によると，費用に加えて安全面での特徴も，消費者が自動車を購入する際に検討する最も重要な要素の1つだ。

(A) 前 ～と並んで
(B) 前 ～なしに
(C) 副 それと同時に
(D) 副 最初に

**正解** (A)

**解説** 選択肢には前置詞と副詞が並んでいます。空所の前にはResearch shows「調査は示している
る」という表現と接続詞のthat，そしてカンマがあり，後ろにはcost「費用」という名詞と
カンマがあります。この状況で名詞の前に置けるのは選択肢の中では前置詞の(A) alongside
「～と並んで」と(B) without「～なしに」ですが，文意が通るのは(A)のalongsideです。

**PiCK UP** 頻出表現としてwhen *doing*「～するときに」以外にも，〈接続詞＋*doing*〉
の形で使えるwhile *doing*「～している間に」を押さえておいてください。

**語句** □ research 調査　□ safety 安全　□ feature 特徴　□ factor 要因
□ consumer 消費者　□ consider ～を検討する　□ when *doing* ～するときに
□ purchase ～を購入する　□ vehicle 自動車

## 4.

🎵 103

------- interested candidates, further details pertaining to the vacancy can be found on our Web site.

(A) For
(B) Despite
(C) Additionally
(D) Whereas

興味がある応募者のために，当社ウェブサイトで欠員に関するさらなる詳細を確認できます。

(A) 前 ～のために
(B) 前 ～にも関わらず
(C) 副 その上
(D) 接 ～であるのに対して

**正解** (A)

**解説** 選択肢には前置詞と副詞，接続詞が並んでいます。空所の後ろにはinterested candidates
「興味がある応募者」という名詞句が続いているため，正解候補は前置詞の(A) For「～のため
に」と (B) Despite「～にも関わらず」に絞られます。For を入れれば For interested
candidates「興味がある応募者のために」となり文意が通るため，正解は(A)です。

**語句** □ interested 興味がある　□ candidate 応募者　□ further さらなる　□ detail 詳細
□ vacancy 欠員

**5.**

------- the widespread popularity of his self-published novel, Nathan West received contract offers from many major publishers.
(A) Because
(B) When
(C) Following
(D) However

個人で出版した小説の人気が広まった後，ネイサン・ウェストは多くの大手出版社から契約の申し出を受けた。
(A) 接 ～なので
(B) 接 ～のときに
(C) 前 ～の後に
(D) 副 しかしながら

**正解** (C)

**解説** 選択肢には接続詞と前置詞，副詞が並んでいます。空所の後ろには名詞句が続き，さらにカンマの後には節が続いています。前置詞のFollowing「～の後に」を入れると文意が通るため，正解は(C)になります。

**語句** □ widespread 広がった　□ popularity 人気　□ self-published 自費出版の
□ novel 小説　□ receive ～を受ける　□ contract 契約　□ offer 申し出
□ major publisher 大手出版社

**6.**

According to the guidelines, only employees who report their absences ------- they are due to start work are eligible for sick pay.
(A) before
(B) where
(C) neither
(D) however

ガイドラインによれば，仕事を開始すべき時間になる前に欠勤の連絡をした従業員だけが病気手当の受給資格がある。
(A) 接 ～の前に
(B) 接 ～で
(C) 副 どちらもない
(D) 副 しかしながら

**正解** (A)

**解説** 選択肢には接続詞（前置詞）や副詞が並んでいます。空所の後は〈主語＋述語動詞〉が続いているので，空所には接続詞が入ります。(A) before「～の前に」が接続詞で文意も通ります。関係代名詞whoで始まるwho report their absences before they are due to start work「仕事を開始すべき時間になる前に欠勤の連絡をする」が先行詞employeesを修飾しています。employeesが文の主語，areが述語動詞という構造になっています。

**PiCK UP** 関係副詞のwhereは，〈場所＋where＋主語＋述語動詞〉の形で使い，where以下が前にある場所の説明をします。また，where以下には完全な節が続きます。

**語句** □ according to ～によれば　□ employee 従業員　□ absence 欠勤
□ be due to do ～することになっている　□ be eligible for ～の資格がある
□ sick pay 病気手当

## 7.

------- the success of their latest product, Star Shot Appliance's annual report will likely please investors.

(A) Since
(B) Among
(C) Upon
(D) Given

最新の製品が成功を収めていることを考えると，スター・ショット・アプライアンスの年次報告書は投資家を喜ばせるものになりそうだ。

(A) 前 ～以来
(B) 前 ～の間で
(C) 前 ～の際に
(D) 前 ～を考慮すると

**正解** (D)

**解説** 選択肢には前置詞（接続詞）が並んでいます。空所の後ろには the success of their latest product「彼らの最新の製品の成功」という名詞句とカンマがあり，さらにその後ろには節が続いています。文意が通るのは(D)の Given「～を考慮すると」です。given は前置詞として使われていますが，given that の形にすれば後ろに節を続けることができます。(A)の Since には前置詞と接続詞の両方の用法があります。

**語句** □ success 成功　□ latest 最新の　□ product 製品　□ annual report 年次報告書
□ likely ～しそうだ　□ please ～を喜ばせる　□ investor 投資家

## 8.

The restaurant can begin serving customers ------- after it has passed a health and safety inspection.

(A) when
(B) only
(C) still
(D) most

そのレストランは，衛生面および安全面に関する検査に合格した後にのみ，客にサービスを提供し始めることができる。

(A) 接 ～のときに
(B) 副 ～のみ
(C) 副 まだ
(D) 副 最も

**正解** (B)

**解説** 選択肢には接続詞と副詞が並んでいます。空所の前にも後にも節がありますが，これら2つの節をつなぐのは空所の後ろにある after「～した後で」です。この接続詞の after の前に置いて文意が通るのは，(B)の only「～のみ」です。only after で「～した後にのみ」という接続詞句になります。

**語句** □ serve ～にサービスを提供する　□ customer 客　□ pass ～に合格する
□ health and safety inspection 衛生面と安全面の検査

**9.**

Servers are in charge of collecting and delivering dishes from the kitchen ------- they are prepared by the chef.

(A) on top of
(B) as soon as
(C) with regard to
(D) along with

給仕係は, 料理がシェフによって準備されたらすぐに, キッチンから受け取って運ぶのが役目だ。

(A) 前 ～に加えて
(B) 接 ～するとすぐに
(C) 前 ～に関しては
(D) 前 ～とともに

**正解** (B)

**解説** 選択肢には群前置詞と群接続詞が並んでいます。空所の前にも後にも節がありますが, 空所以外の問題文中に接続詞がないため, 空所には群接続詞が入ります。この時点で選択肢の中で唯一の群接続詞である(B)のas soon as「～するとすぐに」が正解です。

**PiCK UP** 「～に加えて」は, on top of以外にも, besides, aside from, in addition toなどをまとめて覚えておくとよいでしょう。

**語句** □ server 給仕係 □ be in charge of ～を担当している □ collect ～を集める
□ deliver ～を運ぶ □ dish 料理 □ prepare ～を準備する

---

**10.**

Local residents can start commuting to the city center by train ------- the construction of the train station has been completed.

(A) nor
(B) now that
(C) whether
(D) how

もう駅の建設工事が完了したので, 地元住民は市中心街への電車通勤を開始することができる。

(A) 接 ～もまたない
(B) 接 今では～なので
(C) 接 ～であろうと
(D) 副 いかに

**正解** (B)

**解説** 選択肢には接続詞, 群接続詞, 副詞が並んでいます。空所の前にも後にも節がありますが, 空所以外の問題文中に接続詞がないため, 空所には接続詞が入ります。節と節をつなぐ接続詞は(B)のnow that「今では～なので」と(C)のwhether「～であろうと」ですが, 文意が通るのは原因や理由を表す(B)です。

**語句** □ local 地元の □ resident 住民 □ commute to ～に通勤する
□ construction 建設 □ complete ～を完了する

## 11.

🎵 110

After ten years of delays, plans to restore Wolfston Cathedral are ------- being put into action.

(A) finally
(B) still
(C) when
(D) after

ウルフストン大聖堂の改修計画は、10年遅れでついに実行されるところだ。

(A) 副 ついに
(B) 副 いまだに
(C) 腰 いつ
(D) 前 〜の後で

**正解** (A)

**解説** 選択肢には副詞と接続詞（前置詞）が並んでいます。空所の前にはbe動詞のare、後ろにはbeing put into action「実行されようとしている」が続いています。be動詞とdoing形の間に入るのは副詞なので正解候補は(A)のfinally「ついに」と(B)のstill「いまだに」になりますが、文意が通るのは(A)です。

**PiCK UP** 副詞のstill「いまだに」は、ある状態が予想よりも長く続いていることを表します。

**語句** ☐ delay 遅れ ☐ restore 〜を改修する ☐ *be* put into action 実行される

## 12.

🎵 111

Hammerly Hardware has a team of experienced workers on hand ------- of any issues.

(A) in case
(B) anyway
(C) preferable
(D) regardless

ハマリー・ハードウェアは、あらゆる問題に備えて経験豊富な作業員チームを待機させている。

(A) 副 万一に備えて
(B) 副 いずれにしろ
(C) 形 好ましい
(D) 副 〜にかまわず

**正解** (A)

**解説** 選択肢には副詞（句）、形容詞が並んでいます。空所の前にはon hand「手近に」が、後ろには前置詞のofとany issues「あらゆる問題」が続いています。in case ofで「〜の場合に備えて」という意味を成し、文意も通るため、正解は(A)です。(D)の副詞regardlessは、regardless ofで「〜に関わらず」という意味で使われます。

**PiCK UP** 「〜の場合に備えて」は、〈in case of＋名詞（句）〉、〈in case that＋節〉、〈in the event of＋名詞（句）〉、〈in the event that＋節〉で表すことができ、TOEIC L&Rテストでは頻出です。

**語句** ☐ experienced 経験豊富な ☐ worker 作業員 ☐ on hand 手近に ☐ issue 問題

## 13.

🎵 112

When you arrive at the house on Saturday, my husband will tell you ------- to plant the new trees.

(A) since
(B) where
(C) in order
(D) about

土曜日に家に来ていただいたら，どこに新しい木々を植えるか夫があなたに伝えます。

(A) 副 それ以来，前 ～以来，接 ～して以来
(B) 副 どこに
(C) 副 順番に
(D) 副 あちこちに，前 ～について

**正解** (B)

**解説** 選択肢には順番に副詞（前置詞，接続詞），疑問副詞，副詞句，副詞（前置詞）が並んでいます。空所前にはwill tell you「あなたに伝えます」，後ろにはto plant the new trees「新しい木々を植える」が不定詞の形で続いています。tellはtell *A B*で「*A*に*B*を伝える」を表し，*A*にも*B*にも名詞（句）が来ます。空所にwhereを入れてwhere to plant「どこに～を植えるか」という名詞句を作れば文意も通るため，正解は(B)です。

**PiCK UP** 〈疑問詞＋不定詞〉はhow to *do*「～する方法」，where to *do*「どこで～すればよいか」，what to *do*「何を～すべきか」などの名詞句を作ります。

**語句** □ arrive at ～に到着する　□ husband 夫　□ plant ～を植える

## 14.

🎵 113

New Bridge Inc. has installed clean water systems in over twenty villages ------- the organization was founded five years ago.

(A) since
(B) for
(C) whose
(D) during

ニュー・ブリッジ社は，5年前に創業して以来，20を超える村々に浄水システムを設置してきた。

(A) 接 ～して以来
(B) 接 というのも～
(C) （関係代名詞）
(D) 前 ～の間

**正解** (A)

**解説** 選択肢には接続詞と関係代名詞，前置詞が並んでいます。空所の前にも後にも節がありますが，空所以外の問題文中に接続詞がないため，空所には接続詞が入ります。節と節をつなぐ接続詞は(A) since「～して以来」と(B) for「というのも～」ですが，文意が通るのは(A)です。接続詞sinceをこの意味で用いる場合，主節ではよく完了形が用いられます。

**PiCK UP** 原因や理由を表す接続詞はbecause，since，asなどがありますが，forも2つの節のうち後ろの節の最初に置いた場合のみ「というのも～」という原因や理由を表すことができます。

**語句** □ install ～を設置する　□ organization 組織　□ found ～を設立する

## 15.

🎵 114

The RGT Electronics Company has published a special report to deal with uncertainty ------- the safety of their products.

(A) because
(B) in case
(C) therefore
(D) regarding

RGT電子機器会社は，自社製品の安全性に関する予測できない事態に対応するため，特別報告書を発行した。

(A) 圏 なぜなら
(B) 圏 万一に備えて
(C) 圏 それゆえ
(D) 前 ～に関して

**正解** (D)

**解説** 選択肢には順番に接続詞と副詞句，副詞，前置詞が並んでいます。空所の後ろには名詞句が続いているため，空所には前置詞が入るのではと考えます。(D)の前置詞regarding「～に関して」が正解です。

**PiCK UP** 「～に関して」は，aboutが代表的ですが，本問の正解のregardingやconcerning，in regard to，with regard to，in terms ofなどをセットで覚えておくとよいでしょう。

**語句** □ electronics 電子機器　□ publish ～を発行する　□ deal with ～を扱う
□ uncertainty 予測できないこと　□ safety 安全性　□ product 製品

## 16.

🎵 115

Most people listen to the entire recording of the presentation, but I recommend focusing on the last twenty minutes -------.

(A) before
(B) without
(C) instead
(D) around

ほとんどの人はプレゼンテーションを録音したものを全て聞くが，私はその代わりに最後の20分間に集中することをすすめます。

(A) 圖 以前に
(B) 前 ～なしで
(C) 圖 その代わり
(D) 圖 あちこちに

**正解** (C)

**解説** 選択肢には副詞，前置詞が並んでいます。空所の前にはbut I recommend focusing on the last twenty minutes「しかし私は最後の20分間に集中することをすすめます」があり，後ろは文の終わりを表すピリオドです。後ろに何もないので空所には前置詞は入りません。副詞の用法がある(A)，(C)，(D)のうち，文意が通るのは(C)のinstead「その代わり」です。ここでのinsteadは，この節全体を修飾しています。

**PiCK UP** rather thanは「～よりもむしろ」という意味で，後ろには名詞や動名詞，動詞の原形や形容詞など，さまざまな品詞が続きます。

**語句** □ entire 全体の　□ recording 録音したもの　□ recommend ～をすすめる
□ focus on ～に集中する

# 5 代名詞問題

Part 5の代名詞問題は毎回1〜3問程度出題されます。大きく分けると①適切な格を選ぶ問題と，②不定代名詞の用法に関する問題がよく出題されます。

### POINT 1 　格を選ぶ問題は，空所が文の要素の何に当たるかを確認する

ここでは，代名詞の格を選ぶ問題について見ていきましょう。格を選ぶ問題は，選択肢に人称代名詞の主格・目的格・所有格・所有代名詞・再帰代名詞などが並んでいるものです。**空所が文の要素の何に当たるのかを考えて解きます。主語に当たる場合は主格が，目的語に当たる場合は目的格がそれぞれ入り，空所が名詞の前にあれば所有格が入ります**。例題を見てみましょう。

---

**例題**　　　　　　　　　　　　　　　　　　　　　　　♪ 116

1. Narrowsoft has been praised for ------- innovative new approach to project management.
   (A) them
   (B) themselves
   (C) they
   (D) their

---

### (1) 空所の前後を確認しましょう
選択肢にはthey「彼らは」のさまざまな格と再帰代名詞が並んでいます。空所の後ろにはinnovative new approach「革新的な新手法」という名詞句が続いています。

### (2) 空所に入る格を判断しましょう
名詞句を修飾するのは所有格なので，正解は (D) their「彼らの」です。

(A)の目的格them「彼らを，彼らに」は，他動詞や前置詞の後ろに置いて目的語となります。(B) の再帰代名詞themselves「彼ら自身」は，その節の主語となっている人や物が，同じ節で再度目的語として登場する場合などに使われ，(C)の主格they「彼らは」は主語として使われます。

### ▐▌ 再帰代名詞の用法
例題の (B) themselvesは再帰代名詞ですが，再帰代名詞は主に以下の用法が問わ

---

れます。

①強調として

（例）The CEO interviewed all the candidates himself.
「CEOは自ら候補者全員と面談した」

②目的語として（同じ節の主語と目的語が同一の人や物の場合）

（例）He introduced himself to the client.
「彼はクライアントに自己紹介した」

③熟語の一部として

by *oneself*「自分自身で，独力で」，make *oneself* understood「自分の考えを人に分からせる」などの熟語の一部としても出題されます。問題を問いて知識をストックしていきましょう。

---

**正解と訳**

**1.** Narrowsoft has been praised for ------- innovative new approach to project management.
(A) them
(B) themselves
(C) they
(D) their

ナローソフトは，プロジェクト管理に対する革新的な新手法で称賛されてきた。
(A) 彼らを，彼らに
(B) 彼ら自身
(C) 彼らは
(D) 彼らの

正解 (D)

- - - - -

**語句** □ praise ～を称賛する　□ innovative 革新的な　□ approach 手法
□ management 管理

---

**POINT 2** 不定代名詞は用法をきちんと理解して覚える

代名詞問題で格の問題のほかに出題されるのが，「不定代名詞の用法に関する問題」です。不定代名詞とはone, some, any, all, eachなどのことです。まずは例題を見てみましょう。

## 例 題

**2.** Hardy & Fernandez's cordless vacuum cleaner is the cheapest ------- that we were able to find.
(A) which
(B) all
(C) one
(D) other

### (1) 空所の前後を確認しましょう

選択肢にはさまざまな代名詞が並んでいます。空所の前には the cheapest「最安の」が，後ろには関係代名詞の that が続いています。

### (2) 正解を判断しましょう

空所には直前の the cheapest が修飾し，直後の関係代名詞節の先行詞となる名詞が入ります。空所部分の意味を考えると「最も安いもの」とすれば文意が通るので，正解は (C) one「〜なもの」です。不定代名詞の one はすでに登場している可算名詞の単数形の代わりに使われます。本問では空所の少し前にある cordless vacuum cleaner「コードレス掃除機」を指しています。

### ❚❚ 不定代名詞の用法

例題の選択肢に並んでいたものを中心に，不定代名詞の用法を確認しておきましょう。

(B) の all は以下のような使い方をします。

・可算名詞の複数形の代わりとして。

(例) Mr. Naito purchased five books, and read all of them today.
「ナイトウ氏は5冊の本を購入し，今日全てを読んだ」

・〈all ＋可算名詞の複数形〉，〈all ＋不可算名詞〉のように形容詞として。

(例) analyze all information 「全ての情報を分析する」

(D) の other は，以下のような使い方をします。

・the other(s)「もう一方」という意味で。

2つのうち1つを one と表したとき，もう1つを the other と表します。また，3つ以

上のうち1つをoneと表した場合，残りをまとめてthe othersと表します。

| one | the other | | one | the others |
|-----|-----------|---|-----|-----------|
| ● | ○ | | ● | ○○○○ |

・複数形のothersの形で「ほかの人（たち），ほかの物」という意味で。

　**（例）** Some items are mailable and others are not.

　　　「郵送できる商品もあれば，できない物もある」

・〈other＋可算名詞の複数形〉，〈other＋不可算名詞〉のように形容詞として。

　**（例）** Could you give me any other advice?　「何かほかのアドバイスはありますか」

例題の選択肢にはありませんが，anotherもよく出題される不定代名詞です。以下のような使い方をします。

・another単独で「もう1つ」，「もう一人」という代名詞として。

　**（例）** Would you like another cup of coffee? — Yes, I'd like another.

　　　「コーヒーのお代わりはいかがでしょうか」—「はい，もう一杯ください」

・〈another＋可算名詞の単数形〉の形で，形容詞として。

　**（例）** How about another cup of coffee?　「コーヒーのお代わりはいかがですか」

形容詞としてのanotherは，後ろに単数形を置くと覚えておいてください。同じく後ろに単数形を置く形容詞として，every「全ての」，each「それぞれの」があります。

よく出題される不定代名詞には，ほかにも以下のものがあります。

| 不定代名詞 | 意味 |
|-----------|------|
| both | 両方 |
| each | それぞれ |
| either | どちらか一方 |

**2.** Hardy & Fernandez's cordless vacuum cleaner is the cheapest ------- that we were able to find.

(A) which
(B) all
(C) one
(D) other

ハーディー＆フェルナンデスのコードレス掃除機は，私たちが見つけることができた最安のものだ。

(A) どちらの
(B) 全て
(C) （〜な）もの
(D) ほかの人［物］

正解 (C)

**語句** □ cordless コードのない □ vacuum cleaner 電気掃除機 □ cheap 安い
□ be able to do 〜することができる

## POINT 3 文脈から使うべき代名詞を判断する

代名詞の問題の中には用法から正解が絞れず，文脈から判断する問題もあります。例題を見てみましょう。

**例題** ♪ 118

**3.** Due to the strict deadlines, ------- of the employees were able to submit their reports on time.
  (A) few
  (B) another
  (C) otherwise
  (D) most

### (1) 選択肢を確認しましょう
選択肢には代名詞や副詞が並んでいます。

### (2) 空所前後を確認しましょう
空所の前には Due to the strict deadlines「厳しい締め切りのせいで」という副詞句とカンマがあり，後ろには前置詞の of と the employees「従業員たち」，そして述語動詞の were able to submit「〜を提出することができた」が続いています。

### (3) 空所に入る品詞を判断しましょう
空所には述語動詞 were able to submit の主語となる名詞や代名詞などが入ります。選択肢のうち代名詞となるのは (A) few「ほとんどない」，(B) another「もう一人」，(D) most「ほとんど」の3つですが，(B) は were と数が一致しません。

## （4）文脈を確認しましょう

残ったのは (A) の「ほとんどない」と (D) の「ほとんど」なので，どちらが適切かは文脈で判断します。空所前の副詞句「厳しい締め切りのせいで」から，空所以下の節は「提出できなかった」と否定的な内容になると考えます。few of ～ となる (A) が正解です。(C) の otherwise は「さもなければ」という意味の接続副詞です。

---

**正解と訳**

**3.** Due to the strict deadlines, ------- of the employees were able to submit their reports on time.

(A) few
(B) another
(C) otherwise
(D) most

厳しい締め切りのせいで，期限通りにレポートを提出できた従業員はほとんどいなかった。

(A) ほとんどない
(B) もう一人
(C) さもなければ
(D) ほとんど

正解 (A)

**語句** □ due to ～のせいで　□ strict 厳しい　□ deadline 締め切り
□ employee 従業員　□ submit ～を提出する　□ on time 時間どおりに

5
代名詞問題

---

**攻略法まとめ** 代名詞問題

• 格を選ぶ問題は，空所が文の要素の何に当たるかを確認する

• 不定代名詞は用法をきちんと理解して覚える

• 文脈から使うべき代名詞を判断する

1. We were planning to contact the same event management company ------- hired to organize last year's party.
   - (A) our
   - (B) ours
   - (C) we
   - (D) ourselves

2. In addition to the HR manager, the CEO interviews each applicant ------- to ensure that they are a good fit for the company.
   - (A) she
   - (B) her
   - (C) hers
   - (D) herself

3. Two new products were on display at Flamingo West's trade show booth, and ------- attracted a lot of attention.
   - (A) some
   - (B) both
   - (C) any
   - (D) either

4. The CEO of Johnson Cosmetics uses ------- private jet when attending the company's many events around the country.
   - (A) he
   - (B) him
   - (C) his
   - (D) himself

5. ------- mentioned at the bottom of this e-mail is expected to attend the planning meeting on Friday.
   - (A) Whoever
   - (B) Another
   - (C) Everyone
   - (D) Either

6. Many new graduates have the necessary drive to succeed, but only ------- of them have learned the essential skills.
   - (A) couple
   - (B) a few
   - (C) many
   - (D) little

7. Fortunately, ------- most recent publication has sold many more copies than we had anticipated.
   - (A) we
   - (B) us
   - (C) our
   - (D) ours

8. Ms. Vance made all the preparations by ------- in order to meet the expectations of the guests.
   - (A) hers
   - (B) her
   - (C) herself
   - (D) she

**9.** After you have e-mailed ------- confirming that these details are correct, we will ship your order.

(A) my
(B) mine
(C) me
(D) I

**10.** Part-time employees will receive increased hourly rates when ------- work the night shift.

(A) their
(B) they
(C) theirs
(D) them

**11.** Among ------- nominated for the C.D. Winters Literary Prize were authors Shelby Dawn and Christine Lee.

(A) they
(B) those
(C) who
(D) whose

**12.** The director of Bio-Blue Vitality takes ------- company's health supplements every day, unless she is traveling.

(A) she
(B) hers
(C) her
(D) herself

**13.** Your team will be busy preparing for the show while ------- welcome the attendees at the front door.

(A) us
(B) we
(C) ourselves
(D) our

**14.** ------- thinking about volunteering at the company barbecue next month should send an e-mail to Ms. Carter.

(A) Person
(B) Anyone
(C) Whoever
(D) Whose

**15.** After failing to explain the team's new plan to the client, Mr. Walters made ------- understood by drawing a diagram on the board.

(A) he
(B) him
(C) himself
(D) his

**16.** All of the trainees will be visiting our manufacturing facility just outside of town for ------- last day of training.

(A) they
(B) their
(C) them
(D) theirs

5

代名詞問題

## 1.

♪ 119

| | |
|---|---|
| We were planning to contact the same event management company ------- hired to organize last year's party.<br>(A) our<br>(B) ours<br>(C) we<br>(D) ourselves | 私たちは去年のパーティーの準備で利用したイベント・マネジメント会社に連絡するつもりだった。<br>(A) 私たちの<br>(B) 私たちのもの<br>(C) 私たちは<br>(D) 私たち自身 |

**正解** (C)

**解説** 選択肢には「私たち」を表す人称代名詞と所有代名詞，再帰代名詞が並んでいます。空所の後ろのhired to organize last year's party「去年のパーティーの準備で利用した」の内容から，これは空所前のthe event management company「イベント・マネジメント会社」の説明ではないかと推測し，空所には，この名詞のカタマリを修飾する語として適切なものを検討します。空所の前に目的格の関係代名詞であるthatやwhichが省略されている関係詞節と考えてください。目的格の関係代名詞の後ろには，主語と述語動詞が続くため，空所には主格の代名詞が入ります。よって，正解は(C)のweです。

**語句** □ plan to *do* 〜する予定だ　□ contact 〜に連絡する
□ management マネジメント，管理　□ hire 〜を雇う　□ organize 〜を準備する

## 2.

♪ 120

| | |
|---|---|
| In addition to the HR manager, the CEO interviews each applicant ------- to ensure that they are a good fit for the company.<br>(A) she<br>(B) her<br>(C) hers<br>(D) herself | 人事部長だけでなくCEO自身もそれぞれの応募者を面接し，会社によく合っているか確かめる。<br>(A) 彼女は<br>(B) 彼女の<br>(C) 彼女のもの<br>(D) 彼女自身 |

**正解** (D)

**解説** 選択肢には「彼女」を表す人称代名詞と所有代名詞，再帰代名詞が並んでいます。空所は〈SVO〉の後なので，主格や目的格，所有代名詞（＝所有格＋名詞）を入れることはできません。唯一入るのは，(D)の再帰代名詞herself「彼女自身」です。the CEO interviews each applicant「CEOがそれぞれの応募者を面接する」は完全な文ですが，主語のCEOのことを表す再帰代名詞を空所に入れることにより「CEO自身がやる」という強調を表しています。

**語句** □ in addition to 〜に加えて　□ HR manager 人事部長
□ CEO（＝Chief Executive Officer）最高経営責任者　□ interview 〜を面接する
□ each それぞれの　□ applicant 応募者　□ ensure 〜を保証する
□ *be* a good fit for 〜にぴったり合っている

## 3.

♪ 121

Two new products were on display at Flamingo West's trade show booth, and ------- attracted a lot of attention.

(A) some
(B) both
(C) any
(D) either

2つの新製品がフラミンゴ・ウェストの見本展のブースで展示されていて，どちらも多くの注目を集めていた。

(A) いくつか
(B) 両方
(C) 何でも
(D) どちらか一方

**正解** (B)

**解説** 選択肢にはさまざまな不定代名詞が並んでいます。問題文は2つの節から成りますが，最初の節の主語であるTwo new products「2つの新製品」を言い換えたboth「両方」を空所に入れると文意が通ります。よって，正解は(B)です。

**PiCK UP** 「展示されている」は問題文中にあるbe on display以外に，be displayedと表すこともできます。

**語句** □ product 製品　□ be on display 展示されている　□ trade show 見本展
□ attract ～を引きつける　□ a lot of たくさんの～　□ attention 注目

## 4.

♪ 122

The CEO of Johnson Cosmetics uses ------- private jet when attending the company's many events around the country.

(A) he
(B) him
(C) his
(D) himself

ジョンソン・コスメティクスのCEOは全国で行われる多くの会社行事に参加する際，自分のプライベートジェットを利用する。

(A) 彼は
(B) 彼を
(C) 彼の，彼のもの
(D) 彼自身

**正解** (C)

**解説** 選択肢には「彼」を表す人称代名詞と所有代名詞，再帰代名詞が並んでいます。空所の前には動詞のuses「～を使う」があり，後ろには名詞のprivate jet「プライベートジェット」が続いています。名詞の前に置けるのは，所有格の(C) hisです。

**語句** □ attend ～に参加する　□ around the country 全国での

## 5.

------- mentioned at the bottom of this e-mail is expected to attend the planning meeting on Friday.

(A) Whoever
(B) Another
(C) Everyone
(D) Either

このeメールの一番下に言及された者は全員、金曜日の企画会議に参加することになっている。

(A) ～する者は誰でも
(B) もう一人
(C) 全員
(D) どちらか

**正解** (C)

**解説** 選択肢には複合関係代名詞と不定代名詞が並んでいます。この文はis expected to attend「～に参加することになっている」が述語動詞なので、空所直後のmentioned at the bottom of this e-mail「このeメールの一番下に言及された」は空所を後ろから説明する修飾語句です（mentionedは過去分詞）。空所がこの文の主語であると分かるので、主語になることができ、かつ文意が合う(C) Everyone「全員」が正解です。(A) Whoever「～する者は誰でも」は後ろに動詞が続いて名詞節を作るので、この問題ではis mentionedと受動態にする必要があります。(D)のEither「どちらか」は、「二人（2つ）の人や物」が文中に登場していないと文意が通りません。

**語句** □ mention ～に言及する　□ at the bottom of ～の一番下に
□ *be* expected to *do* ～することになっている　□ attend ～に参加する

## 6.

Many new graduates have the necessary drive to succeed, but only ------- of them have learned the essential skills.

(A) couple
(B) a few
(C) many
(D) little

新卒者の多くは成功するのに必要な意欲があるが、欠かせないスキルを身につけている者は非常に少ない。

(A) 2つ
(B) 少数
(C) たくさん
(D) ほとんどない

**正解** (B)

**解説** 選択肢には名詞（句）や代名詞が並んでいます。空所の前には副詞のonly「ただ～だけ」、後ろには前置詞のofが続いています。only a few ofで「ごく少数の～」という意味になり文意も通るため、正解は(B)です。

**PiCK UP** (A)はa couple of「2，3の～，2つの～」という形でしばしば使われます。few「ほとんど～ない」は、〈a few＋名詞〉で「2，3の～」、a few ofで「～のうちのいくつか」のように使われます。quite a few で「かなりの数の～」という使い方もします。

**語句** □ graduate 卒業生　□ necessary 必要な　□ drive 意欲　□ succeed 成功する
□ essential 欠かせない　□ skill スキル

**7.**

🎵 125

Fortunately, ------- most recent publication has sold many more copies than we had anticipated.

(A) we
(B) us
(C) our
(D) ours

幸運にも，当社の最新の出版物が予想していたよりも多く売れた。

(A) 私たちは
(B) 私たちを，私たちに
(C) 私たちの
(D) 私たちのもの

**正解** (C)

**解説** 選択肢には「私たち」を表す人称代名詞と所有代名詞が並んでいます。空所の後ろにはmost recent publication「当社の最新の出版物」という名詞句があり，その後ろには述語動詞の has sold「売れた」が続いています。名詞句の先頭に置くべきは，所有格の(C) our「私たちの」です。

**PiCK UP** sellには本問のように他動詞として「（ある数）を売る」という意味がありますが，自動詞としてwellやbadlyなどの副詞（句）を伴って「売れる」という意味もあります。

**語句** □ fortunately 幸運にも　□ recent 最近の　□ publication 出版物
□ sell（ある数）を売る　□ copy（本などの）部数　□ anticipate 〜を予想する

**8.**

🎵 126

Ms. Vance made all the preparations by ------- in order to meet the expectations of the guests.

(A) hers
(B) her
(C) herself
(D) she

バンス氏はゲストの期待に沿うように，全ての準備を一人で行った。

(A) 彼女のもの
(B) 彼女の
(C) 彼女自身
(D) 彼女は

**正解** (C)

**解説** 選択肢には「彼女」を表す人称代名詞と所有代名詞，再帰代名詞が並んでいます。空所の前のbyに注目して空所には再帰代名詞の(C) herselfを入れます。by *oneself*で「自分だけで，独力で」という意味になります。

**PiCK UP** ほかによく使われる再帰代名詞の表現として，for *oneself*「自分自身で，自分のために」があります。

**語句** □ preparation 準備　□ in order to *do* 〜するために　□ expectation 期待

## 9.

After you have e-mailed ------- confirming that these details are correct, we will ship your order.
(A) my
(B) mine
(C) me
(D) I

私にeメールを送っていただき，これらの詳細が正しいことを確認していただいた後，注文の品を発送します。
(A) 私の
(B) 私のもの
(C) 私に，私を
(D) 私は

**正解** (C)

**解説** 選択肢には「私」を表す人称代名詞と所有代名詞が並んでいます。空所の前には接続詞のAfter「〜した後で」とyou have e-mailed「あなたがeメールをした」が，後ろにはconfirming that「〜ということを確認する」があります。空所の後ろのconfirmingを動名詞と考えると空所にはその意味上の主語になる所有格の(A) myか目的格の(C) meが入りますが，you「あなた」がmy [me] confirming「私が確認すること」をeメールするのでは文意が通りません。confirming以下は現在分詞と判断し，空所に動詞e-mail「〜にeメールを送る」の目的語になるmeが入ると考えます。正解は(C)です。confirmingはand you have confirmedと言い換えることもできます。

**語句** □ e-mail 〜にeメールを送る　□ confirm 〜を確認する　□ detail 詳細
□ correct 正しい　□ ship 〜を発送する　□ order 注文の品

## 10.

Part-time employees will receive increased hourly rates when ------- work the night shift.
(A) their
(B) they
(C) theirs
(D) them

パート従業員は夜間シフトで働くと時給が上がる。
(A) 彼らの
(B) 彼らは
(C) 彼らのもの
(D) 彼らに，彼らを

**正解** (B)

**解説** 選択肢には「彼ら」を表す人称代名詞と所有代名詞が並んでいます。空所の前には接続詞のwhen「〜するとき」があり，後ろには動詞のwork「働く」が続いています。空所にはwhenから始まる節の主語になるものが入るため，正解は(B)のthey「彼らは」です。

**語句** □ part-time パートの　□ employee 従業員　□ receive 〜を受け取る
□ increase 〜を増やす　□ hourly rate 時給　□ work the night shift 夜勤をする

## 11.

🎵 129

Among ------- nominated for the C.D. Winters Literary Prize were authors Shelby Dawn and Christine Lee.

(A) they
(B) those
(C) who
(D) whose

C.D.ウィンターズ文学賞にノミネートされた人々の中に，作家のシェルビー・ドーンとクリスティン・リーがいた。

(A) 彼らは
(B) 人々
(C) 誰が
(D) 誰の

**正解** (B)

**解説** 選択肢には人称代名詞や指示代名詞，関係代名詞が並んでいます。問題文はwereを中心に主部と述部が倒置されています。空所の前には前置詞のAmong「～の間で」，後ろにはnominated for the C.D. Winters Literary Prize「C.D.ウィンターズ文学賞にノミネートされた」が続いています。前置詞の後ろなので空所には名詞が入り，nominated以下はその名詞を説明する句であると考えます。正解は(B)のthose「人々」です。thoseは「人々」を表し，後に形容詞句や形容詞節がきて「～の人々」という意味になります。(A)のthey「彼らは」は主格なので，前置詞の目的語となる空所の位置では使えず，関係代名詞である(C)のwhoと(D)のwhoseは，前に先行詞が必要です。

**PiCK UP** thoseは「人々」という意味を表しますが，those whoで「～する人々」という使い方もされることを押さえておいてください。

**語句** ☐ among ～の間で　☐ nominate ～をノミネートする　☐ author 作家，著者

## 12.

🎵 130

The director of Bio-Blue Vitality takes ------- company's health supplements every day, unless she is traveling.

(A) she
(B) hers
(C) her
(D) herself

そのバイオ・ブルー・バイタリティーの役員は，旅行中を除き，彼女の会社の健康補助食品を毎日摂取している。

(A) 彼女は
(B) 彼女のもの
(C) 彼女の
(D) 彼女自身

**正解** (C)

**解説** 選択肢には「彼女」を表す人称代名詞と所有代名詞，再帰代名詞が並んでいます。companyは可算名詞の単数形なので，空所には冠詞か人称代名詞の所有格が入ります。よって，正解は人称代名詞の所有格である(C) her「彼女の」です。

**語句** ☐ director 役員　☐ health supplement 健康補助食品
☐ unless ～しない限り，～である場合を除いて

## 13.

| Your team will be busy preparing for the show while ------- welcome the attendees at the front door. | 私たちが正面玄関で出席者たちを迎えている間、あなたのチームはショーの準備で忙しいだろう。 |
|---|---|
| (A) us | (A) 私たちに、私たちを |
| (B) we | (B) 私たちは |
| (C) ourselves | (C) 私たち自身 |
| (D) our | (D) 私たちの |

**正解** (B)

**解説** 選択肢には「私たち」を表す人称代名詞と再帰代名詞が並んでいます。空所の前には接続詞のwhile「~している間」、後ろにはwelcome the attendees「出席者を迎える」という〈述語動詞＋目的語〉が続いています。接続詞の後ろには〈主語＋述語動詞〉が続くので、正解は主格の(B) we「私たちは」です。

**PiCK UP** 接続詞のwhile「~している間」は、「~している一方で」という2つの事柄を対比するときにも使われ、whereasとほぼ同じ意味・用法になります。

**語句** □ *be* busy *doing* ~するのに忙しい　□ **prepare for** ~の準備をする
□ **while** ~している間　□ **welcome** ~を迎える　□ **attendee** 出席者

## 14.

| ------- thinking about volunteering at the company barbecue next month should send an e-mail to Ms. Carter. | 来月の会社のバーベキューで手伝いしようと考えている人は皆、カーター氏にeメールを送る必要がある。 |
|---|---|
| (A) Person | (A) 人 |
| (B) Anyone | (B) 誰でも |
| (C) Whoever | (C) ~する人は誰でも |
| (D) Whose | (D) そしてその人（物）の |

**正解** (B)

**解説** 選択肢には順番に名詞、不定代名詞、複合関係代名詞、関係代名詞が並んでいます。空所は文の先頭で、問題文全体には述語動詞が1つ（should send）しかないため、空所に節と節をつなぐ関係代名詞は入りません。よって、正解候補は(A)のPerson「人」と(B)のAnyone「誰でも」ですが、Personは可算名詞なので前に冠詞や人称代名詞の所有格が必要になります。正解は(B)のAnyoneです。(C)のWhoever「~する人は誰でも」は後ろに動詞が続き、名詞節を作ります。(D)のWhose「そしてその人（物）の」は、先行詞が必要で、後ろには先行詞が所有する名詞が続きます。

**語句** □ **volunteer** ボランティアをする

## 15.

♪ 133

After failing to explain the team's new plan to the client, Mr. Walters made ------- understood by drawing a diagram on the board.

(A) he
(B) him
(C) himself
(D) his

チームの新しいプランを顧客に説明し損なった後，ボードに図を描くことでウォルター氏は自身の考えを分かってもらうことができた。

(A) 彼は
(B) 彼に，彼を
(C) 彼自身
(D) 彼の，彼のもの

**正解** (C)

**解説** 選択肢には「彼」を表す人称代名詞と再帰代名詞，所有代名詞が並んでいます。空所の前には動詞のmadeが，後ろにはunderstoodがあります。ここからmake *oneself* understood「自分の考えを人に分からせる」という表現を思い出しましょう。(C) himselfが正解です。

**語句** □ fail to *do* 〜し損なう　□ client 顧客　□ diagram 図表

5

代名詞問題

## 16.

♪ 134

All of the trainees will be visiting our manufacturing facility just outside of town for ------- last day of training.

(A) they
(B) their
(C) them
(D) theirs

全ての研修生が町のすぐはずれにある当社の製造施設を研修最終日に訪れることになっている。

(A) 彼らは
(B) 彼らの
(C) 彼らに，彼らを
(D) 彼らのもの

**正解** (B)

**解説** 選択肢には「彼ら」を表す人称代名詞と所有代名詞が並んでいます。空所の前には前置詞のfor，後ろにはlast day of training「研修最終日」という名詞句が続いています。前置詞の後ろに単独で置くのであれば目的格であるthem「彼らを」が来ますが，空所は名詞句の前なので「誰の」研修最終日なのかを表す所有格の(B) their「彼らの」が正解です。

**語句** □ trainee 研修生　□ manufacturing facility 製造施設　□ outside of 〜のはずれにある

# 6 関係詞問題

Part 5の関係詞問題では，関係代名詞や関係副詞，複合関係詞の用法を問う問題が出題されます。出題頻度はあまり高くありませんが，ハイスコア獲得の分岐点となる問題です。

## POINT 1 関係代名詞問題は，先行詞と関係代名詞の格がカギ

関係代名詞の問題は，先行詞と関係代名詞の格の把握が重要です。まずは以下の表で先行詞と関係代名詞の結び付きをしっかり覚えておきましょう。

### ❚❚ 関係代名詞一覧

| 先行詞 | 主格 | 所有格 | 目的格 |
|---|---|---|---|
| 人 | who | whose | whom / who |
| 物 | which | whose | which |
| 人，物 | that | — | that |
| 先行詞なし | what | — | what |

関係詞，接続詞1つにつき，節は2つ必要になります。

## POINT 2 主格の関係代名詞の後ろには動詞が続く

空所の前に先行詞があり，空所の後ろに動詞があったら，空所には主格の関係代名詞が入ります。例題を見てみましょう。

---

### 例題　　　　　　　　　　　　　　　　　　　　🎵 135

1. The crowded market is packed with vendors ------- sell handmade clothing and accessories to tourists.
   (A) both
   (B) who
   (C) where
   (D) for

---

### (1) 選択肢を確認しましょう
選択肢には副詞，関係代名詞，関係副詞，そして前置詞が並んでいます。

## （2）空所の前後を確認しましょう

空所の前には名詞のvendors「行商人」があり，後ろにはsell handmade clothing and accessories to tourists「手作りの衣料品やアクセサリーを旅行客に売る」という〈述語動詞＋目的語〉が続いています。

## （3）先行詞を特定し，正解を判断しましょう

空所の前にあるvendorsを先行詞とし，これを説明する関係代名詞節を作ればよいと考え，〈先行詞（人）＋who＋動詞〉の流れを作ると文意も通ります。よって，正解は(B)です。このwhoは人を先行詞とする「主格の関係代名詞」と呼ばれます（関係代名詞節で主語の位置に来るため）。

(A)のbothはboth A and Bで「AとBの両方」という意味で使われ，(C)のwhereは〈場所＋where＋主語＋述語動詞〉の形で使われます。(D)のforは前置詞なので，後ろに動詞は続きません（名詞が続きます）。

6

関係詞問題

---

**正解と訳**

**1.** The crowded market is packed with vendors ------- sell handmade clothing and accessories to tourists.

(A) both
(B) who
(C) where
(D) for

その混雑した市場は，手作りの衣料品やアクセサリーを旅行客に売る行商人でいっぱいだ。

(A) どちらも
(B)（主格または目的格の関係代名詞）
(C)（関係副詞）
(D) 〜のための

正解 (B)

**語句** □ crowded 混雑した　□ market 市場　□ be packed with 〜でいっぱいである　□ vendor 行商人　□ handmade 手作りの　□ tourist 旅行客

---

**POINT 3** 先行詞と後ろに続く名詞の関係が所有なら，関係代名詞はwhoseを使う

関係代名詞には所有格の問題もあります。例題を見てみましょう。

---

**例題** ♪ 136

**2.** The tax increase will largely affect business owners ------- annual income is under $100,000.
(A) that
(B) which
(C) whose
(D) who

---

## (1) 選択肢を確認しましょう

選択肢には関係代名詞が並んでいます。

## (2) 空所の前後を確認しましょう

空所の前にはbusiness owners「事業主」が，後ろにはannual income is under $100,000「年収が10万ドルに満たない」が続いています。

## (3) 先行詞を特定し，正解を判断しましょう

business ownersを先行詞と考え，business owners「の」annual incomeとすれば文意が通るため，正解は所有格の関係代名詞である (C) whoseです。

(A)は先行詞が人か物かを問わず使える関係代名詞で，後ろには〈主語＋述語動詞＋α〉，もしくは〈述語動詞＋α〉が続きます。(B)は先行詞が物，後ろには〈主語＋述語動詞＋α〉，もしくは〈述語動詞＋α〉が続きます。(D)は先行詞が人，後ろには〈主語＋述語動詞＋α〉もしくは〈述語動詞＋α〉が続きます。

---

**正解と訳**

**2.** The tax increase will largely affect business owners ------- annual income is under $100,000.

(A) that
(B) which
(C) whose
(D) who

増税は，年収が10万ドルに満たない事業主たちに大変な影響を与えるだろう。

(A) （主格または目的格の関係代名詞）
(B) （主格または目的格の関係代名詞）
(C) （所有格の関係代名詞）
(D) （主格または目的格の関係代名詞）

正解 (C)

---

**語句** ☐ tax 税金 ☐ increase 増加 ☐ largely ほとんど ☐ affect ～に影響を与える
☐ business owner 事業主 ☐ annual income 年収

---

**POINT 4** 前置詞の後ろにはthat以外の目的格の関係代名詞を置く

次に，目的格の関係代名詞の問題を見てみましょう。

**例題**  ♪ 137

**3.** The company is constructing a new break room at ------- employees can take a rest anytime throughout the workday.
(A) whose
(B) that
(C) whatever
(D) which

## （1）選択肢を確認しましょう

選択肢にはさまざまな関係詞が並んでいます。

## （2）空所の前後を確認しましょう

空所の前には前置詞のatがあり，後ろにはemployees「従業員」があります。

## （3）先行詞を特定し，正解を判断しましょう

空所の前にあるa new break roomを先行詞と考えると，空所に入るのは物を先行詞とする目的格の関係代名詞です。選択肢のうち該当するのは (B) thatか (D) whichですが，関係代名詞thatは前置詞を前に置いた形で用いることはできません。よって (D) が正解です。

空所の前のatはa new break room <u>which</u> employees can take a rest <u>at</u>のatがwhichの前に出た形であることも理解しておきましょう。また，at whichは関係副詞whereに置き換えられることも重要です。

**正解と訳**

**3.** The company is constructing a new break room at ------- employees can take a rest anytime throughout the workday.
(A) whose
(B) that
(C) whatever
(D) which

その会社は就業日であればいつでも従業員が休むことのできる新しい休憩室を建設中である。
(A)（所有格の関係代名詞）
(B)（主格または目的格の関係代名詞）
(C)（複合関係代名詞）
(D)（主格または目的格の関係代名詞）

正解 (D)

**語句** □ construct ～を建設する　□ break room 休憩室　□ employee 従業員
□ anytime いつでも　□ throughout ～を通して　□ workday 就業日

**POINT 5** what「～すること」は先行詞を含んだ関係代名詞である

関係代名詞の中でも what は少し特殊で，先行詞を含んだ関係代名詞です。

---

**例題** ♪ 138

4. ------- presents the biggest challenge is finding a venue that can fit all of
   the guests without going over budget.
   (A) When
   (B) What
   (C) Where
   (D) Who

---

**（1）選択肢を確認しましょう**

選択肢には関係代名詞や関係副詞が並んでいます。

**（2）空所の前後を確認しましょう**

空所の後ろには presents the biggest challenge「最大の難関を提示する」があり，さらにその後ろには is とその補語である finding，その目的語 a venue，そして that から始まる節が続いています。

**（3）先行詞を特定し，正解を判断しましょう**

問題文には述語動詞が 3 つ（presents, is, can fit）あります。can fit は前の a venue を先行詞とする関係代名詞 that の節の述語動詞だと分かります。presents か is が主節の述語動詞ですが，presents だと考えると is 以下が続きません。したがって空所から challenge までが主語，is が主節の述語動詞だと考えられます。〈述語動詞＋目的語〉を続けて主語となる名詞節を作れるのは (B) の What「～すること」です。What presents the biggest challenge で「最大の難関となっていること」という意味になります。関係代名詞の what は，the thing(s) which に置き換えることが可能です。

---

**正解と訳**

4. ------- presents the biggest
challenge is finding a venue that can
fit all of the guests without going over
budget.
(A) When
(B) What

最大の難関となっていることは，ゲスト全員が入れる会場を予算内で見つけることだ。

(A) ～するとき
(B) ～すること
(C) どこで
(D) 誰が

(C) Where
(D) Who                                         正解 (B)

**語句** □ present ～を提示する □ challenge 困難 □ find ～を見つける □ venue 会場 □ fit ～に合う □ go over ～を超える □ budget 予算

最後に関係代名詞に比べて出題頻度は低めですが，関係副詞と複合関係詞の一覧を確認しておきましょう。

## 関係副詞

| 先行詞 | 関係副詞 |
|---|---|
| 時を表す語 | when |
| 場所を表す語 | where |
| 理由を表す語 | why |
| 方法を表す語 | how |

## 複合関係詞

| 複合関係詞 | 意味 |
|---|---|
| whoever | ～する人は誰でも，誰が～しようとも |
| whichever | どれでも，どちらでも，どちらが [を] ～しようとも |
| whatever | ～するものは何でも，どんなものが～しようとも |
| wherever | ～するならどこへでも，どこで～しようとも |
| whenever | ～するときはいつでも，いつ～しようとも |

6
関係詞問題

**攻略法まとめ** 関係詞問題

- 関係代名詞問題は，先行詞と関係代名詞の格がカギ
- 主格の関係代名詞の後ろには動詞が続く
- 先行詞と後ろに続く名詞の関係が所有なら，関係代名詞はwhoseを使う
- 前置詞の後ろにはthat以外の目的格の関係代名詞を置く
- what「～すること」は先行詞を含んだ関係代名詞である

1. For your proof of purchase, please review the e-mail ------- was sent when your order was submitted.

   (A) that
   (B) what
   (C) when
   (D) whom

2. There will be a free day at the end of the trip during ------- employees can enjoy sightseeing and other leisure activities.

   (A) whose
   (B) while
   (C) whatever
   (D) which

3. The University of Lexington offers a wide range of majors, most of ------- can be completed within four years.

   (A) which
   (B) who
   (C) other
   (D) either

4. An outside technician was hired specifically to determine ------- had caused the software to fail.

   (A) which
   (B) that
   (C) so
   (D) what

5. Newfoundland Grooming has two trimming specialists, both of ------- are used to working with dogs of all breeds.

   (A) whom
   (B) whose
   (C) whoever
   (D) which

6. Researchers ------- have not yet signed up for next month's Future Technologies Conference must do so immediately.

   (A) what
   (B) whom
   (C) those
   (D) who

7. The Jonah Park Nature Preservation Society has over one hundred members, ------- are retired residents living near the park.

   (A) the reason being
   (B) because of them
   (C) most of whom
   (D) inasmuch as

8. At the press conference, CEO James Watson revealed a new compact laptop computer, the XR 450, ------- will be priced at $799.

   (A) when
   (B) what
   (C) where
   (D) which

**9.** The conference was attended by a large number of scientists ------- are greatly respected in their fields.

(A) every
(B) either
(C) who
(D) this

**10.** The tickets to Hyosuk Park's concert, ------- are more expensive than when she last performed here, go on sale next Tuesday.

(A) who
(B) which
(C) what
(D) whose

**11.** ------- approach you take to a project, your highest priority should be the deadline.

(A) Whatever
(B) Against
(C) However
(D) Generally

**12.** The meeting should last about two hours, after ------- there will be food and drinks for everyone to enjoy.

(A) whose
(B) while
(C) whatever
(D) which

**13.** Each pair of our custom-made shoes should only be worn by the person ------- whom they were designed.

(A) between
(B) from
(C) into
(D) for

**14.** An increase in fuel prices will mostly affect businesses ------- fuel consumption is high.

(A) their
(B) where
(C) whose
(D) most

**15.** The hiring managers to ------- applications should be e-mailed are written at the bottom of each job posting.

(A) whoever
(B) whom
(C) what
(D) whose

**16.** According to a survey by Work Health, ------- who take up a hobby outside of their career are more successful in the workplace.

(A) those
(B) these
(C) everyone
(D) anyone

6

関係詞問題

## 1.

♪ 139

| | |
|---|---|
| For your proof of purchase, please review the e-mail ------- was sent when your order was submitted. | ご購入の証明として, 注文されたときに送られてきたeメールを今一度ご覧ください。 |
| (A) that | (A) (関係代名詞) |
| (B) what | (B) (関係代名詞) |
| (C) when | (C) (関係副詞) |
| (D) whom | (D) (関係代名詞) |

**正解** (A)

**解説** 選択肢には関係代名詞と関係副詞が並んでいます。空所の前にはthe e-mail「eメール」が, 後ろにはwas sent「送られた」があり, その後ろには接続詞のwhen「～するとき」から始まる節が続いています。先行詞が物の場合に使え, 後ろに動詞を続けることができるのは, 主格の関係代名詞である(A)のthatです。

**PiCK UP** 関係代名詞のwhatはそれ自体に先行詞を含んでおり, 後ろに必要な名詞が不足している不完全な節が続き,「～すること, ～するもの」という名詞節を作ります。

**語句** ☐ proof 証拠 ☐ purchase 購入 ☐ review ～を見直す ☐ order 注文
☐ submit ～を提出する

## 2.

♪ 140

| | |
|---|---|
| There will be a free day at the end of the trip during ------- employees can enjoy sightseeing and other leisure activities. | 旅行の最後には自由行動の日があり, 従業員は観光やそのほかのレジャー活動を楽しむことができる。 |
| (A) whose | (A) (関係代名詞) |
| (B) while | (B) ～である一方で |
| (C) whatever | (C) (複合関係代名詞) |
| (D) which | (D) (関係代名詞) |

**正解** (D)

**解説** 選択肢には関係代名詞や接続詞, 複合関係代名詞が並んでいます。空所の前には前置詞のduring「～の間」, 後ろには節が続いています。選択肢の中で節を導くのは(A), (C), (D)です。(A)は所有格の関係代名詞ですが, employeesを所有しそうな先行詞がないので不正解です。(C)はduringの後に続けて意味を成しません。(D)を入れるとa free dayを先行詞とする関係代名詞になり, during which = during a free day「自由行動の日に」という意味になるので, (D)が正解です。

**語句** ☐ at the end of ～の終わりに ☐ employee 従業員 ☐ sightseeing 観光
☐ activity 活動

## 3.

🎵 141

The University of Lexington offers a wide range of majors, most of ------- can be completed within four years.
(A) which
(B) who
(C) other
(D) either

レキシトン大学ではさまざまな専攻科目を提供しており，そのほとんどは4年以内に修了することができる。
(A) （関係代名詞）
(B) （関係代名詞）
(C) ほかの人［物］
(D) どちらか

**正解** (A)

**解説** 選択肢には関係代名詞と不定代名詞が並んでいます。空所の前にはmost of「～のほとんど」，後ろには述語動詞のcan be completed「修了させられることが可能だ」が続いています。問題文には節が2つあるので，これらをつなぐ接続詞か関係代名詞が空所には必要です。mostの正体はa wide range of majors「さまざまな専攻科目」のうちの「ほとんど」であると考えると文意が通るので，空所にはこれを先行詞とする関係代名詞の(A) whichが入ります。

**PiCK UP** 節が2つある場合には，接続詞か関係代名詞が1つ，節が3つある場合には接続詞か関係代名詞が2つ必要です。

**語句** □ offer ～を提供する　□ a wide range of さまざまな～　□ complete ～を終える
□ within ～以内に

## 4.

🎵 142

An outside technician was hired specifically to determine ------- had caused the software to fail.
(A) which
(B) that
(C) so
(D) what

とりわけ何が原因でソフトウェアが動かなくなったのかを確定する目的で，外部の専門家が雇われた。
(A) （関係代名詞）
(B) （関係代名詞）
(C) それで
(D) （関係代名詞）

**正解** (D)

**解説** 選択肢には関係代名詞と接続詞が並んでいます。空所の前には不定詞のto determine「～を確定するために」，後ろには述語動詞のhad caused「～を引き起こした」が続いています。空所の前には先行詞がないので，whichとthatは入れられません。先行詞を含んだ関係代名詞である(D)のwhatが正解です。what had caused the software to fail「何がソフトウェアを動かなくしたのか」という名詞節が直前にあるdetermineの目的語となっています。

**語句** □ outside 外部の　□ technician 専門家　□ hire ～を雇う　□ specially 特に
□ determine ～を確定する　□ cause A to do Aに～させる　□ fail 故障する

## 5.

Newfoundland Grooming has two trimming specialists, both of ------- are used to working with dogs of all breeds.
(A) whom
(B) whose
(C) whoever
(D) which

ニューファウンドランド・グルーミングにはトリミングの専門家が2人いて，どちらもあらゆる種類の犬と仕事をすることに慣れている。
(A)（関係代名詞）
(B)（関係代名詞）
(C)（複合関係代名詞）
(D)（関係代名詞）

**正解** (A)

**解説** 選択肢には関係代名詞と複合関係代名詞が並んでいます。空所の前にはカンマとboth of「～の両方」，空所の後ろには述語動詞areが続いているので，空所には2つの節をつなぐ関係代名詞が入るはずです。two trimming specialists「2人のトリミングの専門家」を先行詞と考え，ofの後ろに置く形は目的格であることも併せて考えると，正解は人が先行詞のときの目的格の関係代名詞である(A)のwhomです。

**PiCK UP** 複合関係代名詞のwhoever「～するのは誰でも」は名詞節を作り，後ろには〈述語動詞＋α〉が続きます。

**語句** □ trimming トリミング □ specialist 専門家 □ both of ～の両方
□ *be* used to ～に慣れている □ breed 種類

## 6.

Researchers ------- have not yet signed up for next month's Future Technologies Conference must do so immediately.
(A) what
(B) whom
(C) those
(D) who

来月のフューチャー・テクノロジー・カンファレンスにまだ申し込んでいない研究者たちは，すぐに申し込まなければならない。
(A)（関係代名詞）
(B)（関係代名詞）
(C) 人々
(D)（関係代名詞）

**正解** (D)

**解説** 選択肢には関係代名詞と代名詞が並んでいます。空所の前には名詞のResearchers「研究者たち」が，後ろにはhave not yet sighed up「まだ申し込んでいない」という述語動詞が続いています。問題文にはこれ以外にも，must do「しなければならない」という述語動詞があるため，空所には関係代名詞が必要です。先行詞が人で，後ろに動詞が続く場合に使う主格の関係代名詞の(D) whoが正解です。

**語句** □ researcher 研究者 □〈have not yet ＋過去分詞〉まだ～していない
□ sign up for ～に申し込む □ immediately すぐに

## 7.

🎵 **145**

The Jonah Park Nature Preservation Society has over one hundred members, ------- are retired residents living near the park.

(A) the reason being
(B) because of them
(C) most of whom
(D) inasmuch as

ジョナ・パーク自然保護協会には100人を超える会員がいて，そのほとんどが公園の近くに住む，仕事を引退した住人だ。

(A) なぜなら
(B) そのせいで
(C) その大半
(D) 〜の程度まで

**正解** (C)

**解説** 選択肢には順番に〈名詞＋現在分詞〉，〈群前置詞＋代名詞〉，関係代名詞を含む名詞句，群接続詞が並んでいます。空所の前には節とカンマがあり，後ろには〈述語動詞＋α〉が続いています。問題文には節が2つあるため，空所には関係代名詞が必要です。よって，正解は(C)のmost of whomです。whomの先行詞はmembers「会員」で，most of whomが2つ目の節の主語となっています。

**PiCK UP** (D)のinasmuch asは，① 「〜の程度まで」（≒ to the extent that），② 「〜なので」（≒ because）などの意味を押さえておいてください。

**語句** □ retired 引退した □ resident 住民

## 8.

🎵 **146**

At the press conference, CEO James Watson revealed a new compact laptop computer, the XR 450, ------- will be priced at $799.

(A) when
(B) what
(C) where
(D) which

記者会見でジェームズ・ワトソンCEOは，新しいコンパクトタイプのノートパソコンであるXR 450について明らかにしたが，その価格は799ドルになるだろう。

(A)（関係副詞）
(B)（関係代名詞）
(C)（関係副詞）
(D)（関係代名詞）

**正解** (D)

**解説** 選択肢には関係副詞と関係代名詞が並んでいます。空所の前には1つ目の節があり，後ろには述語動詞のwill be priced「〜の価格になるだろう」が続いています。a new compact laptop computerとthe XR 450は同格なので，XR 450までが1つ目の節になります。両者をつなぐには関係代名詞が必要であり，the XR 450を先行詞と考えると，空所には主格の関係代名詞である(D)のwhichを入れればよいと分かります。(A)の関係副詞whenは「時を表す表現」が先行詞となり，(C)の関係副詞whereは「場所を表す表現」が先行詞となります。(B)の関係代名詞のwhatはthe thing(s) which [that]に置き換えることができます。

**語句** □ press conference 記者会見 □ reveal 〜を明らかにする
□ laptop computer ノートパソコン □ be priced at 〜に価格を設定される

6 関係詞問題

## 9.

♪ 147

The conference was attended by a large number of scientists ------- are greatly respected in their fields.
(A) every
(B) either
(C) who
(D) this

その会議には，おのおのの分野で大いに尊敬されている多くの科学者が出席した。
(A) 全ての
(B) どちらかの
(C) （関係代名詞）
(D) これ

**正解** (C)

**解説** 選択肢には形容詞，関係代名詞，指示代名詞が並んでいます。空所の前にはa large number of scientists「多くの科学者」，後ろには述語動詞のare greatly respected「大いに尊敬されている」が続いています。両者をつなぐには関係代名詞が必要です。a large number of scientistsを先行詞と考えると，空所には主格の関係代名詞である(C)のwhoが入ります。

**PiCK UP** everyの後ろには可算名詞の単数形が続きます。

**語句** □ conference 会議 □ attend ～に出席する □ a large number of 多くの～
□ greatly 大いに □ respect ～を尊敬する □ field 分野

## 10.

♪ 148

The tickets to Hyosuk Park's concert, ------- are more expensive than when she last performed here, go on sale next Tuesday.
(A) who
(B) which
(C) what
(D) whose

パク・ヒョスクのコンサートのチケットは，彼女がここで前回公演したときよりも値段が高いが，今度の木曜日に販売開始になる。
(A) （関係代名詞）
(B) （関係代名詞）
(C) （関係代名詞）
(D) （関係代名詞）

**正解** (B)

**解説** 選択肢には関係代名詞が並んでいます。空所の前にはThe tickets to Hyosuk Park's concert「パク・ヒョスクのコンサートのチケット」が，後ろには動詞のareが続いているので，The tickets (to Hyosuk Park's concert) を先行詞と考え，空所には物を先行詞とする主格の関係代名詞である(B)のwhichを入れます。問題文全体には節が3つあるので，それらをつなぐ2つの接続詞か関係代名詞が必要であり，その役割を果たすのがwhichとwhenとなっています。

**語句** □ expensive 値段が高い □ perform 公演する □ go on sale 販売開始になる

## 11.

🎵 149

------- approach you take to a project, your highest priority should be the deadline.
(A) Whatever
(B) Against
(C) However
(D) Generally

プロジェクトに対してどのような手法を取ろうとも，最も優先順位が高いのは期日だ。
(A)（複合関係代名詞）
(B) 〜に対して
(C) どんなに〜しようとも
(D) 一般的に

**正解** (A)

**解説** 選択肢には複合関係代名詞，前置詞，副詞が並んでいます。問題文には節が2つあるため，空所には関係詞が入ります。(A)のWhateverを空所に入れるとWhatever approach you take to a project「プロジェクトに対してどのような手法を取ろうとも」となり文意が通ります。複合関係詞のwhateverには「どんな〜を…しようとも」という譲歩の意味があります。

**PiCK UP** 最上級の形容詞の前には多くの場合冠詞のtheが付きますが，本問のyourのように代名詞の所有格もしばしば使われます。

**語句** □ approach 手法　□ priority 優先順位　□ deadline 期日

## 12.

🎵 150

The meeting should last about two hours, after ------- there will be food and drinks for everyone to enjoy.
(A) whose
(B) while
(C) whatever
(D) which

会議は約2時間続くはずで，その後に全員が楽しめる食事と飲み物の用意があるだろう。
(A)（関係代名詞）
(B) 〜である一方で
(C)（複合関係代名詞）
(D)（関係代名詞）

**正解** (D)

**解説** 選択肢には関係代名詞，接続詞，複合関係代名詞が並んでいます。空所の前には前置詞のafter「〜の後で」，後ろにはthere will be「〜があるだろう」から始まる節が続いているので，空所には関係詞が必要です。前の節の中で after に続けて意味を成すのは主語のThe meeting「会議」なので，これを先行詞と考え，空所には目的格の関係代名詞である(D)のwhichを入れます。2つ目の節は There will be food and drinks for everyone to enjoy after the meeting. が元の文であると考えるとよいでしょう。

**語句** □ should 〜するはずだ　□ last 続く

## 13.

♪ 151

Each pair of our custom-made shoes should only be worn by the person ------- whom they were designed.
(A) between
(B) from
(C) into
(D) for

当店のカスタムメードの靴はどれもデザインをしてもらった人だけがはくようにしてください。
(A) 〜の間で
(B) 〜から
(C) 〜の中に
(D) 〜のために

**正解** (D)

**解説** 選択肢には前置詞が並んでいます。空所の前にはby the person「その人によって」，後ろにはwhom they were designed「それらがデザインされた」が続いています。whomの先行詞になるのはthe personしかないので，空所の後ろの節は本来〈they were designed＋空所＋the person〉であると考えます。theyが指すのはour custom-made shoes「私たちのカスタムメードの靴」なので，それらがthe personの「ために」デザインされたと考えれば文意が通ります。よって，正解は(D)のforです。

**語句** □ each それぞれの　□ custom-made カスタムメードの　□ be worn 着用される
□ person 人　□ design 〜をデザインする

## 14.

♪ 152

An increase in fuel prices will mostly affect businesses ------- fuel consumption is high.
(A) their
(B) where
(C) whose
(D) most

燃料価格の上昇の影響があるのは，大部分が燃料消費の多い事業だ。
(A) それらの
(B) （関係副詞）
(C) （関係代名詞）
(D) ほとんどの

**正解** (C)

**解説** 選択肢には代名詞，関係副詞，関係代名詞，形容詞が並んでいます。空所の前には動詞affect「〜に影響する」と，その目的語となるbusinesses「事業」があり，後ろにはfuel consumption is high「燃料消費が多い」という節が続いています。businessesを先行詞と考えると，businessesとfuelは「所有の関係」だと考えることができます。よって，正解は(C)のwhoseです。

**語句** □ increase 増加　□ fuel 燃料　□ mostly 大部分は　□ affect 〜に影響を与える
□ business 事業　□ consumption 消費

## 15.

🎵 153

The hiring managers to ------- applications should be e-mailed are written at the bottom of each job posting.

(A) whoever
(B) whom
(C) what
(D) whose

eメールによる応募書類の送付先となる採用担当マネージャーは，それぞれの求人情報の一番下に書かれている。

(A)（複合関係代名詞）
(B)（関係代名詞）
(C)（関係代名詞）
(D)（関係代名詞）

**正解** (B)

**解説** 選択肢には複合関係代名詞と関係代名詞が並んでいます。空所の前にはThe hiring managers「採用担当マネージャー」と前置詞のtoが，後ろにはapplications should be e-mailed「応募書類がeメールで送られるべきである」が続いています。are written が文の述語動詞なので，The hiring managersは主語で，それをto ------- applications should be e-mailedが修飾していると考えられます。目的格の関係代名詞である(B)のwhomが正解です。Applications should be e-mailed to the hiring managers. が元の文で，the hiring managersがwhomになり，to whomの部分が主語の前に出たものであると考えてください。

**語句** ☐ hiring manager 採用担当マネージャー　☐ application 応募書類
☐ e-mail ～をeメールで送る　☐ at the bottom of ～の一番下に　☐ each それぞれの
☐ job posting 求人情報

## 16.

🎵 154

According to a survey by Work Health, ------- who take up a hobby outside of their career are more successful in the workplace.

(A) those
(B) these
(C) everyone
(D) anyone

ワーク・ヘルスの調査によると，仕事とは別に趣味を始める人のほうが職場で成功する。

(A) 人々
(B) これら
(C) 全員
(D) 誰でも

**正解** (A)

**解説** 選択肢には代名詞が並んでいます。空所の前にはAccording to a survey by Work Health, 「ワーク・ヘルスの調査によると」という副詞句があり，後ろには関係代名詞の主格whoが続いています。空所には先行詞になる名詞や代名詞が必要です。正解は(A)のthose「(～する)人々」です。those who で「～する人々」という使い方をすると覚えておいてください。

**語句** ☐ according to ～によると　☐ survey 調査　☐ take up ～を始める　☐ hobby 趣味
☐ outside of ～とは別に　☐ career 仕事　☐ successful 成功した
☐ workplace 職場

6
関係詞問題

# ペア表現・数・比較問題

ここまでの設問タイプ別攻略法で，Part 5に出題されるほとんどの文法問題に対応できる知識は学び終えました。ここでは毎回いずれかのパターンが数題出題されるペアで使う表現や，数に関連する表現，比較表現について学びます。

**POINT 1** 選択肢にペア表現の片方があったら，問題文に相方を探す

まずはペア表現の例題から見ていきましょう。**選択肢中にペア表現の片方を見つけたら，それと対になる語を問題文中で探します**。

---

**例 題** 🎵 155~156

1. ------- the company's current CEO nor the owner has experience selling products to this new market.
   (A) Neither
   (B) Either
   (C) Both
   (D) Apart from

2. The new lighting that we've installed will ------- make the office more comfortable, but also lower our utility costs.
   (A) whether
   (B) at first
   (C) not only
   (D) on purpose

---

**1.**

**(1) 選択肢を確認しましょう**

選択肢にはNeither，Either，Bothなどペア表現になりそうな語が並んでいます。

**(2) 問題文にペア表現の相方を探しましょう**

空所の後ろにはthe company's current CEO nor the owner「会社の現CEOもオーナーも（～ではない）」の部分にnorがあります。

**(3) 正解を判断しましょう**

norとペアとなって意味を成すのは，(A)のNeither「どちらもない」です。neither *A* nor *B*で「AでもBでもない」と覚えておいてください。

(D) の apart from は「~は別として，~のほかに」という意味で，「~のほかに」という意味では besides や in addition to などと言い換えることができます。

## 2.

### (1) 選択肢を確認しましょう

選択肢には whether，not only などペア表現になりそうな語が並んでいます。

### (2) 問題文にペア表現の相方を探しましょう

空所の後ろには make the office more comfortable「職場をより快適にする」と but also lower our utility costs「光熱費も下げる」という〈述語動詞＋α〉が並立しています。ここに but also があります。

### (3) 正解を判断しましょう

but also とペアになって意味を成すのは，(C) の not only です。not only A but also B は「A だけでなく B も」という意味を表すペア表現です。

### ■■ 頻出のペア表現一覧

| ペア表現 | 意味 |
| --- | --- |
| both A and B | AとBの両方 |
| either A or B | AかBのどちらか |
| neither A nor B | AでもBでもない |
| not only A but (also) B | AだけでなくBも（＝B as well as A） |
| not only A but B as well | AだけでなくBも |
| not A but B | AではなくB |
| no sooner A than B | AするとすぐにBする |
| so that S can ~ | Sが~できるように |
| so ~ that SV | とても~なのでSV |
| whether A or B | AであろうとBであろうと |

---

**正解と訳**

**1.** ------- the company's current CEO nor the owner has experience selling products to this new market.

(A) Neither
(B) Either

会社の現CEOもオーナーも，この新市場で製品を売った経験がない。

(A) どちらもない
(B) どちらか
(C) 両方
(D) ~は別として

(C) Both
(D) Apart from
正解 (A)

---

**語句** □ current 現在の　□ CEO (＝ Chief Executive Officer) 最高経営責任者
　　　　□ owner オーナー　□ experience 経験　□ product 製品　□ market 市場

---

**正解と訳**

**2.** The new lighting that we've installed will ------- make the office more comfortable, but also lower our utility costs.
(A) whether
(B) at first
(C) not only
(D) on purpose

新たに取り付けた照明によって職場がより快適になるだけでなく，光熱費も下がるだろう。
(A) 〜かどうか
(B) 最初は
(C) 〜だけでなく
(D) 故意に

正解 (C)

---

**語句** □ lighting 照明　□ install 〜を取り付ける　□ comfortable 快適な
　　　　□ lower 〜を下げる　□ utility cost 光熱費

---

**POINT 2** 数を表す単語を選ぶ問題は，後ろに続く名詞とのつながりと文意から解答する

次に数を表す単語を選ぶ問題を見てみましょう。

---

**例題**　　　　　　　　　　　　　　　　　　　　　　　　　　　♪ 157

**3.** There are ------- different ways to approach a project, depending on the time constraints.
(A) many
(B) both
(C) most
(D) no

---

**（1）選択肢を確認しましょう**

選択肢には many や both など，数に関係する語が並んでいます。

**（2）問題文を数に注目して確認しましょう**

空所の前には There are「〜がある」があります。are があるので主語は複数扱いの語と分かります。後ろには different ways「さまざまな方法」と複数形が続いています。選択肢は全て後ろに複数形を取ることができるので，まだ正解を判断するこ

とはできません。

## （3）文意から正解を判断しましょう

depending on the time constraints「時間的な制約によって」の部分から，方法は「制約に応じていろいろある」と考えられます。よって，正解は (A) many です。

そのほかの選択肢の用法も確認しておきましょう。(B) の both は後ろに（2つを表す）複数形や A and B という表現が続き「〜の両方」という意味を表します。(C) の most は，形容詞として使うのであれば，後ろに複数形の名詞を続けて most people「たいていの人たち」のような使い方をします。(D) の no は「まったく〜ない」という意味で，後ろに名詞を置くことが可能です。

### 数を表す単語と後ろに続く名詞の形

| 数を表す語 | 可算名詞 | | 不可算名詞 |
|---|---|---|---|
| | 単数形 | 複数形 | |
| all（全ての） | | ○ | ○ |
| every（全ての） | ○ | | |
| each（それぞれの） | ○ | | |
| many（多くの） | | ○ | |
| much（たくさんの） | | | ○ |
| most（ほとんどの） | | ○ | ○ |

**正解と訳**

**3.** There are ------- different ways to approach a project, depending on the time constraints.

(A) many
(B) both
(C) most
(D) no

プロジェクトへの取り組み方はさまざまで，時間的な制約による。

(A) 多くの
(B) 両方の
(C) ほとんどの
(D) まったく〜ない

正解 (A)

**語句** □ way 方法　□ approach 〜に取り組む　□ depending on 〜によって
□ constraint 制約

7

ペア表現・数・比較問題

比較に関する表現をマスターする

最後に注意が必要な比較の表現を確認しておきましょう。

---

**例題** 🎵 158~159

4. The new regulations have made it much ------- for entrepreneurs with limited funds to start businesses.
   (A) hard
   (B) hardly
   (C) harder
   (D) harden

5. Reordering the machine's parts from the manufacturer would be the ------- of these three options.
   (A) quick
   (B) quickest
   (C) quickly
   (D) quicken

---

**4.**

**(1) 選択肢を確認しましょう**

選択肢には比較級が含まれているので, 比較に関する問題である可能性を考えます。

**(2) 比較の観点から正解を判断しましょう**

空所の前には have made it much「それを大いに~にした」があります。make は make A B で「A を B にする」という使い方をし, A には名詞, B には形容詞や名詞が来ます。it を A, much と空所を B と考えると, 空所には副詞の much が修飾する (C) の形容詞 harder「より難しい」が入ります。**副詞の much は比較級を強めます。ほかにも far, even, still, a lot などが同様の働きをします**。

(A) の hard「難しい」は形容詞ですが, 直前にある much と結び付きません。(B) の hardly「ほとんどない」は頻度が低いことを表す副詞で scarcely や barely と同義です。(D) の harden「~を固くする」は動詞です。

**5.**

**(1) 選択肢を確認しましょう**

選択肢には最上級が含まれているので, 比較に関する問題である可能性を考えます。

## (2) 比較の観点から正解を判断しましょう

空所の前には冠詞のtheがあり，後ろにはof these three options「3つの選択肢の中で」という「範囲を表す表現」が続いています。**定冠詞のtheや代名詞の所有格の後ろには最上級を表す表現が続き，その後ろにはinやofから始まる「〜の中で」という表現がある場合が多い**ということを押さえておいてください。正解は形容詞の最上級である (B) のquickest「最も迅速な」です。

(A) のquick「迅速な」は形容詞，(C) のquickly「迅速に」は副詞，(D) のquicken「〜を急がせる」は動詞です。語尾に-enがついている単語は動詞である場合が多いので覚えておいてください（p.76 参照）。

---

**正解と訳**

**4.** The new regulations have made it much ------- for entrepreneurs with limited funds to start businesses.

(A) hard
(B) hardly
(C) harder
(D) harden

新たな規制により，資金が限られている起業家が事業を始めることは一層難しくなった。

(A) 難しい
(B) ほとんどない
(C) より難しい
(D) 〜を固くする

正解 (C)

**語句** □ regulation 規制 □ entrepreneur 起業家 □ limited 限られた □ fund 資金

---

**正解と訳**

**5.** Reordering the machine's parts from the manufacturer would be the ------- of these three options.

(A) quick
(B) quickest
(C) quickly
(D) quicken

メーカーに機械の部品を再注文するのが，この3つの選択肢の中では最も手っ取り早いだろう。

(A) 迅速な
(B) 最も迅速な
(C) 迅速に
(D) 〜を急がせる

正解 (B)

**語句** □ reorder 〜を再注文する □ manufacturer メーカー □ option 選択肢

---

**攻略法まとめ** ペア表現・数・比較問題

- 選択肢にペア表現の片方があったら，問題文に相方を探す
- 数を表す単語を選ぶ問題は，後ろに続く名詞とのつながりと文意から解答する
- 比較に関する表現をマスターする

7

ペア表現・数・比較問題

空所に入る最も適切なものを(A)(B)(C)(D)の中から1つ選びなさい。

1. Only a small number of former clients reported that their experience was ------- unsatisfactory or average.

   (A) either
   (B) both
   (C) although
   (D) whether

2. Of the plants sold by Javier Landscaping, this is probably the ------- one to care for.

   (A) easy
   (B) easiest
   (C) more easily
   (D) most easily

3. Since Neomia Advertising serves a large number of international clients, employees have ------- opportunities to travel abroad.

   (A) much
   (B) each
   (C) very
   (D) many

4. Please make a list of ------- the items that we will need for the upcoming company training.

   (A) each
   (B) anything
   (C) all
   (D) others

5. Thanks to the popularity of the videos we've been posting online, our budget for marketing is ------- than it was last year.

   (A) large
   (B) largest
   (C) larger
   (D) largeness

6. While it is possible to walk to the downtown area from the hotel, taking a taxi is ------- faster and more convenient.

   (A) both
   (B) either
   (C) although
   (D) whether

7. According to the new company procedures, ------- employee will be required to fill out a self-evaluation form and submit it to HR before the end of the year.

   (A) many
   (B) each
   (C) most
   (D) few

8. Teamwork is considered a key element in the success of ------- any business venture.

   (A) almost
   (B) most
   (C) every
   (D) much

**9.** It is likely that the software will receive ------- better reviews this year, so sales should go up, too.
(A) much
(B) sometimes
(C) however
(D) hardly

**10.** We should send a memo out to each department ------- that no one is confused by these unexpected changes.
(A) in
(B) also
(C) so
(D) when

**11.** ------- the branch in Berlin nor the branch in Düsseldorf had sales as high as those of the Munich branch.
(A) Both
(B) But
(C) Either
(D) Neither

**12.** Ms. Higgins agrees that the most ------- option is to begin building the structure before December.
(A) attract
(B) attractiveness
(C) attractive
(D) attracted

**13.** Franks Automotives utilizes the ------- latest engineering technology.
(A) such
(B) most
(C) very
(D) so

**14.** Red Brick Cleaning offers the same prices to everyone ------- they are first-time clients or have been using the company's services for years.
(A) whether
(B) either
(C) even
(D) despite

**15.** The Tiger 4a, the ------- of the two phone models, is small enough to fit in most pockets.
(A) cheapness
(B) cheaper
(C) cheaply
(D) cheap

**16.** Homes designed by architect Jessie Braga are ------- expensive that only a handful of people in the world can afford them.
(A) so
(B) such
(C) as
(D) just

## 1.

| | |
|---|---|
| Only a small number of former clients reported that their experience was ------- unsatisfactory or average.<br><br>(A) either<br>(B) both<br>(C) although<br>(D) whether | かつての顧客のわずかしか，自分たちの経験について不満あるいは月並みだったと報告しなかった。<br><br>(A) 〜か…のどちらか<br>(B) 両方<br>(C) 〜だけれども<br>(D) 〜かどうか |

**正解** (A)

**解説** 選択肢には副詞（または代名詞），接続詞が並んでいます。空所の後ろには unsatisfactory or average「不満あるいは月並み」が続いています。ここにある or とペアとなり either *A* or *B*「A か B のどちらか」という表現を作る (A) が正解です。(B) は〈both of ＋複数形〉「〜の両方」，もしくは both *A* and *B*「A と B の両方」という使い方をします。(C) の although「〜だけれども」は接続詞，(D) の whether「〜かどうか」は whether *A* or *B*「A であろうと B であろうと」のような使い方をする接続詞です。

**PiCK UP** 接続詞の although は，even though，though と同じく「〜だけれども」という意味で使われます。これら3つのうち though だけは副詞として文末に置いて「〜だが」という意味でも使うことができます。

**語句** ☐ former かつての ☐ client 顧客 ☐ report 〜と報告する ☐ experience 経験 ☐ unsatisfactory 不満な ☐ average 月並みな

## 2.

| | |
|---|---|
| Of the plants sold by Javier Landscaping, this is probably the ------- one to care for.<br>(A) easy<br>(B) easiest<br>(C) more easily<br>(D) most easily | ハビエル・ランドスケーピングが売っている植物の中では，これがおそらく最も世話をしやすい。<br>(A) 簡単な<br>(B) 最も簡単な<br>(C) もっと簡単に<br>(D) 最も簡単に |

**正解** (B)

**解説** 選択肢には easy のさまざまな形が並んでいます。空所の前には定冠詞の the が，後ろには代名詞の one があり，これは前にある plant「植物」のことを指しています。したがって空所には形容詞が必要です。文頭に Of the plants sold by Javier Landscaping「ハビエル・ランドスケーピングが売っている植物の中で」という範囲を表す表現があるため，空所には最上級の (B) easiest「最も簡単な」が入ります。

**語句** ☐ plant 植物 ☐ probably おそらく ☐ care for 〜の世話をする

## 3.

[♪ 162]

Since Neomia Advertising serves a large number of international clients, employees have ------- opportunities to travel abroad.

(A) much
(B) each
(C) very
(D) many

ニオミア・アドバタイジングは多数の国際的なクライアントにサービスを提供しているので, 従業員は海外旅行する機会がたくさんある。

(A) たくさんの
(B) それぞれの
(C) まさしくその
(D) たくさんの

**正解** (D)

**解説** 選択肢には副詞, 形容詞が並んでいます。空所の前には動詞のhaveが, 後ろには名詞の複数形であるopportunities「機会」が続いています。選択肢の中で可算名詞の複数形を前から修飾できるのは, (D)のmany「たくさんの」です。(A)のmuchも「たくさんの」の意味ですが, 可算名詞を修飾することができないので, 不正解です。(B)のeach「それぞれの」は後ろに可算名詞の単数形が続きます。(C)のveryは, 副詞であれば「とても」という意味で使われますが, 形容詞として使われるときには「まさしくその」という意味で使われます。

**PiCK UP** each「それぞれの」, every「全ての」, another「もう1つの」は, 後ろに可算名詞の単数形が続くと覚えておいてください。

**語句** □ since ～なので □ serve ～にサービスを提供する
□ a large number of たくさんの～ □ international 国際的な
□ client クライアント, 顧客 □ employee 従業員 □ opportunity 機会
□ abroad 海外へ

## 4.

[♪ 163]

Please make a list of ------- the items that we will need for the upcoming company training.

(A) each
(B) anything
(C) all
(D) others

来たる会社の研修で必要な全ての物のリストを作ってください。

(A) それぞれの
(B) 何でも
(C) 全ての
(D) ほかの物

**正解** (C)

**解説** 選択肢には形容詞, 代名詞が並んでいます。空所の前にはa list of「～のリスト」が, 後ろにはthe items「物」があります。空所にはthe itemsを修飾する形容詞が入ります。選択肢のうち形容詞は(A) each「それぞれの」と(C) all「全ての」ですが, eachは後ろに可算名詞の単数形が来るので不適切です。よって, 正解は(C)です。allはtheの前に置いて使うことができますが, eachは冠詞とともに用いられないことも押さえておきましょう。

**語句** □ upcoming 来たる

## 5.

Thanks to the popularity of the videos we've been posting online, our budget for marketing is ------- than it was last year.
(A) large
(B) largest
(C) larger
(D) largeness

ネットに投稿した動画の人気があるおかげで、マーケティングの予算は昨年よりも多い。
(A) 大きい
(B) 最も大きい
(C) より大きい
(D) 巨大

**正解** (C)

**解説** 選択肢にはlargeのさまざまな形が並んでいます。空所の前にはbe動詞のisが、後ろには接続詞のthan「～よりも」が続いています。thanは比較級を表す際のキーワードなので、正解は(C)のlarger「より大きい」です。

**PiCK UP** thanks to「～のおかげで、～が原因で」は、due to、owing to、because of、on account ofなどに言い換えることが可能です。

**語句** □ thanks to ～のおかげで □ popularity 人気 □ post ～を投稿する
□ online ネット上に □ budget 予算 □ marketing マーケティング

## 6.

While it is possible to walk to the downtown area from the hotel, taking a taxi is ------- faster and more convenient.
(A) both
(B) either
(C) although
(D) whether

ホテルから繁華街に歩いて行くことはできるが、タクシーに乗った方が速いし便利だ。
(A) ～と…の両方
(B) どちらか
(C) ～だけれども
(D) ～かどうか

**正解** (A)

**解説** 選択肢には副詞（または代名詞）、接続詞が並んでいます。空所の前にはbe動詞のisが、後ろにはfaster and more convenient「より速く便利だ」という〈比較級and比較級〉が続いています。このandとペアになって文意を成すのは、(A)のboth「～と…の両方」です。both A and B「AとBの両方」は頻出で、A and B alikeとほぼ同じ意味になります。

**PiCK UP** 接続詞のwhileは「～する間に」という意味のほかに、本問のように「～である一方で」という意味でも使われます。その場合はwhereasとほぼ同じような意味になります。

**語句** □ while ～である一方で □ possible 可能な □ downtown area 繁華街
□ convenient 便利な

## 7.

🎵 166

According to the new company procedures, ------- employee will be required to fill out a self-evaluation form and submit it to HR before the end of the year.

(A) many
(B) each
(C) most
(D) few

社の新しい手続きによると，各従業員は自己評価フォームに記入し，年内に人事部に提出する必要がある。

(A) 多くの
(B) それぞれの
(C) ほとんどの
(D) ほとんどない

**正解** (B)

**解説** 選択肢には形容詞が並んでいます。空所の前にはAccording to「～によると」から始まる副詞句があり，後ろには名詞employee「従業員」があります。空所にはemployeeを修飾する形容詞が入りますが，後ろに可算名詞の単数形が来るのは(B) eachだけです。

**語句** □ procedure 手続き　□ be required to *do* ～する必要がある　□ fill out ～に記入する
□ self-evaluation 自己評価　□ submit ～を提出する
□ HR（Human Resources）人事部

## 8.

🎵 167

Teamwork is considered a key element in the success of ------- any business venture.

(A) almost
(B) most
(C) every
(D) much

チームワークは，ほとんど全てのベンチャービジネスの成功において重要な要素だとされている。

(A) ほぼ
(B) 大半の
(C) 全ての
(D) たくさんの

**正解** (A)

**解説** 選択肢には副詞，形容詞が並んでいます。空所の前には前置詞のofが，後ろにはany business venture「どんなベンチャービジネスでも」が続いています。形容詞のanyを前から修飾できるのは，(A)の副詞almost「ほぼ」です。almost anyで「ほとんど全ての～」という意味になります。(B)のmost「大半の」の後ろには可算名詞の複数形や不可算名詞が続きます。(C)のevery「全ての」の後ろには可算名詞の単数形が続き，(D)のmuch「たくさんの」の後ろには不可算名詞が続きます。

**PiCK UP** consider *A B*は「AをBと考える」という意味で，*A*が目的語，*B*が補語になります。*A*を主語とする受動態を作った場合，*B*がbe consideredの後ろに残ります。

**語句** □ element 要素　□ success 成功　□ business venture ベンチャービジネス

## 9.

| | |
|---|---|
| It is likely that the software will receive ------- better reviews this year, so sales should go up, too.<br>(A) much<br>(B) sometimes<br>(C) however<br>(D) hardly | そのソフトウェアには今年はずっと良いレビューがつきそうなので, 売り上げも伸びるはずだ。<br>(A) ずっと<br>(B) 時々<br>(C) しかしながら<br>(D) ほとんどない |

**正解** (A)

**解説** 選択肢には副詞が並んでいます。空所の前には will receive「受けるだろう」, 後ろには better reviews「より良いレビュー」という〈形容詞の比較級＋名詞〉が続いています。比較級の前に置いて意味を強める (A) の副詞 much「ずっと」が正解です。(B) の sometimes「時々」は頻度を表す副詞, (C) の however「しかしながら」は接続副詞として文頭でしばしば使われます。(D) の hardly「ほとんどない」は程度や回数を表します。

**PiCK UP** 「～しそうだ」は It is likely that や be likely to do で表します。「～しそうにない」という場合は likely の代わりに unlikely を使います。

**語句** □ It is likely that ～しそうだ　□ receive ～を受ける　□ review レビュー
□ go up 上がる

## 10.

| | |
|---|---|
| We should send a memo out to each department ------- that no one is confused by these unexpected changes.<br>(A) in<br>(B) also<br>(C) so<br>(D) when | これらの想定外の変更に誰も混乱することがないよう, 各部署にメモを送るべきだ。<br>(A) ～の点で<br>(B) また<br>(C) ～なので<br>(D) いつ |

**正解** (C)

**解説** 選択肢には前置詞, 副詞, 接続詞が並んでいます。空所の前には 1 つ目の節が, 後ろには接続詞の that, その後ろには 2 つ目の節が続いています。接続詞の that の前に (C) so を置いて so that とすると, 「～するように」という意味になり文意が通るため, 正解は (C) です。so that の後ろに続く節には can「～できる」を使うことが多く, その場合は「～できるように」という意味になります。

**語句** □ send A out to B AをBに送る　□ each それぞれの　□ department 部署
□ no one 誰も～しない　□ confuse ～を混乱させる　□ unexpected 想定外の
□ change 変更

## 11.

🎵 170

------- the branch in Berlin nor the branch in Düsseldorf had sales as high as those of the Munich branch.

(A) Both
(B) But
(C) Either
(D) Neither

ベルリンの支店もデュッセルドルフの支店もミュンヘン支店ほどの売り上げはなかった。

(A) 両方
(B) しかし
(C) どちらか
(D) どちらも〜ない

**正解** (D)

**解説** 選択肢には副詞（または代名詞），接続詞が並んでいます。空所の後ろにはthe branch in Berlin nor the branch in Düsseldorf「ベルリンの支店もデュッセルドルフの支店も（〜ではない）」が続いています。ここにあるnorとペアになって意味を成すのは，(D)のNeither「どちらも〜ない」です。(A)はboth *A* and *B*「AとBの両方」（≒*A* and *B* alike），(B)はnot only *A* but also *B*「Aだけでなく Bも」やnot *A* but *B*「AではなくB」，(C)はeither *A* or *B*「AかBのどちらか」という形で使われます。

**語句** □ branch 支店　□ have sales 売り上げがある

## 12.

🎵 171

Ms. Higgins agrees that the most ------- option is to begin building the structure before December.

(A) attract
(B) attractiveness
(C) attractive
(D) attracted

ヒギンズ氏は，最も魅力のある選択は12月になる前に建物の建築を始めることだということで同意している。

(A) 〜を引きつける
(B) 魅力
(C) 魅力的な
(D) 引きつけられた

**正解** (C)

**解説** 選択肢にはattractとその派生語が並んでいます。空所の前にはthe most「最も〜」，後ろには名詞のoption「選択」が続いています。名詞の前なので形容詞が来ると考えると，正解は(C)のattractive「魅力的な」になります。名詞の前には形容詞を置くのが基本ですが，(D)の過去分詞attracted「引きつけられた」も品詞としては形容詞の扱いです。過去分詞や現在分詞を名詞の前後に置く場合には，名詞の立場で考えることが肝要です。名詞が「〜する」立場であれば現在分詞を，「〜される」立場であれば過去分詞を使います。本問ではoptionが「引きつけられる」立場にはないので，正解にはなり得ません。

**語句** □ agree that 〜ということに同意する　□ option 選択（肢）　□ build 〜を建築する
□ structure 建物

7

ペア表現・数・比較問題

## 13.

♪ 172

| | |
|---|---|
| Franks Automotives utilizes the ------- latest engineering technology.<br>(A) such<br>(B) most<br>(C) very<br>(D) so | フランクス自動車は，まさに最新の工学技術を利用している。<br>(A) そのような<br>(B) 最も<br>(C) 非常に，まさに<br>(D) とても |

**正解** (C)

**解説** 選択肢には副詞，接続詞が並んでいます。空所の前には定冠詞のthe，後ろにはlatest engineering technology「最新の工学技術」が続いています。空所の前後ですでに〈the latest ＋名詞〉という最上級の表現が完成しているので，空所には後ろに続く形容詞latestを修飾する副詞が入ると考えます。(C)のveryには「まさに」という副詞としての使い方があり，very latestとすると「まさに最新の」となり文意が通ります。(A)のsuchはsuch a big desk「そのような大きな机」のように使い，〈such (a)＋形容詞＋名詞〉の語順になります。

**語句** □ utilize ～を利用する　□ latest 最新の　□ engineering technology 工学技術

## 14.

♪ 173

| | |
|---|---|
| Red Brick Cleaning offers the same prices to everyone ------- they are first-time clients or have been using the company's services for years.<br>(A) whether<br>(B) either<br>(C) even<br>(D) despite | レッド・ブリック・クリーニングは，初めての客だろうが何年も同社のサービスを利用している客だろうが，全ての人に同じ価格を提示している。<br>(A) ～だろうが…だろうが<br>(B) ～か…のどちらか<br>(C) ～でさえ<br>(D) ～にも関わらず |

**正解** (A)

**解説** 選択肢には接続詞，副詞（または代名詞），前置詞が並んでいます。空所の前には1つ目の節が，後ろには2つ目の節が続いています。2つ目の節の中にorがあり，これとペアを成して文意が通るのは(A)のwhether「～だろうが…だろうが」です。whetherはwhether A or Bの形で使われることが多いですが，whether or not「～かどうかに関わりなく」という使い方も押さえておいてください。(B)のeitherもorとペア表現を作りますが，either A or B「AかBのどちらか」では文意が通りません。

**語句** □ offer A to B AをBに提示する　□ first-time 初めての　□ client 客<br>□ for years 何年も

## 15.

🎵 **174**

The Tiger 4a, the ------- of the two phone models, is small enough to fit in most pockets.
(A) cheapness
(B) cheaper
(C) cheaply
(D) cheap

タイガー4aは，その2つの携帯電話の値段が安い方のモデルだが，たいていのポケットに収まるぐらい小さい。
(A) 安さ
(B) より安い
(C) 安く
(D) 安い

**正解** (B)

**解説** 選択肢にはcheapとその派生語が並んでいます。空所の前には定冠詞のthe，後ろには前置詞のofが続いています。ofの後ろにはthe two phone models「2つの携帯電話のモデル」が続いているため，The Tiger 4a「タイガー4a」はそれら2つの内の「より安い方」であると考えます。よって，正解は(B)のcheaper「より安い」です。本問では選択肢に最上級を表すcheapest「最も安い」はありませんが，theがあるからと言って最上級を安易に選択しないよう気を付けてください。2つのものを比較する場合には，常に比較級が使われます。

**語句** □ small enough to *do* 〜するくらい小さい，〜できるほど小さい　□ fit in 〜に収まる

## 16.

🎵 **175**

Homes designed by architect Jessie Braga are ------- expensive that only a handful of people in the world can afford them.
(A) so
(B) such
(C) as
(D) just

建築家のジェシー・ブラガが設計した家はとても高いので，世界でもたった一握りの人しか購入する余裕がない。
(A) とても
(B) とても
(C) 〜として
(D) ただ

**正解** (A)

**解説** 選択肢には接続詞，副詞が並んでいます。空所の前にはbe動詞のare，後ろには形容詞のexpensive「高価だ」，その後ろにはthat節が続いています。これとペアになる(A)のsoが正解です。(B)のsuchは名詞（句）を修飾するので，ここでは不正解です。

**PiCK UP** so that S can 〜は「Sが〜できるように」，〈so＋形容詞＋that S can 〜〉は「とても…なのでSが〜できる」です。非常に似ていますが混同しないよう気を付けてください。

**語句** □ architect 建築家　□ expensive 高価な　□ a handful of 一握りの〜
□ afford 〜を購入する余裕がある

**7** ペア表現・数・比較問題

# 8 語彙問題

語彙問題は，選択肢に同じ品詞の単語が並び，文意を理解することによって空所に最も適切な語を選ぶタイプの問題です。文法問題は問われている知識さえ持っていれば空所の前後を見るだけで解けるものも少なくありませんが，語彙問題は文頭からきちんと問題文の内容を理解して読み進める必要があります。

**POINT 1** 語彙問題は問題文を文頭から読んで理解し，空所の前後関係を考えて解答する

選択肢から語彙問題であることを確認したら，文頭から読んで意味を理解しましょう。**文脈から正解を選ぶのが語彙問題の基本**の解き方です。

---

**例題** ♪ 176

1. The ad poster shows Olympic gold medalist Jane Fisk standing ------- her rival Kaori Tanaka.
   (A) throughout
   (B) opposite
   (C) regarding
   (D) among

---

### （1）選択肢を確認しましょう

選択肢には前置詞が並んでいるので語彙問題です。

### （2）文頭から意味を確認しましょう

空所の前は The ad poster shows Olympic gold medalist Jane Fisk standing「その宣伝ポスターはオリンピックの金メダリストであるジェーン・フィスクが立っているのを示しています」とあり，後ろには her rival Kaori Tanaka「彼女のライバルのカオリ・タナカ」が続いています。

### （3）空所の前後の文脈から正解を判断しましょう

空所に入れて文意が通るのは，(B) の opposite「〜と向かい合って」です。(A) の throughout は「(ある場所) のいたるところに」や「(ある期間) の間中ずっと」，(C) の regarding は「〜に関して」という意味で，with regard to や in regard to, concerning などに言い換えることが可能です。(D) の among は「〜の間で」という意味です。

**正解と訳**

1. The ad poster shows Olympic gold medalist Jane Fisk standing ------- her rival Kaori Tanaka.
(A) throughout
(B) opposite
(C) regarding
(D) among

その宣伝用のポスターでは，オリンピックの金メダリストであるジェーン・フィスクがライバルのカオリ・タナカと向かい合って立っている。
(A) 〜のいたるところに
(B) 〜と向かい合って
(C) 〜に関して
(D) 〜の間で

正解 (B)

**語句** □ ad poster 宣伝用ポスター

**POINT 2** 節と節の関係に注目して文脈を確認し，解答する

**語彙問題の文脈は節と節の関係に注目すること**で把握しやすくなります。例題を見てみましょう。

**例題** ♪ 177

2. Troubleshooting instructions are listed in the dishwasher user manual so you can ------- address any issues.
(A) successively
(B) commonly
(C) particularly
(D) easily

## （1）選択肢を確認しましょう
選択肢には副詞が並んでいるので語彙問題です。

## （2）文頭から意味を確認しましょう
空所の前はyou can「あなたは〜できる」，後ろにはaddress any issues「どんな問題でも対処する」が続いています。

## （3）節と節の関係に注目して正解を判断しましょう
最初の節はTroubleshooting instructions are listed in the dishwasher user manual「問題解決に関する説明は食洗器のユーザー・マニュアルにリスト化されている」という内容なので，この内容を受けて文意が通るのは (D) のeasily「簡単に」です。(A) のsuccessivelyは「連続して」という意味なので，successfully「うまく」と混同しないようにしましょう。

8

語彙問題

**正解と訳**

**2.** Troubleshooting instructions are listed in the dishwasher user manual so you can ------- address any issues.

(A) successively
(B) commonly
(C) particularly
(D) easily

問題解決に関する説明は食洗器のユーザー・マニュアルにリスト化されているので，どんな問題でも簡単に対処することができる。

(A) 連続して
(B) 一般に
(C) 特に
(D) 簡単に

正解 (D)

**語句** □ instruction 説明　□ be listed in ～にリスト化されている
□ dishwasher 食洗器　□ address ～に対処する　□ issue 問題

---

**POINT 3** 語と語の相性に注目するタイプの問題をマスターする

コロケーション（語と語の相性）的な観点からのアプローチも語彙問題の解法には有効です。**主語と述語動詞，主語と補語，述語動詞と目的語などの組み合わせに注目しましょう。**

---

**例題** ♪ 178

**3.** One decade after inventing a new online saving system, Tori Wallace has ------- a new banking application for smartphones.
(A) frequented
(B) revisited
(C) developed
(D) linked

---

**（1）選択肢を確認しましょう**

選択肢には動詞の過去形もしくは過去分詞が並んでいるので語彙問題です。空所の前にはhasがあるため，これらは過去分詞ということになります。

**（2）空所の前後を確認しましょう**

空所の前には主語となる人名Tori Wallace「トーリ・ウォレス」と 現在完了形で使うhasがあり，後ろにはa new banking application「新しいバンキング・アプリ」が続いています。

**（3）述語動詞と目的語の関係に注目しましょう**

空所とその後ろのa new banking applicationは述語動詞と目的語の関係です。「新しいバンキング・アプリ」に対して適切な動作は (C) developed「〜を開発した」だけです。

(A) は frequent「〜にたびたび行く」の過去分詞, (B) は revisit「〜を再訪する」の過去分詞で, いずれも「行き先」を表す人や場所が目的語として続きます。(D) は link「〜をつなげる」の過去分詞です。link *A* with *B* で「AをBと結び付ける」という意味を表します。

---

**正解と訳**

**3.** One decade after inventing a new online saving system, Tori Wallace has ------- a new banking application for smartphones.
(A) frequented
(B) revisited
(C) developed
(D) linked

新しいオンライン貯蓄システムを発明してから10年後, トーリ・ウォレスはスマートフォン向けに新しいバンキング・アプリを開発した。
(A) 〜によく行った
(B) 〜を再訪した
(C) 〜を開発した
(D) 〜をつなげた

正解 (C)

**語句** □ decade 10年間　□ invent 〜を発明する　□ saving system 貯蓄システム
□ application アプリ

---

もう一つ例題を見てみましょう。こちらも**述語動詞と目的語の関係に着目**してみてください。

---

**例題**　🎵 179

**4.** When collecting missed packages, customers need to present ------- of address in the form of an ID.
(A) course
(B) examination
(C) proof
(D) grounds

---

## (1) 選択肢を確認しましょう

選択肢には名詞が並んでいるので語彙問題です。

## (2) 空所の前後を確認しましょう

最初の節はWhen collecting missed packages「受け取り損ねた荷物を回収するには」とあり, 2つ目の節の空所の前までにはcustomers need to present「客は〜を

提示する必要がある」とあります。空所の後ろには前置詞のofと，address in the form of an ID「身分証明書の形で住所」が続いています。

## (3) 述語動詞と目的語の関係に注目しましょう

空所の前にあるpresent「〜を提示する」の目的語には，当然のことながら「提示されるもの」が来ます。選択肢のうち適切なのは，(C)のproof「証明するもの」です。**proof of address**で「住所を証明するもの」という意味になります。

---

**正解と訳**

**4.** When collecting missed packages, customers need to present ------- of address in the form of an ID.

(A) course
(B) examination
(C) proof
(D) grounds

受け取り損ねた荷物を回収するには，客は身分証明書の形で住所を証明するものを提示する必要がある。

(A) 講座
(B) 試験
(C) 証明するもの
(D) 根拠

正解 (C)

- - - - - - - - - - - - - - - - - - - - - - - - - - - - - - - - - - - - - -

**語句** □ when *doing* 〜するとき □ collect 〜を集める □ missed 逃した
□ package 荷物 □ need to *do* 〜する必要がある □ present 〜を提示する
□ in the form of 〜の形で

---

**POINT 4** 単語の用法（語法）に注目する問題をマスターする

語彙問題の中には語法を根拠に正解を判断する問題もあります。中には文意からだけでは正解が絞り切れない問題もありますので，普段から語法をよく確認しておきましょう。

---

**例題**　　　　　　　　　　　　　　　　　　　　　♪ 180

**5.** The smartphone's popularity ------- Howson Tech to become an industry leader in only a few short years.
(A) enabled
(B) located
(C) performed
(D) served

---

## (1) 選択肢を確認しましょう

選択肢には動詞の過去形もしくは過去分詞が並んでいます。問題文には述語動詞がなく，過去分詞と一緒に用いて受動態になるbeや，完了形になるhaveもないため，

これらは述語動詞の過去形ということになります。

## （2）文頭から意味を確認しましょう

空所の前には The smartphone's popularity「そのスマートフォンの人気」，後ろには Howson Tech「ハウスン・テック」，さらにその後ろには to become an industry leader in only a few short years「たった数年という短い期間で業界のリーダーになる」が続いています。

## （3）語法から正解を判断しましょう

選択肢にある (A) の enable(d) は，〈enable＋目的語＋to *do*〉で「～が…できるようにする」という使い方をします。文意も通るため，正解は (A) です。

(B) の located「～を配置した」は，*be* located in [at] で「～に位置する」のように使われることが多く，*be* situated in [at] と言い換えることもできます。(C) の performed「～を演じた」は自動詞・他動詞の両方の使い方があります。(D) の served「～に仕えた」は「（食事や飲み物）を出した」という意味で頻出です。serve as で「～として務める」のようにも使われます。

---

**正解と訳**

**5.** The smartphone's popularity ------- Howson Tech to become an industry leader in only a few short years.
(A) enabled
(B) located
(C) performed
(D) served

そのスマートフォンの人気が出たことで，ハウスン・テックはたった数年という短い期間で業界のリーダーになることができた。
(A) ～が…するのを可能にした
(B) ～を配置した
(C) ～を演じた
(D) ～に仕えた

正解 (A)

**語句** □ popularity 人気 □ industry 業界

---

**POINT 5** 〈be 動詞＋形容詞＋前置詞〉などの定型表現を覚える

語彙問題の中には定型表現の知識を問う問題も出題されます。問題を解いて少しずつ知識を増やしていきましょう。

**6.** Although the latest V789 camera is ------- to other models in terms of
quality, it is significantly more affordable.
(A) comparable
(B) amiable
(C) mirrored
(D) generous

## (1) 選択肢を確認しましょう

選択肢には形容詞が並んでいるので語彙問題です。

## (2) 空所の前後を確認しましょう

空所の前には接続詞の Although「〜ではあるが」と the latest V789 camera is「最新の V789 カメラは〜だ」が，後ろには前置詞の to と other models「ほかのモデル」が続いています。

## (3) 文意に合う形容詞を探しましょう

be 動詞と前置詞の to の間に置いて文意が通るのは，(A) の comparable「同等の」です。***be* comparable to** で「〜と同等だ」という意味になります。

このような〈be 動詞＋形容詞＋前置詞〉の表現はたくさんありますが，以下にいくつか挙げますので，覚えておきましょう。

- *be* absent from「〜を欠席する」
- *be* afraid of「〜を恐れる」
- *be* careful of「〜に注意を払う」
- *be* different from「〜と違う」
- *be* responsible for「〜の責任がある」
- *be* sensitive to「〜に敏感だ」
- *be* similar to「〜と似ている」

**6.** Although the latest V789 camera is ------- to other models in terms of quality, it is significantly more affordable.

(A) comparable
(B) amiable
(C) mirrored
(D) generous

最新のV789カメラは質という点でほかのモデルと変わらないが，値段がはるかに安い。

(A) 同等の
(B) 感じのよい
(C) 鏡張りの
(D) 寛大な

正解 (A)

**語句** □ although ～ではあるが　□ latest 最新の　□ in terms of ～という点で　□ quality 質　□ significantly 大いに　□ affordable 手頃な

8
語彙問題

**攻略法まとめ** 語彙問題

- 語彙問題は問題文を文頭から読んで理解し，空所の前後関係を考えて解答する
- 節と節の関係に注目して文脈を確認し，解答する
- 語と語の相性に注目するタイプの問題をマスターする
- 単語の用法（語法）に注目する問題をマスターする
- 〈be動詞＋形容詞＋前置詞〉などの定型表現を覚える

**1.** Any employees wishing to join one of these free workshops should fill out the online ------- form on the company's Web site.

(A) enrollment
(B) inventory
(C) complaint
(D) solicitation

**2.** Bridges Law has an experienced team of fully ------- attorneys able to assist you with any potential case.

(A) certified
(B) estimated
(C) enabled
(D) indicated

**3.** Our application incorporates the most ------- computer analysis available, to bring you the most accurate forecast for your company's growth.

(A) advanced
(B) careless
(C) attentive
(D) preferred

**4.** To address budgeting issues, Chestwood City Council aims to review public spending and ------- current policies.

(A) improve
(B) ensure
(C) accomplish
(D) assist

**5.** User instructions can be found on the side of the slow cooker so you can ------- refer to them.

(A) rarely
(B) generally
(C) specifically
(D) quickly

**6.** The medical history of a patient's family members is a significant ------- in determining what types of health screening should be performed.

(A) factor
(B) situation
(C) prescription
(D) arrangement

**7.** Team leaders must ------- proposals for new projects to Ms. Choi for approval.

(A) claim
(B) present
(C) revoke
(D) counter

**8.** Mr. Leeks of Throughfare Hotel Inspection says that our kitchen facilities are more than ------- for the highest hygiene rating.

(A) capable
(B) many
(C) certain
(D) adequate

**9.** These rugs are made with a special ------- that makes them resistant to stains.

(A) fabric
(B) sale
(C) team
(D) key

**10.** It will be difficult to find ------- sized chairs if we do not know the exact height of the tables.

(A) appropriately
(B) extensively
(C) surprisingly
(D) regrettably

**11.** We are on a tight budget, so we should look for a printer that is ------- priced.

(A) reasonably
(B) unexpectedly
(C) entirely
(D) politely

**12.** One week later Ms. Ivory submitted her ------- from PLC Enterprises and left the world of corporate accounting.

(A) expiration
(B) inspection
(C) resignation
(D) completion

**13.** The inquiry failed to come to a conclusion, so ------- investigation is required.

(A) multiple
(B) further
(C) higher
(D) direct

**14.** The renovation is almost complete, and Cool Kids Cafe will be back to ------- opening hours from January 2.

(A) regular
(B) authorized
(C) useful
(D) general

**15.** The innovative nonprofit organization Environcycle offers a revolutionary ------- to regular waste disposal.

(A) report
(B) explanation
(C) collection
(D) alternative

**16.** For more information about the Museum of Life, please ------- a leaflet from your local library.

(A) pick up
(B) put off
(C) come across
(D) call up

8
語彙問題

## 1.

♪ 182

Any employees wishing to join one of these free workshops should fill out the online ------- form on the company's Web site.
(A) enrollment
(B) inventory
(C) complaint
(D) solicitation

これらの無料ワークショップに参加したいと思っている全ての従業員は，会社のウェブサイトでオンラインの登録フォームに記入する必要がある。
(A) 登録
(B) 在庫
(C) 不満
(D) 懇願

**正解** (A)

**解説** 選択肢には名詞が並んでいます。空所の前後に，Any employees wishing to join one of these free workshops should fill out the online ------- form 「これらの無料ワークショップに参加したいと思っている全ての従業員はオンラインの〜フォームに記入する必要がある」とあります。「ワークショップに参加したい人たちが記入するフォーム」なので，空所に(A)の enrollment「登録」を入れると the online enrollment form「オンラインの登録フォーム」となり前後の文意が通ります。

**PiCK UP** any は「どれをとっても」という意味の単語なので，any employees であれば「どの従業員も」，すなわち「全ての従業員」という意味になります。

**語句** □ employee 従業員　□ wish to *do* 〜したい　□ join 〜に加わる
□ fill out 〜に記入する　□ online オンラインの

## 2.

♪ 183

Bridges Law has an experienced team of fully ------- attorneys able to assist you with any potential case.
(A) certified
(B) estimated
(C) enabled
(D) indicated

ブリッジズ・ローには完全な資格を有する経験豊富な弁護士チームがいて，どのような潜在的な訴訟でもあなたを支援できます。
(A) 公認された
(B) 見積もられた
(C) 可能にされた
(D) 指摘された

**正解** (A)

**解説** 選択肢には過去分詞が並んでいます。文頭から空所の直後までは Bridges Law has an experienced team of fully ------- attorneys「ブリッジズ・ローには完全に〜な経験豊富な弁護士チームがいます」という内容です。空所に(A)の certified「公認された」を入れると fully certified「完全に公認された」，つまり「完全な資格を有する」となり文意が通ります。

**語句** □ experienced 経験豊富な　□ fully 完全に　□ attorney 弁護士
□ able to *do* 〜することができる　□ assist A with B AのBを支援する
□ potential 潜在的な　□ case 訴訟

## 3.

Our application incorporates the most ------- computer analysis available, to bring you the most accurate forecast for your company's growth.
(A) advanced
(B) careless
(C) attentive
(D) preferred

我々のアプリは，利用できる最先端のコンピューター解析を取り入れていて，御社の成長のために最も正確な予測を提供します。
(A) 進んだ
(B) 不注意な
(C) 注意深い
(D) 好まれた

**正解** (A)

**解説** 選択肢には形容詞（過去分詞を含みます）が並んでいます。空所を含む問題文の前半はOur application incorporates the most ------- computer analysis available「我々のアプリは，利用できる最も～なコンピューター解析を取り入れている」という内容です。後半はto bring you the most accurate forecast for your company's growth「御社の成長のために最も正確な予測を提供します」と続いています。「最も正確な予測を提供する」コンピュータ解析なので，正解は(A)のadvanced「進んだ」です。

**語句** □ application アプリ　□ incorporate ～を組み込む　□ analysis 分析
□ available 利用できる　□ accurate 正確な　□ forecast 予測　□ growth 成長

## 4.

To address budgeting issues, Chestwood City Council aims to review public spending and ------- current policies.
(A) improve
(B) ensure
(C) accomplish
(D) assist

予算編成の問題に対処するため，チェストウッド市議会は公的支出を見直し，現在の政策を改善しようとしている。
(A) ～を改善する
(B) ～を確実にする
(C) ～を成し遂げる
(D) ～を支援する

**正解** (A)

**解説** 選択肢には動詞が並んでいます。問題文の前半には，To address budgeting issues「予算編成の問題に対処するため」とあります。後半の節には主語のChestwood City Council aims to「チェストウッド市議会は～しようとしている」に対して2つの〈他動詞＋目的語〉が続きます。1つ目はreview public spending「公的支出を見直す」，そしてandでつながれた2つ目は，空所に(A)のimprove「～を改善する」を入れimprove current policies「現在の政策を改善する」とすると，いずれも市議会が目指していることとして文意が成立します。

**語句** □ address ～に対処する　□ budgeting issue 予算編成の問題
□ aim to *do* ～しようとする　□ review ～を見直す　□ public spending 公的支出
□ current 現在の　□ policy 政策

**5.**

♪ 186

User instructions can be found on the side of the slow cooker so you can ------- refer to them.
(A) rarely
(B) generally
(C) specifically
(D) quickly

すぐに参照できるよう，取扱説明はスロークッカーの側面にある。
(A) めったに〜しない
(B) 一般的に
(C) 明確に
(D) すばやく

**正解** (D)

**解説** 選択肢には副詞が並んでいます。最初の節は User instructions can be found on the side of the slow cooker「取扱説明がスロークッカーの側面にある」，2つ目の節は so から始まり，you can ------- refer to them「あなたはそれらを〜参照できるように」となっています。スロークッカーの側面に説明が書いてあるので，「すぐにそれを参照することができますよ」と伝えたい文であると考えてください。文意が通るのは (D) の quickly「すばやく」です。

**語句** □ instruction 説明　□ slow cooker スロークッカー（長時間かけて調理する鍋）
□ refer to 〜を参照する

**6.**

♪ 187

The medical history of a patient's family members is a significant ------- in determining what types of health screening should be performed.
(A) factor
(B) situation
(C) prescription
(D) arrangement

患者の家族の病歴は，どのような種類の検診を行うべきかを決める上で重要な要素だ。
(A) 要素
(B) 状況
(C) 処方せん
(D) 準備

**正解** (A)

**解説** 選択肢には名詞が並んでいます。文意が通るのは (A) の factor「要素」です。検診において the medical history「患者の病歴」はどのようなものになるかを考えると，a significant factor「重要な要素」だと分かります。

**語句** □ medical history 病歴　□ patient 患者　□ significant 重要な
□ in determining 〜を決める上で　□ health screening 検診　□ perform 〜を行う

## 7.

188

Team leaders must ------- proposals for new projects to Ms. Choi for approval.
(A) claim
(B) present
(C) revoke
(D) counter

チームリーダーは, 新プロジェクトの提案をチョイ氏に提示して承認をもらわなければならない。
(A) 〜を主張する
(B) 〜を提示する
(C) 〜を取り消す
(D) 〜に反撃する

**正解** (B)

**解説** 選択肢には動詞が並んでいます。空所の後ろにはproposals for new projects「新プロジェクトの提案」と, 前置詞のtoから始まるto Ms. Choi for approval「承認のためにチョイ氏に」が続いています。空所に(B)のpresent「〜を提示する」を入れると, present A to B「AをBに提示する」となり文意が通ります。

**語句** □ proposal 提案　□ approval 承認

## 8.

189

Mr. Leeks of Throughfare Hotel Inspection says that our kitchen facilities are more than ------- for the highest hygiene rating.
(A) capable
(B) many
(C) certain
(D) adequate

スルフェア・ホテル・インスペクションのリークス氏によれば, 我々のキッチン設備は, 最高レベルの衛生基準を十分以上に満たしているようだ。
(A) できる
(B) たくさんの
(C) ある
(D) 適合した

**正解** (D)

**解説** 選択肢には形容詞が並んでいます。空所の前にはMr. Leeks of Throughfare Hotel Inspection says「スルフェア・ホテル・インスペクションのリークス氏によれば」と, それに続くthat節であるthat our kitchen facilities are more than「我々のキッチン設備は〜を超えている」があり, 後ろにはfor the highest hygiene rating「最高レベルの衛生基準に対して」が続いています。「設備が衛生基準を十分満たしている」と考えれば文意が通るため, 正解は(D)のadequateです。be adequate forで「〜に十分である」という意味で使われることを押さえておいてください。

**PiCK UP** more thanは「〜を超えている」という意味で, overに言い換えることができます。

**語句** □ facility 設備　□ more than 〜を超えている　□ hygiene rating 衛生基準

**9.**

| | |
|---|---|
| These rugs are made with a special ------- that makes them resistant to stains.<br>(A) fabric<br>(B) sale<br>(C) team<br>(D) key | これらのラグは染みがつきにくい特別な布でできている。<br>(A) 布<br>(B) 販売<br>(C) チーム<br>(D) 鍵 |

**正解** (A)

**解説** 選択肢には名詞が並んでいます。空所までは These rugs are made with a special ------- 「これらのラグは特別な〜でできている」，後ろには関係代名詞の that から始まる that makes them resistant to stains 「それらを染みがつきにくくしている」が続いています。ラグの材料となる(A)の fabric 「布」を空所に入れると文意が通ります。

**語句** □ rug ラグ □ be made with 〜でできている □ resistant to 〜に耐性がある
□ stain 染み

**10.**

| | |
|---|---|
| It will be difficult to find ------- sized chairs if we do not know the exact height of the tables.<br>(A) appropriately<br>(B) extensively<br>(C) surprisingly<br>(D) regrettably | テーブルの正確な高さを知らなければ適切な大きさに作られたイスを見つけるのは難しいだろう。<br>(A) 適切に<br>(B) 広範囲に<br>(C) 驚くべきことに<br>(D) 残念なことに |

**正解** (A)

**解説** 選択肢には副詞が並んでいます。空所の前には It will be difficult to find 「(それを) 見つけることは難しい」，後ろには sized chairs 「(ある大きさに) 作られたイス」と，2つ目の節である if we do not know the exact height of the tables 「もし私たちがテーブルの正確な高さを知らなければ」が続いています。「テーブルの正確な高さを知らなければ，〜に (ある大きさに) 作られたイスを見つけることは難しい」という文意なので，空所にふさわしいのは(A)の appropriately 「適切に」です。

**語句** □ size (ある大きさに) 〜を作る □ exact 正確な □ height 高さ

## 11.

♪ 192

We are on a tight budget, so we should look for a printer that is ------- priced.
(A) reasonably
(B) unexpectedly
(C) entirely
(D) politely

予算が厳しいので，価格が手頃なプリンターを探したほうがいい。
(A) 手頃に
(B) 予想外に
(C) 完全に
(D) 丁寧に

**正解** (A)

**解説** 選択肢には副詞が並んでいます。空所の前にはWe are on a tight budget, so we should look for a printer「予算が厳しいので，プリンターを探したほうがいい」とあり，その後ろには空所を含む関係代名詞のthatから始まるthat is ------- priced「それは〜価格設定がされている」が続いています。「予算が厳しいので手頃な値段のプリンターを探すべきだ」という内容だと考えれば文意が通るので，正解は(A)のreasonably「手頃に」です。

**PiCK UP** look for「〜を探す」は頻出の表現ですが，これはsearch forや他動詞のseekに言い換えることができます。

**語句** □ *be* on a tight budget 予算が厳しい □ look for 〜を探す
□ price 〜に価格を設定する

8

語彙問題

## 12.

♪ 193

One week later Ms. Ivory submitted her ------- from PLC Enterprises and left the world of corporate accounting.
(A) expiration
(B) inspection
(C) resignation
(D) completion

1週間後，アイボリー氏はPLCエンタープライズを辞めるため辞表を提出し，企業会計の世界から去った。
(A) 満了
(B) 検査
(C) 辞表
(D) 完了

**正解** (C)

**解説** 選択肢には名詞が並んでいます。left the world of corporate accounting「企業会計の世界から去った」とあるので，その前にsubmitted「提出した」ものは，(C)のresignation「辞表」であると考えることができます。

**語句** □ later 〜後 □ submit 〜を提出する □ corporate accounting 企業会計

## 13.

♪ 194

The inquiry failed to come to a conclusion, so ------- investigation is required.

(A) multiple
(B) further
(C) higher
(D) direct

その問い合わせは結論を出せなかったので、さらなる調査が必要だ。

(A) 複数の
(B) さらなる
(C) より高度な
(D) 直接の

**正解** (B)

**解説** 選択肢には形容詞が並んでいます。最初の節にはThe inquiry failed to come to a conclusion「その問い合わせは結論を出せなかった」とあり、空所を含む2つ目の節にはso ------- investigation is required「だから〜調査が必要だ」とあります。「結論が出なかったのでさらなる調査が必要だ」とすれば文意が通るので、正解は(B)のfurther「さらなる」です。

**語句** □ inquiry 問い合わせ　□ fail to do 〜するのを失敗する
　　　 □ come to a conclusion 結論に達する　□ investigation 調査
　　　 □ require 〜を必要とする

## 14.

♪ 195

The renovation is almost complete, and Cool Kids Cafe will be back to ------- opening hours from January 2.

(A) regular
(B) authorized
(C) useful
(D) general

改修はほぼ終わり、クール・キッズ・カフェは1月2日から通常の営業時間に戻るだろう。

(A) 通常の
(B) 認められた
(C) 役に立つ
(D) 一般的な

**正解** (A)

**解説** 選択肢には形容詞が並んでいます。最初の節はThe renovation is almost complete「改修はほぼ終わり」、空所を含む2つ目の節はand Cool Kids Cafe will be back to ------- opening hours from January 2「そしてクール・キッズ・カフェは1月2日から〜営業時間に戻るだろう」となっています。「改修工事が終わったので通常営業に戻る」のだと考えれば文意が通るため、正解は(A)のregular「通常の」です。

**語句** □ renovation 改修　□ almost ほとんど　□ complete 完成した
　　　 □ be back to 〜に戻る

## 15.

🎵 196

The innovative nonprofit organization Environcycle offers a revolutionary ------- to regular waste disposal.

(A) report
(B) explanation
(C) collection
(D) alternative

革新的な非営利組織であるエンバイロンサイクルは，通常の廃棄物処理に代わる，画期的な方法を提案している。

(A) 報告
(B) 説明
(C) 収集
(D) 代わりとなるもの

**正解** (D)

**解説** 選択肢には名詞が並んでいます。空所までは The innovative nonprofit organization Environcycle offers a revolutionary -------「革新的な非営利組織であるエンバイロンサイクルは，画期的な〜を提案している」とあり，後ろにはto regular waste disposal「通常の廃棄物処理に対して」とあります。(D)のalternativeはalternative toの形で「〜の代わりとなるもの」という意味で使われ，文意も通るのでこれが正解です。

**PiCK UP** alternativeは名詞「代わりとなるもの」だけでなく，形容詞「代わりの」としても使われます。

**語句** □ innovative 革新的な  □ nonprofit 非営利の  □ organization 組織
□ offer 〜を提案する  □ revolutionary 画期的な  □ regular 通常の  □ waste 廃棄物
□ disposal 処理

**8**
語彙問題

## 16.

🎵 197

For more information about the Museum of Life, please ------- a leaflet from your local library.

(A) pick up
(B) put off
(C) come across
(D) call up

生命博物館に関してもっと情報が必要な場合は，地域の図書館で小冊子をもらってください。

(A) 〜を受け取る
(B) 〜を延期する
(C) 〜にばったり会う
(D) 〜に電話をかける

**正解** (A)

**解説** 選択肢には句動詞が並んでいます。問題文の前半にはFor more information about the Museum of Life「生命博物館に関してもっと情報が必要な場合は」とあり，空所を含む節は please ------- a leaflet from your local library「地域の図書館で小冊子を〜してください」という内容です。文意が通るのは(A)のpick up「〜を受け取る」です。

**PiCK UP** offを使った重要な表現として，put off「〜を延期する」(≒postpone)のほかに，call off「〜を取り消す」(≒cancel)などがあります。

**語句** □ leaflet 小冊子  □ local 地域の

# リーディング・セクションの時間配分について

**編集部（以下，編）**：Part 5 はリーディング・セクションのスタートです。リーディングの山場は Part 7 だと思いますが，その前哨戦として Part 6 も含めて，どのような時間配分でアプローチすればよいかお聞かせください。

**濱﨑潤之輔（以下，濱）**：ハイスコアを目指す人にとっては，Part 7 にどれだけ時間を割けるかがポイントになってきます。基本的な時間配分は，Part 5 は 1 問平均 20 秒で解いたら，3 問で 1 分，全 30 問で 10 分です。Part 6 は英文を全部読んだ上で，1 問平均 30 秒で解いたら，1 セット 4 問で 120 秒，つまり，全 16 問で 480 秒だから 8 分になります。Part 5, 6 合計で 18 分ですから，Part 7 の 54 問に 57 分残せます。僕もそれくらいのペースでやっています。

**大里秀介（以下，大）**：読者の方たちへの推奨という意味では，Part 5, 6 にかける時間はだいたい 20 分前後ですかね。というのは Part 7 の文書を全部読んで，1 問 1 分で解いたら 54 分。そうしたら，Part 5, 6 にかけられるのはリーディング・セクション 75 分中 21 分ですよね。ですから 20 分くらいで解かないと，必然的に Part 7 を落とさざるを得なくなります。

**濱**：大里さんはもっと速く解いていますよね。

**大**：僕自身は，Part 5, 6 で 5 分。かかって 10 分です。Part 5 が約 2 分。1 問 3 秒とす

れば 30 問を 90 秒で解けるじゃないですか（笑）。ただ，読者の方たちに言いたいのは，Part 7 をどれくらい捨てられるのかっていうことです。戦略的に，全部勝負しちゃダメなんですよね。全部勝負する必要があるのは 950 点以上を取る人だけです。この本では 800 点以上を目指す人が多いですかね。800 点だったら，全体の約 80% を正解するとして，リーディング・セクション 100 問中，実際は自力で完全に解ける問題は 75 問くらいかな。そうすると，25 問は捨てていいんです。

どこを捨てるのかと言うと，間違ってもいい 25 問中，Part 5 は 7 問程度。それ以外の自分が得意なタイプは絶対正解すると決めましょう。それで，苦手なタイプはある程度時間をかけても分からなかったらもう捨てる。その戦略で 800 点は取れちゃうんですよ。自分の得意な問題を短い時間で正解させましょう。例えば，接続詞問題だったら考えて解けるものは絶対に勝負しよう，その代わりに語彙問題は考えても分からないからもう捨てよう，と。語彙問題は 10 秒考えて分からなかったら適当に選ぶなどマイ・ルールを作るのもよいでしょう。

Part 5 と Part 7 で決定的に違うのは，Part 7 は答えが問題文の中に書いてある点です。ですから，時間をかけて読めば読むほど正解に結びつきやすいんですけど，Part 5 はズバリ問題文中に書いているわけではないので，自分の（知識の）中から，正解の選

択肢を選ばなければなりません。となると，時間をかけて一番効率よく解けるのはPart 7なんですね。ですから先ほど濱﨑さんがおっしゃっていたように，Part 5，6にかけられる18分の中で，ある程度捨てる部分を決めないと，時間がもったいないです。逆に言うと，その問題を見たら自分は解かないって決めていたらそれは「勝ち」なんです。

以前，僕のセミナーで900点をなかなか超えないという人に，「Part 7のダブルパッセージを2セット捨ててみたら？」と簡単なヒントあげたら，その人は次の公開テストで900点をポーンと超えたんです。リーディング・セクションの100問中90問で勝負させたら495点中460点くらい取れた。それまでは100問全部を解こうとして途中から時間がないと焦ってしまい，自滅しちゃっていたんですね。でも，90問を時間内にしっかりやって正解率を上げたら，けっこういい点が取れたわけです。

**編：**ところで，Part 7と違って問題文中に答えが書かれていないPart 5，6の正解率を上げて，次のレベルに行くには，自分の苦手な問題をどんどん知ってストックしていく必要があるのでしょうか。

**大：**それには2つ方法があると思います。初めは得意分野をもっと得意にすること。次に苦手を克服することです。例えば，「品詞問題は10秒で解ける。じゃあ，なぜ5秒で解けないの」と考える。空所の前後を見て，

inとofだったら，空所に入るのは名詞しかない。それで選択肢に名詞が1個しかなかったら「これは名詞でしょう」と。3秒で解けますよね。満点を目指す人だったら，そんなに時間がかからないから念のため問題文を前からざっと読んで，「これ絶対名詞だよね」と確認しましょう。in〔celebration〕ofだったら，「あ，これcelebrationしか入んないよね」と。このように，自分の強みを思いっきり尖らせる。人って，弱点を先にやるのは嫌じゃないですか。苦手なミックスベジタブルのグリーンピースをまず食べるところから始めるのか，それとも他の料理を全部食べて最後にそれを残すのかと同じことです。最初からグリーンピースを食べると，すべての食事がおいしくなくなるのであれば，自分の兄弟にあげるとかね（笑）。

**濱：**その通りですね（笑）。

# Part 6
## 長文穴埋め問題

限界を突破しよう！
あと１問、あと５点に
こだわりをもとう！

# Part 6 (長文穴埋め問題) の攻略法

| 問題数 | 16問 (No.131〜146) |
|---|---|
| 出題内容 | 空所がある長文を読み，その空所に入れるのに最も適切な語句もしくは文を4つの選択肢の中から選ぶ。 |
| 解答時間 | 1問平均30秒 |

Part 5と6の違いは，「文」か「文章」かということです。Part 6は空所がある文だけでは答えを選べず，文脈に依存する問題も多く出題されます。まずは基本の解く流れを確認しましょう。

## ■■ 解く際の流れ

### ①空所のある文まで読み進める
Part 6は文脈に依存する問題が多く出題されるため，問題文を文頭から読み進めていくことが肝要です。まずは最初の空所のある文の最後まで読み進めます。

### ②1問目の選択肢を見る
最初の空所のある文の最後まで読み進めたら，選択肢に目を通し，最適だと思えるものを正解として選びます。空所のある文までを読んでも正解を絞れない問題 (Delayed Clue問題) もあるので，その場合は正解の根拠となる内容と出会うまで，問題文を読み進め，正解が分かり次第，解答するようにします。Delayed Clue問題はこの攻略法の最後に解き方をまとめます。

Part 6の1セット4問のうち，1問はフルセンテンスの文を空所に入れる「文挿入問題」です。文挿入問題を解答する際は，空所の次の文まで読み進め，前後の文脈に沿うものを正解として選ぶようにします。

### ③2つ目の空所のある文の最後まで読む
1問目を解けても解けなくても，次の空所のある文の最後まで読み，選択肢を見ます。以降は1問目と同じように解いていきます。

## ■■ 設問タイプ

本書では，Part 6ならではの「文脈に依存する」問題に絞って学習します。4つのタイプに設問を分けました。

### ①動詞問題
Part 6の動詞問題では，時制がポイントになる場合，ヒントとなる過去や未来を表

す表現が空所を含む文以外に登場する場合が多く，文脈から判断して解答しなければならない難問もしばしば出題されます。よって，セオリー通りに問題文を読み進め，空所の含まれる文までを読んだだけでは正解を絞り切ることができない場合もよくある，ということを覚えておいてください。

## ②語彙問題

Part 5と同様に，Part 6に出題される語彙問題は，選択肢に同じ品詞の単語が並ぶタイプの問題で，文意を理解することによって空所に最も適切な語を選ぶ必要があります。文法問題は問われている知識さえ持っていれば空所の前後を見るだけで解けるものも少なくありませんが，語彙問題は文頭からきちんと問題の内容を理解しつつ読み進める必要があります。

## ③代名詞・接続詞（接続副詞）問題

代名詞は，人称代名詞，所有代名詞，再帰代名詞，不定代名詞などがあり，それぞれがPart 5と同様にPart 6でもしばしば出題の対象となります。これらに加えて，本書では接続詞（接続副詞も含みます）が選択肢に並ぶタイプの問題も一緒に扱います。代名詞の問題，接続詞（接続副詞）の問題は，①②よりもさらに正確な文脈の把握力が問われます。空所のある文だけではなく，前後の文脈もきちんと把握することを念頭に置いて取り組んでいく必要があります。

## ④文挿入問題

文挿入問題は，空所の前後の文にある話題に沿うものを選んで解答します。文脈から「正解かもしれない」という選択肢を絞り，前後の文との「リンク」となる副詞，接続詞，代名詞，指示語，言い換えなどの「正解の決め手」となるものを確認し，正解を選ぶようにしてください。

なお，Part 6には「品詞問題」「前置詞vs接続詞vs副詞問題」のような，Part 5で学習した設問タイプも出題されますが，こういった問題は1つの文を読めば解けるので，Part 6の設問タイプ別攻略法としては取り上げません。ただし，Practiceの中では出題していますので，こういった問題がうまく解けないと思った場合は，Part 5に戻って学習してください。

## ■ Delayed Clue問題の解き方

**Delayed Clue（遅れて登場する手がかり）**問題は，空所のある文，もしくはその前までにある文の中に「正解の根拠」となるものが登場しないタイプの問題のことです。Part 6は空所の前後の文脈を読むことで正解を導く問題が多いですが，特にDelayed Clue問題は，空所の先まで文を読み進めないと正解の根拠が出て来ないので，苦手とする人が多いです。ここで，その例を見ておきましょう。なお，Part 6は本来1セットにつき4問ですが，例題では1問または2問にします。

**Questions 1–2** refer to the following newsletter article.

The Association for Audio Technicians has selected a ------- for the next
                                                        **1.**
AAT Convention. Petra Linwood, the convention's chief organizer,

announced that the annual event ------- at the Areva Center in Pensacola,
                                    **2.**
Florida, next year. The Areva Center's proximity to large hotels and easy

access to the airport made it the preferred choice to host the convention.

**1.**
(A) date
(B) theme
(C) speaker
(D) venue

**2.**
(A) was held
(B) held
(C) holds
(D) will be held

選択肢にはさまざまな名詞が並んでいます。空所を含む文はThe Association for Audio Technicians has selected a ------- for the next AAT Convention.「音声技術者協会は，次回のATTコンベンションの〜の選考を行いました」となっています。この文まで読み終えた時点では，(A)〜(D)のいずれも正解になり得ます。この場合，**「何を選んだのか」が分かるまで問題文を読み進めていき，それが分かった時点で正解を選ぶ**ようにしなくてはなりません。

次の文はPetra Linwood, the convention's chief organizer, announced that the annual event ------- at the Areva Center in Pensacola, Florida, next year.「本コンベンションの組織委員長のペトラ・リンウッドは，この年次イベントは来年，フロリダのペンサコーラにあるアレバ・センターで開催されると発表しました」となっています。

これは2つ目の空所が含まれる文なので，**1.の問題に解答する前に，可能であるならば2.の問題に解答できるかを考える**ようにします。選択肢には動詞hold「（イベントなど）を開催する」のさまざまな形が並んでいます。空所の主語はthe annual event「年次イベント」なので，空所は〈be動詞＋held〉「開催される」（＝take place）の形が入ります。このイベントは最初の文にあるようにnext AAT Conventionのことであり，同じ節にnext year「来年」という表現も含まれていることから，正解は未来を表す表現を使っている(D) will be held「開催される」になります。また，この文にはat the Areva Center in Pensacola, Florida「フロリダのペンサコーラにあるアレバ・センターで」という，次回の「開催地」が述べられて

いるため，1.の正解は「開催地」を表す(D) venueとなります。

---

**正解と訳**

設問1-2は次のニュースレターの記事に関するものです。

音声技術者協会は，次回のATTコンベンションの開催地の選考を行いました。本コンベンションの組織委員長のペトラ・リンウッドは，この年次イベントは来年，フロリダのペンサコーラにあるアレバ・センターで開催されると発表しました。アレバ・センターは大型のホテルの近くにあり，空港まで簡単に行けることから，コンベンションを開催するのに最も好ましい候補地となりました。

**1.**
(A) 日付
(B) テーマ
(C) 講演者
(D) 開催地

**2.**
(A) 開催された
(B) ～を開催した
(C) ～を開催する（三人称単数現在形）
(D) 開催される

正解 **1.** (D) **2.** (D)

---

**語句** □ convention コンベンション，会議 □ organizer 組織委員
□ announce ～を発表する □ annual 年次の □ proximity to ～に近いこと
□ preferred 好ましい □ host ～を開催する

# 1 動詞問題

Part 6の動詞問題の中で最も注意が必要なのは時制に関連する問題です。ヒントとなる過去や未来を表す表現が空所を含む文以外に登場する場合が多く、文脈から判断して解答しなければならない難問もしばしば出題されます。

**POINT** 時制に関連する問題だと分かったら、空所を含む文以外に正解のヒントがある可能性を頭に入れて解答する

Part 5でも動詞問題を解説しましたが、Part 6では、特に重要な時制について解説します。動詞問題は、前後の文脈から適切な時制を選ぶ必要があります。その点に注意して、まずは、例題を見てみましょう。

---

**例題**　🎵 198

**Question 1** refers to the following e-mail.

From: Maxwell Tung
To: Karen Mandible
Date: June 3
Subject: Re: Expense report
Attachment: ExpenseReport.doc

Hi Karen,

My apologies for this late reply. I spent the day at our new Sandusky

branch, which ------- on Tuesday. The timeline is tight, but it appears that it
　　　　　　　　**1.**

will be ready to begin operations on the scheduled date. Anyway, please let

me know if you have any questions about the attached report.

Max

**1.**
(A) would have opened
(B) opening
(C) opens
(D) opened

選択肢には open「～を開設する」のさまざまな形が並んでいます。空所を含む文は

---

I spent the day at our new Sandusky branch, which ------- on Tuesday.となっており，which以降の節には述語動詞がありませんので，(B)は不正解と判断できます。(A) (C) (D)は全て述語動詞になり得るので，時制がポイントになると推測し，この文の時に関する表現を確認します。この文にある動詞spent「〜を過ごした」は過去形です。ここで過去形である(D)のopened「〜を開設した」を選んでしまうと，次に続くThe timeline is tight, but it appears that it will be ready to begin operations on the scheduled date.「予定に余裕がないのですが，予定日に営業を開始する準備は整いそうです」との話のつながりにおいて，時間的な流れが矛盾してしまいます。Sandusky branch「サンダスキーの新支店」は，まだ営業を開始していないことが分かるため，正解は(C)のopens「〜を開設する」となります。**現在形は「確定している未来の予定」を表す**ことができます。

(A) would have openedは「（もし〜なら）〜を開設していただろう」という意味で，実際にはそうでなかったことを示唆します。まだ営業を開始していないという意味では合いますが，「もし〜なら」に当たる内容がないので不正解です。

この例題のように，**空所を含む文だけで正解を判断してしまうと，その前後の文とつじつまが合わなくなる場合があります。前後の文とのつながりを必ず確認**するようにしましょう。

---

**正解と訳**

設問1は次のeメールに関するものです。

送信者：マクスウェル・タン
宛先：カレン・マンディブル
日付：6月3日
件名：Re：出費報告
添付ファイル：ExpenseReport.doc

こんにちは，カレン

返信がこのように遅くなり，申し訳ありません。サンダスキーの新支店に1日いました。火曜日に開設する支店です。予定に余裕がないのですが，予定日に営業を開始する準備は整いそうです。いずれにしろ，添付したレポートについて質問があればお知らせください。

マックス

**1.**
(A) 〜を開設していただろう
(B) 開設すること
(C) 〜を開設する（三人称単数現在形）
(D) 〜を開設した

正解 **1.** (C)

| 語句 | ☐ subject 件名　☐ expense 費用　☐ apology 謝罪　☐ reply 返信 |
| --- | --- |
| | ☐ branch 支店　☐ timeline 予定　☐ tight 余裕がない　☐ appear 〜のようだ |
| | ☐ *be* ready to *do* 〜する準備ができている　☐ operation 営業 |
| | ☐ anyway いずれにしろ　☐ attach 〜を添付する |

もちろん，前後のつながりを意識せずに解ける動詞問題が出題されることもありますが，時制問題だと分かったら，念のために前後の文とのつながりを確認しましょう。なお，1文で解けるタイプの動詞問題が苦手な場合は，Part 5の設問タイプ別攻略法を確認してください。

**攻略法まとめ** 動詞問題

- 時制に関連する問題だと分かったら，空所を含む文以外に正解のヒントがある可能性を頭に入れて解答する

## Practice

空所に入る最も適切なものを(A)(B)(C)(D)の中から1つ選びなさい。

**Questions 1–4** refer to the following e-mail.

From: Amelie Reeves, CEO
To: Sales staff
Date: 12 June
Subject: National Exhibition Centre sales incentive

To all sales staff:

Thank you as always for your efforts to bring convention organisers and special

events to the National Exhibition Centre. Next month ------- the 10th
**1.**
anniversary of NEsee's cooperative partnership with the Centre. In recognition

of the driving force of NEsee's success, we ------- 10 days' salary to each
**2.**
member of the highest grossing sales team during the third financial quarter.

------- the winning team, figures will be drawn from the number of leads
**3.**
generated and the number of sales closed from 1 July to 30 September. The

winning team will be announced on 12 October. -------.
**4.**
Sincerely,

Amelie Reeves, CEO
NEsee Promotions, Inc.

**1.**
(A) deserves
(B) informs
(C) recalls
(D) marks

**2.**
(A) would be awarded
(B) awarding
(C) will be awarding
(D) had awarded

**3.**
(A) Had selected
(B) To select
(C) Selecting
(D) Selected

**4.**
(A) I look forward to serving you in the future.
(B) Please ask for an invitation to the event.
(C) Don't forget to return all materials before then.
(D) I wish you all a successful quarter.

**Questions 5–8** refer to the following notice.

Northumberton University announces a major renovation of Its Virden Research Library. The work ------- nearly twice as much storage space for the library's
**5.**
continually growing collections. ------- of the design goals of the renovation is
**6.**
to create a greater variety of study spaces. These will include ------- rooms of
**7.**
various sizes for both individual study and group work. The renovation is

scheduled to be complete next February 1.

Part of the library is to remain open throughout the project. -------. Researchers
**8.**
are advised to refer to our Web site (www.northumberton.vrl.edu/news) for a list

of these books before visiting the library.

**5.**
(A) will add
(B) was added
(C) had been added
(D) has added

**6.**
(A) Those
(B) Every
(C) Other
(D) One

**7.**
(A) enclosed
(B) enclose
(C) enclosing
(D) encloses

**8.**
(A) Therefore, no library staff will be present.
(B) Only groups larger than ten are eligible.
(C) However, some materials may be unavailable.
(D) The first-floor café's operating hours are unchanged.

**Questions 9–12** refer to the following advertisement.

---

Shaun Moreno's Business Planning Seminars

Starting a business is tough, but growing a business is even tougher. Shaun

Moreno can show you how to develop and implement strategies that help

organizations ------- their potential.
　　　　　　　**9.**

Mr. Moreno ------- as the director of Kerrigan Consultants for eight years. Since
　　　　　　　**10.**

retiring, he has shared the insights he gained in informative seminars on

branding and business development. -------. As a result, participants get an
　　　　　　　　　　　　　　　**11.**

in-depth understanding of real-life situations.

Please note that Mr. Moreno's seminar scheduled for February 12 has already

filled up. However, seats are still open for ------- the February 19 and 26
　　　　　　　　　　　　　　**12.**

sessions. See www.shaunmorenoseminars.com for registration and scheduling.

---

**9.**
(A) issue
(B) realize
(C) cause
(D) induce

**10.**
(A) serves
(B) served
(C) will have served
(D) has been serving

**11.**
(A) Additionally, it will help you
　　remember their main
　　achievements.
(B) At that time he will also be taking
　　questions from the audience.
(C) Mr. Moreno requests that all
　　seminar participants arrive at
　　least ten minutes early.
(D) These include case studies
　　showing how companies have
　　faced actual situations.

**12.**
(A) both
(B) whether
(C) also
(D) each

**Questions 13–16** refer to the following advertisement.

---

DELUCA'S
10 Jamestown Road, Camden Town, London
www.nyslicelondon.co.uk


Real New York pizza has come to London! At Deluca's, we ------- authentic
**13.**
New York-style pizza: big slices with a thin, crispy crust. -------. Hailing from
**14.**
Brooklyn, New York, he ran his family's pizza restaurant in Manhattan's Times

Square for years ------- bringing Deluca's to London last year.
**15.**

Deluca's also offers -------. If you are at any address in Camden Town or
**16.**
Kentish Town, telephone us on 020 7723 0833 and have a hot, tasty pizza

brought right to your door.

---

**13.**
(A) serve
(B) serving
(C) are served
(D) have served

**14.**
(A) Visit the Web site to download
    valuable coupons.
(B) Deluca's has been voted
    London's best pizza for ten years
    running.
(C) And like a real New York pizzeria,
    we also sell pizza by the slice.
(D) Chef and owner Tony Deluca
    knows pizza well.

**15.**
(A) even
(B) to
(C) by
(D) before

**16.**
(A) catering
(B) delivery
(C) appetizers
(D) soft drinks

## Practice 解答・解説

**Questions 1–4** refer to the following e-mail.

From: Amelie Reeves, CEO
To: Sales staff
Date: 12 June
Subject: National Exhibition Centre sales incentive

To all sales staff:

Thank you as always for your efforts to bring convention organisers and special

events to the National Exhibition Centre. Next month ------- the 10th anniversary
**1.**

of NEsee's cooperative partnership with the Centre. In recognition of the driving

force of NEsee's success, we ------- 10 days' salary to each member of the
**2.**

highest grossing sales team during the third financial quarter.

------- the winning team, figures will be drawn from the number of leads
**3.**

generated and the number of sales closed from 1 July to 30 September. The

winning team will be announced on 12 October. -------.
**4.**

Sincerely,

Amelie Reeves, CEO
NEsee Promotions, Inc.

---

**訳** 設問1-4は次のeメールに関するものです。
送信者：アメリー・リーブス，CEO
宛先：販売スタッフ
日付：6月12日
件名：ナショナル・エキシビション・センターの販売奨励金

全ての販売スタッフへ

大会の主催者や特別イベントをナショナル・エキシビション・センターに持って来ていただくために，努力をしていただき，いつも感謝しています。来月，NEseeは同センターとの協力パートナーシップ10周年記念を迎えます。NEseeの成功の原動力の見返りとして，第3四半期中に収益が最も高かった販売チームの各メンバーに，10日分の給料を与えます。

優勝チームを選ぶために，7月1日から9月30日までに開拓した見込み客の数と取引が成立した販売数から数字を出します。優勝チームは10月12日に発表します。皆さんがうまくいった四半期を迎えられるように願っています。

敬具

アメリー・リーブス，CEO
NEsee プロモーション株式会社

## 1.　　　　　　　　　　　　　　　　　　　　　　　　　　　　　　　語彙問題

| | |
|---|---|
| (A) deserves | (A) 〜に値する |
| (B) informs | (B) 〜に知らせる |
| (C) recalls | (C) 〜を思い出す |
| (D) marks | (D) 〜を記念する |

**正解** (D)

**解説** 選択肢には動詞（三人称単数現在形）が並んでいます。空所のある文は Next month -------
the 10th anniversary of NEsee's cooperative partnership with the Centre.「来 月，
NEseeは同センターとの協力パートナーシップ10周年記念を〜」となっています。空所の後
ろにある the 10th anniversary を目的語にとって文意を成すのは，(D)のmarks「〜を記念す
る」です。

**PiCK UP** 動詞のmarkは「〜を記念する」以外にも，mark the calendar「カレンダ
ーに印を付ける」のように，「〜に印を付ける」という意味でよく使われます。

## 2.　　　　　　　　　　　　　　　　　　　　　　　　　　　　　　　動詞問題

| | |
|---|---|
| (A) would be awarded | (A) 与えられるだろう |
| (B) awarding | (B) 〜を与えること |
| (C) will be awarding | (C) 〜を与える |
| (D) had awarded | (D) 〜を与えた |

**正解** (C)

**解説** 選択肢には動詞award「〜を与える」のさまざまな形が並んでいます。空所のある文はwe
------- 10 days' salary to each member of the highest grossing sales team during
the third financial quarter「第3四半期中に収益が最も高かった販売チームの各メンバーに，
10日分の給料を〜」となっています。1つ前の文にNext month「来月」とあることから，優
秀な販売チームに10日分の給料を与えるのは未来のことであると分かります。よって，正解
は(C)のwill be awarding「〜を与える」です。(A)は受動態なので合いません。(B)は動名詞
もしくは現在分詞なので，述語動詞が必要なためここでは不適切です。(D)は過去完了形なの
で，すでに10日分の給料を販売チームに与えている状況でなくてはいけません。

**3.**

1
動詞問題

(A) Had selected
(B) To select
(C) Selecting
(D) Selected

(A) 〜を選んだ
(B) 〜を選ぶために
(C) 〜を選ぶこと
(D) 〜を選んだ，選ばれた

**正解** (B)

**解説** 選択肢には動詞select「〜を選ぶ」のさまざまな形が並んでいます。空所を含む文は ------- the winning team, figures will be drawn from the number of leads generated and the number of sales closed from 1 July to 30 September.「優勝チームを〜，7月1日から9月30日までに開拓した見込み客の数と取引が成立した販売数から数字を出します」となっています。「優勝チームを選ぶために」とすれば文意が通るため，正解は不定詞の(B)になります。

**PiCK UP** selectは「〜を選ぶ」という他動詞として使われることが多いですが，形容詞「厳選した」としてもしばしば使われます。

**4.**

(A) I look forward to serving you in the future.
(B) Please ask for an invitation to the event.
(C) Don't forget to return all materials before then.
(D) I wish you all a successful quarter.

(A) 将来お役に立てることを楽しみにしています。
(B) イベントへの招待をお申し込みください。
(C) 全ての素材をそれまでに忘れずに返却してください。
(D) 皆さんが成功した四半期を迎えられるように願っています。

**正解** (D)

**解説** 文挿入問題です。空所の前までの内容は，3.の空所が含まれる文（優勝チームの選び方）に続いて The winning team will be announced on 12 October.「優勝チームは10月12日に発表します」という流れになっています。「優勝チームの選び方」，「優勝チームの発表予定日」という話題に文脈的に続くのは(D)です。(A)は serving「〜の役に立つ」の部分が，(B)は ask for an invitation to the event「イベントへの招待を申し込む」の部分がここまでの話の流れとは関連性がなく，不適切です。(C)は all materials「全ての素材」が何のことを指すのか分からず，話の内容もここまでのものとはかみ合いません。

**PiCK UP** look forward to *doing*は「〜することを楽しみに待つ」という意味です。to の後ろには動名詞や名詞が続くことを押さえておいてください。be committed to *doing*「〜することに専念する」と，これとほぼ同じ意味を表す be dedicated to *doing*, be devoted to *doing*の4つを「toの後ろに*doing*や名詞が続く表現」として，まとめて覚えておくとよいでしょう。

**語句** □ look forward to *doing* 〜することを楽しみに待つ　□ serve 〜の役に立つ　□ ask for 〜を求める　□ forget to *do* 〜することを忘れる　□ return 〜を返却する　□ material 素材　□ successful 成功した　□ quarter 四半期

**Questions 5-8** refer to the following notice.

Northumberton University announces a major renovation of its Virden Research Library. The work ------- nearly twice as much storage space for the library's
**5.**
continually growing collections. ------- of the design goals of the renovation is to
**6.**
create a greater variety of study spaces. These will include ------- rooms of
**7.**
various sizes for both individual study and group work. The renovation is

scheduled to be complete next February 1.

Part of the library is to remain open throughout the project. -------. Researchers
**8.**
are advised to refer to our Web site (www.northumberton.vrl.edu/news) for a list

of these books before visiting the library.

---

**訳** 設問5-8は次のお知らせに関するものです。

ノーサンバートン大学から，バーデン・リサーチ図書館の大規模改修工事をお知らせします。増え続ける図書館の蔵書に対応するため，工事は約2倍の蔵書スペースを加えます。改修における設計上の目的の1つは，より多くの種類の学習スペースを作り出すことです。これには，個人学習とグループ作業両方の用途のためのさまざまなサイズの区切られた部屋が含まれます。改修は今度の2月1日に終わる予定です。

工事期間中も図書館の一部は開いています。しかしながら，一部の資料は利用できなくなるかもしれません。研究者の皆さんは，当図書館を訪れる前にウェブサイト（www.northumberton.vrl.edu/news）を参照し，こうした本の一覧を確認してください。

---

**語句** □ major 大規模な　□ renovation 改修工事　□ nearly 約
□ twice as much 2倍の大きさの〜　□ storage space 蔵書スペース
□ continually 絶えず　□ a greater variety of より多くの種類の〜
□ include 〜を含む　□ individual 個人の
□ be scheduled to do 〜する予定になっている　□ complete 完成した
□ be to do 〜することになっている　□ remain 〜のままだ
□ throughout 〜の間中　□ researcher 研究者，調査員
□ be advised to do 〜するように助言される　□ refer to 〜を参照する

## 5.

| | |
|---|---|
| (A) will add | (A) 〜を加える |
| (B) was added | (B) 加えられた |
| (C) had been added | (C) 加えられていた |
| (D) has added | (D) 〜を加えた |

**正解** (A)

**解説** 選択肢には動詞add「〜を加える」のさまざまな形が並んでいます。空所を含む文はThe work ------- nearly twice as much storage space for the library's continually growing collections.「増え続ける図書館の蔵書に対応するため，工事は約2倍の蔵書スペース〜」となっています。改修工事はこれから行うことなので，未来を表す表現である(A)のwill add「〜を加える」が正解です。addは受動態で用いる場合，後ろに目的語が続くことはありません。

**PiCK UP** addはadd *A* to *B*で「AをBに加える」の形でしばしば使われます。toは「方向，到達」を表すイメージの前置詞なので，*A*が*B*の方向に向かい到達するのです。

## 6.

| | |
|---|---|
| (A) Those | (A) あれら |
| (B) Every | (B) 全ての |
| (C) Other | (C) ほかの |
| (D) One | (D) 1つ |

**正解** (D)

**解説** 選択肢には形容詞や代名詞などが並んでいます。空所を含む文は ------- of the design goals of the renovation is to create a greater variety of study spaces.「今回の改修における設計上の目的の〜は，より多くの種類の学習スペースを作り出すことです」となっています。空所の後ろには〈of＋定冠詞のついた複数名詞〉があり，述語動詞がisなので，空所に(D)のOneを入れるとOne of the design goals「設計上の目的の1つ」となり文意が通ります。

**PiCK UP** (A)のThoseは単独で「人々」という意味でよく使われます。(B)のEvery「全ての」は，each「それぞれの」やanother「もう1つの」と同じく，後ろには単数名詞が続きます。(C)のOther「ほかの」は，後ろに複数名詞が続きます。

## 7.

| | |
|---|---|
| (A) enclosed | (A) 取り囲まれた，区切られた |
| (B) enclose | (B) ～を取り囲む，区切る |
| (C) enclosing | (C) ～を取り囲むこと，区切ること |
| (D) encloses | (D) ～を取り囲む（三人称単数現在形），区切る |

**正解** (A)

**解説** 選択肢には動詞enclose「～を取り囲む」のさまざまな形が並んでいます。空所を含む文は These will include ------- rooms of various sizes for both individual study and group work.「これには，個人学習とグループ作業両方の用途のためのさまざまなサイズの～部屋が含まれます」となっています。空所の後ろにはrooms of various sizesという名詞句が続いています。それを前から修飾する形容詞的に使える過去分詞である(A)のenclosed「取り囲まれた，区切られた」を空所に入れると文意が通ります。

**PiCK UP** 現在分詞も過去分詞も名詞を修飾することができますが，どちらを使うかは「名詞の立場になって」考えます。名詞が「～する」立場であれば現在分詞を，名詞が「～される」立場であれば過去分詞を使います。

## 8.

| | |
|---|---|
| (A) Therefore, no library staff will be present. | (A) したがって，図書館のスタッフはいません。 |
| (B) Only groups larger than ten are eligible. | (B) 10人を上回るグループだけに資格が与えられます。 |
| (C) However, some materials may be unavailable. | (C) しかしながら，一部の資料は利用できなくなるかもしれません。 |
| (D) The first-floor café's operating hours are unchanged. | (D) 1階のカフェの営業時間は変わりません。 |

**正解** (C)

**解説** 文挿入問題です。空所の前にはPart of the library is to remain open throughout the project.「工事期間中も図書館の一部は開いています」とあり，空所の後ろにはResearchers are advised to refer to our Web site (www.northumberton.vrl.edu/news) for a list of these books before visiting the library.「研究者の皆さんは，当図書館を訪れる前にウェブサイト（www.northumberton.vrl.edu/news）を参照し，こうした本の一覧を確認してください」とあります。空所の後ろの文にあるthese booksを表すものを含み，なおかつ文脈が自然に前後の文とつながるのは，(C)のHowever, some materials may be unavailable.「しかしながら，一部の資料は利用できなくなるかもしれません」です。(C)の文を挿入することにより，「図書館の一部は工事期間中も開いている」→「でも一部の資料は利用できないかもしれない」→「利用できない本の一覧をウェブサイトで確認してほしい」という自然な話の流れを作ることができます。these booksの正体はsome materialsです。

**語句** □ therefore したがって　□ present（そこに）いる　□ eligible 資格がある
□ however しかしながら　□ material 資料　□ unavailable 利用できない
□ operating hours 営業時間　□ unchanged 変わりがない

**Questions 9–12** refer to the following advertisement.

Shaun Moreno's Business Planning Seminars

Starting a business is tough, but growing a business is even tougher. Shaun Moreno can show you how to develop and implement strategies that help organizations ------- their potential.
**9.**

Mr. Moreno ------- as the director of Kerrigan Consultants for eight years. Since
**10.**
retiring, he has shared the insights he gained in informative seminars on branding and business development. -------. As a result, participants get an
**11.**
in-depth understanding of real-life situations.

Please note that Mr. Moreno's seminar scheduled for February 12 has already filled up. However, seats are still open for ------- the February 19 and 26
**12.**
sessions. See www.shaunmorenoseminars.com for registration and scheduling.

---

**訳** 設問9-12は次の広告に関するものです。
ショーン・モレノによるビジネス・プランニング・セミナー

事業を始めることは大変ですが，事業を成長させることはもっと大変です。ショーン・モレノは，組織の潜在能力を現実のものとするのに役立つ戦略を開発・実施する方法を，あなたにお示しすることができます。

モレノ氏は8年間，ケリガン・コンサルタントのディレクターとして勤務しました。退職してからは，自分が得た知見を，ブランディングやビジネス開発に関する有益なセミナーでお伝えしています。それには，企業が実際の状況にどのように立ち向かったかを示すケーススタディが含まれています。その結果，参加者は実際の状況について徹底的な理解を得ます。

2月12日に予定されているモレノ氏のセミナーはすでに定員に達しているのでご注意ください。ですが，2月19日と26日の会にはまだ空席があります。登録とスケジュールについては www. shaunmorenoseminars.com をご覧ください。

---

**語句** □ tough 大変な □ even さらに □ develop ～を開発する
□ implement ～を実施する □ strategy 戦略 □ organization 組織
□ potential 潜在能力 □ since *doing* ～して以来 □ retire 退職する
□ share ～を共有する □ insight 洞察 □ gain ～を得る
□ informative 役に立つ □ branding ブランディング（経営・販売上の戦略として，ほ

## 9.　　　　　　　　　　　　　　　　　　　　　　　　　　語彙問題

| | |
|---|---|
| (A) issue | (A) ～を発行する |
| (B) realize | (B) ～を現実にする |
| (C) cause | (C) ～を引き起こす |
| (D) induce | (D) ～を説得する |

**正解**　(B)

**解説**　選択肢には動詞の原形が並んでいます。空所を含む文はShaun Moreno can show you how to develop and implement strategies that help organizations ------- their potential. 「ショーン・モレノは，組織が秘めている可能性を～するのに役立つ戦略を開発・実施する方法を，あなたにお示しすることができます」となっています。realize one's potentialで「～の潜在能力を発揮させる」という意味になり文意も通るため，正解は(B)です。

　　**PiCK UP**　(A)のissueは「～を発行する」という意味の動詞や，「問題」，「(定期刊行物の)号」という意味の名詞としてよく使われます。(C)のcauseは「～を引き起こす」という意味の動詞や「原因，理由」という意味の名詞として頻出です。cause（人）to doで「人に～させる」という意味になります。(D)のinduceはinduce（人）to doで「人を～するように説得する」という使い方をすることを押さえておいてください。

## 10.　　　　　　　　　　　　　　　　　　　　　　　　　　動詞問題

| | |
|---|---|
| (A) serves | (A) 務める（三人称単数現在形） |
| (B) served | (B) 務めた |
| (C) will have served | (C) 務めるだろう |
| (D) has been serving | (D) 務めている |

**正解**　(B)

**解説**　選択肢には動詞serve「務める」のさまざまな形が並んでいます。空所を含む文はMr. Moreno ------- as the director of Kerrigan Consultants for eight years.「モレノ氏は8年間，ケリガン・コンサルタントのディレクターとして～」となっています。空所のある文の次の文の最初にSince retiring「退職して以来」とあり，モレノ氏はケリガン・コンサルタントをすでに辞めていることが文脈からうかがえます。よって，正解は過去形の(B) served「務めた」です。

　　**PiCK UP**　serveは「（食べ物や飲み物）を出す」という意味でも頻出です。

## 11.

文挿入問題

(A) Additionally, it will help you remember their main achievements.

(B) At that time he will also be taking questions from the audience.

(C) Mr. Moreno requests that all seminar participants arrive at least ten minutes early.

(D) These include case studies showing how companies have faced actual situations.

(A) さらに，それは彼らの重要な偉業を覚えるのに役立つでしょう。

(B) そのとき，彼は聴衆からの質問も受け付けます。

(C) モレノ氏は，全てのセミナー参加者が少なくとも10分早く到着するよう要望しています。

(D) それには，企業が実際の状況にどのように立ち向かったかを示すケーススタディが含まれています。

**正解** (D)

**解説** 文挿入問題です。空所の前にはSince retiring, he has shared the insights he gained in informative seminars on branding and business development.「退職してからは，自分が得た知見を，ブランディングやビジネス開発に関する有益なセミナーでお伝えしています」とあり，空所の後ろにはAs a result, participants get an in-depth understanding of real-life situations.「その結果，参加者は実際の状況について徹底的な理解を得ます」とあります。空所の後ろにあるAs a resultがヒントとなって，空所には「参加者が実際の状況について徹底的な理解を得る」ことができる原因となる何かが入ると分かります。文脈から正解は(D)のThese include case studies showing how companies have faced actual situations.「それには，企業が実際の状況にどのように立ち向かったかを示すケーススタディが含まれています」です。「ケーススタディによって参加者は実際の状況について理解を得ることができる」のだと考えてください。また，正解の文にあるThese「これら」の正体は，空所の直前の文にあるinformative seminars「有益なセミナー」です。

**PiCK UP** (A)にあるAdditionally「さらに」や，(B)にあるAt that time「そのとき」は，前にある内容との「リンク」を示唆する表現です。Additionallyの前に何かがあり，その後でそれと同質のものが加わっている話の流れであればこれが正解になります。At that timeから始まる文が正解となる場合には，当然のことながら空所の前に「時を表す表現」がなくてはなりません。

**語句** □ additionally さらに　□ achievement 偉業　□ at that time そのとき
□ audience 聴衆　□ request ～を要望する　□ participant 参加者
□ arrive 到着する　□ at least 少なくとも　□ include ～を含む
□ face ～に立ち向かう　□ actual 実際の

## 12.

| | |
|---|---|
| (A) both | (A) 両方とも |
| (B) whether | (B) 〜かどうか |
| (C) also | (C) また |
| (D) each | (D) おのおの |

**正解** (A)

**解説** 選択肢には副詞や接続詞が並んでいます。空所を含む文はHowever, seats are still open for ------- the February 19 and 26 sessions.「ですが、2月19日と26日の会の〜にはまだ空席があります」となっています。空所の後ろにあるandとペアとなって文意を成すのは(A)のboth「両方とも」です。both A and B「AとBの両方」は頻出表現です。

**PiCK UP** both A and B以外にも、A and B as well「AとBの両方」、either A or B「AかBのどちらか」、neither A nor B「AでもBでもない」、not only A but also B「AだけでなくBも」、そしてnot only A but B as well「AだけでなくBも」などは、全て重要な表現なのでまとめて覚えておいてください。

**Questions 13–16** refer to the following advertisement.

DELUCA'S
10 Jamestown Road, Camden Town, London
www.nyslicelondon.co.uk

Real New York pizza has come to London! At Deluca's, we ------- authentic New
**13.**
York-style pizza: big slices with a thin, crispy crust. -------. Hailing from Brooklyn,
**14.**
New York, he ran his family's pizza restaurant in Manhattan's Times Square for

years ------- bringing Deluca's to London last year.
**15.**

Deluca's also offers -------. If you are at any address in Camden Town or Kentish
**16.**
Town, telephone us on 020 7723 0833 and have a hot, tasty pizza brought right

to your door.

---

**訳** 設問13-16は次の広告に関するものです。

デルーカズ
ジェームズタウン・ロード10番, カムデン・タウン, ロンドン
www.nyslicelondon.co.uk

本物のニューヨークのピザがロンドンにやって来ました！　デルーカズでは, 本物のニューヨーク・スタイルのピザを提供します。大きくスライスされ, 生地は薄くてパリッとしています。オーナーシェフのトニー・デルーカはピザをよく知っています。ニューヨークのブルックリン出身で, 昨年ロンドンにデルーカズを上陸させる前には, 何年もマンハッタンのタイムズ・スクエアで家族がやっていたピザレストランを経営しました。

デルーカズでは配達も行っています。カムデン・タウンまたはケンティッシュ・タウンにお住まいでしたら, 020 7723 0833 にお電話ください。玄関までお届けする熱々でおいしいピザをお受け取りください。

---

**語句** □ authentic 本物の　□ thin 薄い　□ crispy パリッとした
□ crust（ピザの）生地, クラスト　□ hail from ～の出身だ　□ run ～を経営する
□ tasty おいしい　□ right to your door お宅の玄関まで

## 13.

| | |
|---|---|
| (A) serve | (A) 〜を提供する |
| (B) serving | (B) 〜を提供している |
| (C) are served | (C) 提供される |
| (D) have served | (D) 〜を提供した |

**正解** (A)

**解説** 選択肢には動詞serve「〜を提供する」のさまざまな形が並んでいます。空所を含む文はAt Deluca's, we ------- authentic New York-style pizza: 「デルーカズでは，本物のニューヨーク・スタイルのピザを〜」となっています。空所には述語動詞が入ることが分かりますが，後ろにはauthentic New York-style pizza「本物のニューヨーク・スタイルのピザ」という目的語があるため，正解は能動態の(A)か(D)のいずれかです。このピザ屋は最近ロンドンに出店したということが問題文の最初の文から分かるため，正解は現在形の(A) serve「〜を提供する」です。(D)の現在完了形は「過去〜現在」までのことを表すため，ここでは正解にはなり得ません。

## 14.

| | |
|---|---|
| (A) Visit the Web site to download valuable coupons. | (A) ウェブサイトをご覧いただき，価値あるクーポンをダウンロードしてください。 |
| (B) Deluca's has been voted London's best pizza for ten years running. | (B) デルーカズは10年連続でロンドンのベストピザに選出されました。 |
| (C) And like a real New York pizzeria, we also sell pizza by the slice. | (C) そして本当のニューヨークのピザ店のように，1切れ単位でもピザを販売しています。 |
| (D) Chef and owner Tony Deluca knows pizza well. | (D) オーナーシェフのトニー・デルーカはピザをよく知っています。 |

**正解** (D)

**解説** 文挿入問題です。空所の後ろの文はHailing from Brooklyn, New York, he ran his family's pizza restaurant in Manhattan's Times Square for years ------- bringing Deluca's to London last year. 「ニューヨークのブルックリン出身で，昨年ロンドンにデルーカズを上陸させる〜，何年もマンハッタンのタイムズ・スクエアで家族がやっていたピザレストランを経営しました」となっています。空所の後ろの内容は，このピザレストランの経営者に関することが述べられているため，正解は(D)のChef and owner Tony Deluca knows pizza well.「オーナーシェフのトニー・デルーカはピザをよく知っています」です。(A)〜(C)はいずれも内容のつながりがないだけでなく次の文に登場するheを表すものを含んでいないため，正解にはなり得ません。

**語句** □ download 〜をダウンロードする　□ valuable 貴重な　□ vote 〜に投票する　□ for ten years running 10年連続で　□ by the slice 1切れ単位で

## 15.

| | |
|---|---|
| (A) even | (A) 〜でさえ |
| (B) to | (B) 〜まで |
| (C) by | (C) 〜までに |
| (D) before | (D) 〜の前に |

**正解** (D)

**解説** 選択肢には副詞や前置詞が並んでいます。空所を含む文はHailing from Brooklyn, New York, he ran his family's pizza restaurant in Manhattan's Times Square for years ------- bringing Deluca's to London last year.「ニューヨークのブルックリン出身で，昨年ロンドンにデルーカズを上陸させる〜，何年もマンハッタンのタイムズ・スクエアで家族がやっていたピザレストランを経営しました」となっています。空所の後ろにはbringing「〜を連れてくる」がありますが，doing形の前に置いて文意を成立させるのは，(D)のbefore「〜の前に」です。直訳すると「デルーカズをロンドンに上陸させる前にニューヨークでピザレストランを経営した」ですが，「ニューヨークでピザレストランを経営した後にデルーカズをロンドンに上陸させた」と考えると分かりやすくなります。

## 16.

| | |
|---|---|
| (A) catering | (A) 仕出し |
| (B) delivery | (B) 配達 |
| (C) appetizers | (C) 前菜 |
| (D) soft drinks | (D) ソフトドリンク |

**正解** (B)

**解説** 選択肢には名詞（句）が並んでいます。空所を含む文はDeluca's also offers -------.「デルーカズでは〜も行っています」となっています。空所のある文の後ろではIf you are at any address in Camden Town or Kentish Town, telephone us on 020 7723 0833 and have a hot, tasty pizza brought right to your door.「カムデン・タウンまたはケンティッシュ・タウンにお住まいでしたら，020 7723 0833 にお電話ください。玄関までお届けする熱々でおいしいピザをお受け取りください」と述べられています。このことからデルーカズが行っているのは「配達」であることが分かるため，正解は(B)のdeliveryです。(A)のcatering「仕出し」は，「食事を出前して給仕もするサービス」のことを表すため，ここでは正解にはなり得ません。

# 2 語彙問題

Part 6 に出題される語彙問題では，Part 5 のものと同様，選択肢に同じ品詞の単語が並びます。文意を理解することによって空所に最も適切な語を選ぶタイプの問題です。ただし，Part 5 と異なり，その文だけで解けない問題も出題されます。文頭からきちんと文章の内容を理解しつつ読み進める必要があります。

**POINT** 文法問題以上に文脈に依存する可能性が高い

---

**例題** 🎵 **203**

Question 1 refers to the following article.

---

**Metro Rail to Upgrade Briar Oak Station**

SANTA BRENDA (June 3) — Beginning next week, Metro Rail crews will be

installing new ------- at Briar Oak Station. The changes will make the station
**1.**

more convenient to use, especially for passengers who find climbing stairs

difficult. The work is expected to be completed by July 15.

---

**1.**
(A) gates
(B) cameras
(C) tracks
(D) elevators

---

選択肢には名詞の複数形が並んでいます。空所を含む文は Beginning next week, Metro Rail crews will be installing new ------- at Briar Oak Station.「メトロ・レイルの職員は来週からブライアー・オーク駅にて新しい〜の設置を進める」となっており，空所には「何か取り付けられるもの」が入ることになります。ところが，この文だけではどの選択肢の単語も空所に入る可能性があります。**正解を得るための手がかりを得るには，空所を含む文の前後の文脈を把握し解答する必要があります。**

そこで，次の文を見ると The changes will make the station more convenient to use, especially for passengers who find climbing stairs difficult.「この改修で駅

はさらに利便性が高まり，特に階段を上るのを困難に思っている乗客にとっては便利になる」とあります。「この改修」によって「特に階段を上るのを困難に思っている乗客にとっては便利になる」ということが分かるため，取り付けられるであろう物は (D) の elevators「エレベーター」だと判断できます。

---

**正解 と 訳**

設問1は次の記事に関するものです。

### メトロ・レイル，ブライアー・オーク駅を改修

サンタ・ブレンダ（6月3日）—メトロ・レイルの職員は来週からブライアー・オーク駅にて新しいエレベーターの設置を進める。この改修で駅はさらに利便性が高まり，特に階段を上るのを困難に思っている乗客にとっては便利になる。作業は7月15日までに終わる見込みだ。

**1.**
(A) 改札
(B) カメラ
(C) 軌道
(D) エレベーター

正解 1. (D)

**語句** □ crew 乗務員　□ install ～を設置する　□ convenient 便利な
□ especially 特に　□ climb ～を登る　□ *be* expected to *do* ～するはずである
□ complete ～を完成させる

---

動詞問題同様，前後のつながりを意識せずに解ける問題が出題されることもありますが，空所のある文を読んで「これが正解だ」と思っても，念のために前後の文とのつながりを確認しましょう。

---

**攻略法まとめ** 語彙問題

• 文法問題以上に文脈に依存する可能性が高い

**Questions 1–4** refer to the following notice.

---

Attention Residents:

The recent rainstorms have caused some damage to the building's roof. Please

be careful not to ------- the buckets placed in hallways and in the lobby to keep
         **1.**

rainwater off of the floors. These are temporary -------. Work to make
                                              **2.**

permanent repairs to the roof will begin next week.

Please contact the manager's office immediately if you discover any storm

damage in or ------- your apartment. In particular, let us know if you notice any
          **3.**

changes in the appearance of walls or ceilings. -------.
                                                **4.**

Thank you for your cooperation.

Jamelle Dickerson
Building Manager

---

**1.**
(A) incur
(B) undergo
(C) dispute
(D) overturn

**2.**
(A) positions
(B) measures
(C) structures
(D) extensions

**3.**
(A) during
(B) except
(C) around
(D) from

**4.**
(A) Discoloration or bulges may indicate the presence of a leak.
(B) Any remodeling work requires the approval of the building owner.
(C) Otherwise, you may leave a message with the receptionist.
(D) We will contact you with the results as soon as possible.

**Questions 5–8** refer to the following advertisement.

High above the city on the 40th floor of the Mosaic Hotel, Serenity Salon & Spa

is an ------- from the noise and stress of city life. This luxurious spa's -------
    **5.**                                              **6.**

have recently been expanded and updated. It now houses treatment rooms,

lounges, steam rooms, saunas, and a full-service hair salon.

Guests can choose from a variety of massages, facials, and beauty treatments.

In addition, the spa offers couples' treatments and wedding packages. -------.
                                                      **7.**

------- the months of July and August, enjoy our Refreshing Summer Renewal
**8.**

Treatment. For more information, view our Web site at www.serenitysalon.com.

**5.**
(A) outing
(B) escape
(C) offering
(D) omission

**6.**
(A) facilities
(B) memberships
(C) discounts
(D) policies

**7.**
(A) The discount cannot be applied
to the seasonal menu.
(B) These can be found on the
ground-floor lobby.
(C) The spa is closed to the public
until the end of the summer.
(D) There is also a special treatment
menu for men.

**8.**
(A) Whenever
(B) Across
(C) Thereby
(D) Throughout

**Questions 9–12** refer to the following article.

NEW YORK (October 1)—HealthWorks, a ------- retailer of nutritional and
**9.**

healthcare products, says that chief executive officer Robert Miner has

announced his retirement. Melissa Goldstein, currently President of the

company's European division, ------- as CEO effective January 1.
**10.**

Miner, who began working for HealthWorks 20 years ago, has served as the

company's CEO for 12 years. -------. Most notably, he expanded its market
**11.**

overseas, offering its products worldwide.

Melissa Goldstein has been with HealthWorks for 10 years. "She is a strong

leader with tremendous knowledge and experience. I look forward to working

with her throughout the ------- period," said Miner.
**12.**

**9.**
(A) largest
(B) major
(C) recent
(D) preceding

**10.**
(A) will take over
(B) took over
(C) would have taken over
(D) taking over

**11.**
(A) New York is Miner's birthplace,
     although he grew up in Europe.
(B) HealthWorks has seen substantial
     growth under Miner's leadership.
(C) Miner will be closely involved
     during the leadership
     changeover process.
(D) Miner is also the Chairperson for
     the United Environmental
     Council.

**12.**
(A) merger
(B) project
(C) transport
(D) transition

Questions 13–16 refer to the following press release.

The Fabogue Company, an Australian manufacturer of contemporary -------,
**13.**
announces the relocation of its headquarters to England. The relocation is part

of its strategic plan to expand into new markets and satisfy increased demand

for its clothing. Fabogue has leased the top six floors of office space in the

Paxton Building in downtown London. -------. According to company
**14.**
spokesperson Leona Bates, "The new headquarters will have twice as much

floor space as our ------- location. Since we can't fit all our staff comfortably
**15.**
here, we're looking forward to being in a larger work environment." The

headquarters is scheduled to move on February 15 if refurbishment and

redecorating work at the new location ------ by then.
**16.**

**2**

語彙問題

**13.**
(A) wallpaper
(B) fixtures
(C) apparel
(D) appliances

**15.**
(A) relative
(B) following
(C) approximate
(D) current

**14.**
(A) The new offices will feature
smart technology and next
generation climate control.
(B) As a result, sales increased
dramatically during the quarter.
(C) Additionally, it will operate a
retail space on the ground floor.
(D) More than 500 employees are
expected to attend.

**16.**
(A) is complete
(B) had been completed
(C) was completing
(D) complete

# Practice 解答・解説

♪ 204

**Questions 1–4** refer to the following notice.

Attention Residents:

The recent rainstorms have caused some damage to the building's roof. Please
be careful not to ------- the buckets placed in hallways and in the lobby to keep
**1.**
rainwater off of the floors. These are temporary -------. Work to make permanent
**2.**
repairs to the roof will begin next week.

Please contact the manager's office immediately if you discover any storm
damage in or ------- your apartment. In particular, let us know if you notice any
**3.**
changes in the appearance of walls or ceilings. -------.
**4.**

Thank you for your cooperation.

Jamelle Dickerson
Building Manager

---

**訳** 設問1-4は次の通知に関するものです。
住民の皆さまへ

最近の暴風雨により建物の屋根に破損が生じています。雨水で床を濡らさないように廊下とロビーに置かれているバケツをひっくり返さないようにお気を付けください。これらは一時的な処置です。本格的な屋根の修理作業は来週始まります。

室内や部屋の周りに嵐による破損があるのにお気付きになった場合，ただちに管理事務所にご連絡ください。特に壁や天井の外観が変わっているのに気付いた場合は，どんなことでもお知らせください。変色やふくらみは水漏れのサインかもしれません。

ご協力に感謝いたします。

ジャメル・ディカーソン
建物管理担当

---

**語句** □ attention ～の皆さまへ □ resident 住民 □ recent 最近の
□ rainstorm 暴風雨 □ cause ～を引き起こす □ damage 破損 □ roof 屋根
□ be careful not to do ～しないよう気を付ける □ bucket バケツ
□ place ～を置く □ hallway 廊下 □ rainwater 雨水 □ temporary 一時的な
□ permanent 永続する □ immediately ただちに □ discover ～を発見する
□ in particular 特に □ notice ～に気付く □ appearance 外観
□ ceiling 天井 □ cooperation 協力

## 1.

語彙問題

(A) incur
(B) undergo
(C) dispute
(D) overturn

(A)（負債など）を負う
(B) 〜を経験する
(C) 論争する
(D) 〜をひっくり返す

**正解** (D)

**解説** 選択肢にはさまざまな動詞が並んでいます。空所を含む文は Please be careful not to ------- the buckets placed in hallways and in the lobby to keep rainwater off of the floors.「雨水で床を濡らさないように廊下とロビーに置かれているバケツを〜しないようにお気を付けください」となっており，空所には「バケツを〜しないようにお気を付けください」の「〜する」に当たる動詞が入ることになります。the bucketsを目的語にして文意が通るのは，(D)のoverturn「〜をひっくり返す」だけです。

**PiCK UP** incur「（負債など）を負う」も，undergo「〜を経験する」も，基本的には「マイナスのイメージ」の目的語を取る動詞です。例を挙げるとincurはfine「罰金」やdamage「損害」を，undergoはsurgery「手術」やtreatment「治療」，hardship「苦難」などを目的語に取ります。

## 2.

語彙問題

(A) positions
(B) measures
(C) structures
(D) extensions

(A) 位置
(B) 処置
(C) 建造物
(D) 建て増し

**正解** (B)

**解説** 選択肢にはさまざまな名詞の複数形が並んでいます。空所を含む文は These are temporary -------.「これらは一時的な〜です」となっており，Theseはここまでに述べられている，雨漏りに対する一連の「処置」のことだと考えられます。よって，正解は(B)のmeasures「処置」になります。

**PiCK UP** measures「処置，対策」は基本的に複数形で，take measures against「〜に対して対策を講じる」のように使われます。

# 3.

| | |
|---|---|
| (A) during | (A) 〜の間 |
| (B) except | (B) 〜を除いて |
| (C) around | (C) 〜の周りに |
| (D) from | (D) 〜から |

**正解** (C)

**解説** 選択肢にはさまざまな前置詞が並んでいます。空所を含む文は Please contact the manager's office immediately if you discover any storm damage in or ------- your apartment.「室内や部屋〜嵐による破損があるのにお気付きになった場合，ただちに管理事務所にご連絡ください」となっています。your apartment の前に置いて文意が通るのは，(C) の around「〜の周りに」です。

**PiCK UP** 前置詞の except「〜を除いて」は，except for「〜を除けば，〜がなかったら」のように前置詞の for を伴う使い方もあります。

# 4.

| | |
|---|---|
| (A) Discoloration or bulges may indicate the presence of a leak. | (A) 変色やふくらみは水漏れのサインかもしれません。 |
| (B) Any remodeling work requires the approval of the building owner. | (B) どんな改装作業でも建物の所有者の承認が必要になります。 |
| (C) Otherwise, you may leave a message with the receptionist. | (C) そうでなければ，受付にメッセージを残していただいてもかまいません。 |
| (D) We will contact you with the results as soon as possible. | (D) できるだけ早く結果をお伝えするために連絡します。 |

**正解** (A)

**解説** 文挿入問題です。空所の前までの内容は，3.の空所が含まれる文（室内や部屋の周りに嵐による破損があった場合には連絡してほしいという内容）に続いて In particular, let us know if you notice any changes in the appearance of walls or ceilings.「特に壁や天井の外観が（雨漏りによって）変わっているのに気付いた場合は，どんなことでもお知らせください」という流れになっています。空所の直前で述べられているこれらの内容を受けているのは，(A) の Discoloration or bulges may indicate the presence of a leak.「変色やふくらみは水漏れのサインかもしれません」です。(B)はそれまでの文脈とは何ら関連性がありません。(C)の Otherwise は（前の内容を受けて）「そうでなければ」という意味ですが，何を指して「そうでなければ」と言っているのかが不明瞭です。(D)は the results「結果」の部分が何の結果を指すのか分かりません。

**PiCK UP** indicate「〜を示す」は，後ろに名詞（句）や that 節（名詞節）が続きます。

**語句** □ discoloration 変色　□ bulge ふくらみ　□ indicate 〜を示す
□ presence 存在すること　□ leak 水漏れ　□ remodeling work 改装作業
□ require 〜を必要とする　□ approval 承認　□ otherwise さもなければ
□ receptionist 受付　□ result 結果　□ as soon as possible できるだけ早く

♪ 205

**Questions 5–8** refer to the following advertisement.

High above the city on the 40th floor of the Mosaic Hotel, Serenity Salon & Spa

is an ------- from the noise and stress of city life. This luxurious spa's ------- have
**5.**                                                                **6.**

recently been expanded and updated. It now houses treatment rooms, lounges,

steam rooms, saunas, and a full-service hair salon.

Guests can choose from a variety of massages, facials, and beauty treatments.

In addition, the spa offers couples' treatments and wedding packages. -------.
**7.**

------- the months of July and August, enjoy our Refreshing Summer Renewal
**8.**

Treatment. For more information, view our Web site at www.serenitysalon.com.

---

**訳** 設問5-8は 次の広告に関するものです。

都市の上空, モザイク・ホテルの40階にあるセレニティ・サロン＆スパは, 都会生活の喧騒やストレスから逃れる手段です。この豪華なスパの設備は最近拡張され, 最新のものになりました。現在はトリートメント・ルーム, ラウンジ, スチーム・ルーム, サウナ, そしてフルサービスを受けられるヘアサロンがございます。

お客さまはさまざまなマッサージ, 美顔マッサージ, エステからお選びいただけます。さらにスパでは, カップルでのトリートメントやウェディング用のサービスパックも提供しています。男性用の特別トリートメントメニューもございます。

7月と8月の間は, リフレッシング・サマー・リニューアル・トリートメントをお楽しみいただけます。詳しい情報は, 当店のウェブサイト www.serenitysalon.com をご覧ください。

---

**語句** □ high above 〜の上空　□ luxurious 豪華な　□ recently 最近
□ expand 〜を拡大する　□ update 〜を最新のものにする
□ house 〜が入っている, 〜を保管する　□ a variety of さまざまな〜
□ in addition 加えて　□ offer 〜を提供する

**5.**

| | |
|---|---|
| (A) outing | (A) 遠出 |
| (B) escape | (B) 逃れる手段 |
| (C) offering | (C) 提供 |
| (D) omission | (D) 省略 |

**正解** (B)

**解説** 選択肢にはさまざまな名詞が並んでいます。空所を含む文はHigh above the city on the 40th floor of the Mosaic Hotel, Serenity Salon & Spa is an ------- from the noise and stress of city life.「都市の上空，モザイク・ホテルの40階にあるセレニティ・サロン＆スパは，都会生活の喧騒やストレスから～です」となっています。escape「逃れる手段」を入れると文意が通るため，正解は(B)です。

**PiCK UP** outing「遠出」はexcursionやshort tripなどに言い換えることが可能です。

**6.**

| | |
|---|---|
| (A) facilities | (A) 設備 |
| (B) memberships | (B) 会員 |
| (C) discounts | (C) 割引 |
| (D) policies | (D) 方針 |

**正解** (A)

**解説** 選択肢にはさまざまな名詞が並んでいます。空所を含む文はThis luxurious spa's ------- have recently been expanded and updated.「この豪華なスパの～は最近拡張され，最新のものになりました」となっています。その次の文にIt now houses treatment rooms, lounges, steam rooms, saunas, and a full-service hair salon.「現在はトリートメント・ルーム，ラウンジ，スチーム・ルーム，サウナ，そしてフルサービスを受けられるヘアサロンがございます」とあり，主語のItの正体はThis luxurious spaだと考えられます。よって，正解は(A)のfacilities「設備」です。

**PiCK UP** 動詞のhouseには「～を保管する」という意味があります。同様に，動詞のstoreにも「～を保管する」という意味があるので，2つセットで覚えておいてください。

**7.**

2

語彙問題

(A) The discount cannot be applied to the seasonal menu.
(B) These can be found on the ground-floor lobby.
(C) The spa is closed to the public until the end of the summer.
(D) There is also a special treatment menu for men.

(A) 季節限定メニューに割引は適用されません。
(B) これらは1階ロビーにございます。
(C) そのスパは夏の終わりまで閉館しています。
(D) 男性用の特別トリートメントメニューもございます。

**正解** (D)

**解説** 文挿入問題です。空所の前までの内容は、Guests can choose from a variety of massages, facials, and beauty treatments. 「お客さまはさまざまなマッサージ、美顔マッサージ、エステからお選びいただけます」に続いて In addition, the spa offers couples' treatments and wedding packages. 「さらにスパでは、カップルでのトリートメントやウェディング用のサービスパックも提供しています」という流れになっています。空所の直前で述べられているこれらの内容を受けて自然なのは、(D)の There is also a special treatment menu for men. 「男性用の特別トリートメントメニューもございます」です。(A)は the seasonal menu 「季節限定メニュー」が唐突であり、(B)は、These が直前に出ている事柄を指すと考えると、それら全てが1階ロビーで行われていることになるため不自然です。(C)は次段落と矛盾します。

**語句** □ discount 割引 □ apply *A* to *B* AをBに適用する
□ seasonal menu 季節限定メニュー □ ground-floor lobby 1階ロビー
□ *be* closed to the public （店が）休業する

**8.**

(A) Whenever
(B) Across
(C) Thereby
(D) Throughout

(A) いつでも
(B) ～を横切って
(C) それによって
(D) ～の間中

**正解** (D)

**解説** 選択肢には接続詞や前置詞、副詞が並んでいます。空所を含む文は ------- the months of July and August, enjoy our Refreshing Summer Renewal Treatment. 「7月と8月～は、リフレッシング・サマー・リニューアル・トリートメントをお楽しみいただけます」となっています。(D)の Throughout 「～の間中」を入れると「7月と8月の間は」となり文意が通るため、これが正解です。

**PiCK UP** Throughout the months of July and August, enjoy our Refreshing Summer Renewal Treatment. は、enjoy を述語動詞とする命令文ですが、you can が enjoy の前に省略されているようなものと考えてみると分かりやすいでしょう。

**Questions 9–12** refer to the following article.

NEW YORK (October 1)—HealthWorks, a ------- retailer of nutritional and
                                         **9.**
healthcare products, says that chief executive officer Robert Miner has

announced his retirement. Melissa Goldstein, currently President of the

company's European division, ------- as CEO effective January 1.
                                 **10.**

Miner, who began working for HealthWorks 20 years ago, has served as the

company's CEO for 12 years. -------. Most notably, he expanded its market
                              **11.**
overseas, offering its products worldwide.

Melissa Goldstein has been with HealthWorks for 10 years. "She is a strong

leader with tremendous knowledge and experience. I look forward to working

with her throughout the ------- period," said Miner.
                          **12.**

---

**訳** 設問9-12は次の記事に関するものです。

ニューヨーク（10月1日）—栄養補助およびヘルスケア製品の大手小売りであるヘルスワークスによると，ロバート・マイナー最高経営責任者は引退を発表した。現在，同社の欧州部門を統括しているメリッサ・ゴールドスタインが1月1日をもって後任のCEOになる。

マイナーは，20年前にヘルスワークスで働き始め，12年間，同社のCEOを務めてきた。ヘルスワークスはマイナーのリーダーシップの下で大きく成長した。特に目立つ功績として，彼は市場を海外に広げ，世界中に同社の製品を提供した。

メリッサ・ゴールドスタインはヘルスワークスに加わって10年だ。マイナーは「彼女はとてつもない知識と経験を備えた強いリーダーです。移行期間に彼女と仕事をするのを楽しみにしています」と述べた。

---

**語句** □ retailer 小売業者　□ nutritional 栄養の　□ healthcare ヘルスケアの
　　　□ product 製品　□ chief executive officer 最高経営責任者（CEO）
　　　□ announce ～を発表する　□ retirement 引退　□ currently 現在
　　　□ division 部門　□ take over as ～を継ぐ　□ begin *doing* ～をし始める
　　　□ serve as ～を務める　□ notably 特に，とりわけ　□ expand ～を拡大する
　　　□ overseas 海外に　□ offer ～を提供する　□ worldwide 世界中に
　　　□ tremendous とてつもない　□ knowledge 知識　□ experience 経験
　　　□ look forward to *doing* ～することを楽しみにする　□ throughout ～の間中

## 9.

| | |
|---|---|
| (A) largest | (A) 最大の |
| (B) major | (B) 主要な |
| (C) recent | (C) 最近の |
| (D) preceding | (D) 前の |

**正解** (B)

**解説** 選択肢には形容詞が並んでいます。空所を含む文はHealthWorks, a ------- retailer of nutritional and healthcare products, says that chief executive officer Robert Miner has announced his retirement.「栄養補助およびヘルスケア製品の~小売りであるヘルスワークスによると、ロバート・マイナー最高経営責任者は引退を発表した」となっています。retailer「小売り業者」の前に置いて文意が通るのは、(B)のmajor「主要な」です。(A)のlargest「最大の」は、前に冠詞のtheか代名詞の所有格などが必要です。

**PiCK UP** preceding「前の」は動詞precede「~に先立つ」から派生した形容詞です。precedent「前例、前の」とunprecedented「前例のない」も、合わせて覚えておいてください。

## 10.

| | |
|---|---|
| (A) will take over | (A) 引き継ぐだろう |
| (B) took over | (B) 引き継いだ |
| (C) would have taken over | (C) 引き継いだはずだった |
| (D) taking over | (D) 引き継ぐこと |

**正解** (A)

**解説** 選択肢にはtake overのさまざまな形が並んでいます。空所を含む文はMelissa Goldstein, currently President of the company's European division, ------- as CEO effective January 1.「現在、同社の欧州部門を統括しているメリッサ・ゴールドスタインが1月1日付でCEOとして~」となっています。主語はありますが、述語動詞がないので空所に入るはずで、(A) (B) (C)が正解候補となります。文頭より10月1日付の記事であることが分かり、CEOになるのは1月1日付なので、(A)が正解だと分かります。

## 11.

(A) New York is Miner's birthplace, although he grew up in Europe.
(B) HealthWorks has seen substantial growth under Miner's leadership.
(C) Miner will be closely involved during the leadership changeover process.
(D) Miner is also the Chairperson for the United Environmental Council.

(A) ニューヨークはマイナーの生まれ故郷だが，ヨーロッパで育った。
(B) ヘルスワークスはマイナーのリーダーシップの下で大きく成長した。
(C) マイナーはリーダーシップの転換プロセスの間，密接に関わるだろう。
(D) マイナーは連合環境評議会の議長でもある。

**正解** (B)

**解説** 文挿入問題です。空所の前の文ではMiner, who began working for HealthWorks 20 years ago, has served as the company's CEO for 12 years.「マイナーは，20年前にヘルスワークスで働き始め，12年間，同社のCEOを務めてきた」と述べられています。後ろにはMost notably, he expanded its market overseas, offering its products worldwide.「特に目立つ功績として，彼は市場を海外に広げ，世界中に同社の製品を提供した」とあります。空所の後ろの文にあるMost notablyから，空所には「マイナーの（過去の）功績」について述べられていることが分かります。よって，正解は(B)のHealthWorks has seen substantial growth under Miner's leadership.「ヘルスワークスはマイナーのリーダーシップの下で大きく成長した」になります。ほかの選択肢の文では，いずれも彼のこれまでの功績については触れられていません。

**語句** □ birthplace 出生地　□ although ～だけれども　□ grow up 育つ
□ substantial かなりの　□ growth 成長　□ be closely involved 密接に関わっている
□ changeover 転換　□ chairperson 議長

## 12.

(A) merger
(B) project
(C) transport
(D) transition

(A) 合併
(B) プロジェクト
(C) 輸送
(D) 移行

**正解** (D)

**解説** 選択肢には名詞が並んでいます。空所を含む文はI look forward to working with her throughout the ------- period," said Miner.「マイナーは『～期間に彼女と仕事をするのを楽しみにしています』と述べた」となっています。空所の後ろにあるperiod「期間」の前に置いて文意が通るのは，(D)のtransition「移行」です。2人の新旧CEOの移行期間のことをtransition periodという表現を使って表しています。

Questions 13–16 refer to the following press release.

The Fabogue Company, an Australian manufacturer of contemporary -------,
**13.**
announces the relocation of its headquarters to England. The relocation is part of

its strategic plan to expand into new markets and satisfy increased demand for

its clothing. Fabogue has leased the top six floors of office space in the Paxton

Building in downtown London. -------. According to company spokesperson
**14.**
Leona Bates, "The new headquarters will have twice as much floor space as our

------- location. Since we can't fit all our staff comfortably here, we're looking
**15.**
forward to being in a larger work environment." The headquarters is scheduled to

move on February 15 if refurbishment and redecorating work at the new location

------- by then.
**16.**

**訳** 設問13-16は次のプレスリリースに関するものです。

現代的な衣服の製造業者であるオーストラリアのファボグ・カンパニーは，本社をイングランド に移転することをお知らせいたします。移転は，新市場へ参入し，当社の衣類への需要増にこた えるための戦略的計画の一環です。ファボグはロンドン中心地にあるパクストン・ビルディング のオフィススペースのうち，最上階から6つ分のフロアを借りました。さらに1階では小売りスペー スを運営する予定です。当社の広報担当者のレオナ・ベイツによると「新本社はフロアスペー スが現在の場所の2倍になります。ここでは全従業員を余裕をもって収容できないため，より広い 仕事環境に移るのを楽しみにしています」ということです。本社は，新オフィスでの改装作業が 終われば，2月15日に移転する予定です。

**語句** ☐ manufacturer 製造業者 ☐ relocation 移転 ☐ headquarters 本社
☐ strategic 戦略的な ☐ expand into ～に参入する ☐ satisfy ～を満足させる
☐ increased 増加した ☐ demand 需要 ☐ lease ～を借りる
☐ in downtown London ロンドンの中心地にある ☐ according to ～によると
☐ company spokesperson 会社の広報担当者 ☐ twice as much 2倍 (の量)
☐ since ～なので ☐ fit ～を収容する ☐ comfortably 快適に
☐ look forward to *doing* ～するのを楽しみにしている ☐ environment 環境
☐ *be* scheduled to *do* ～することになっている ☐ move 引っ越す
☐ refurbishment and redecorating work 改装作業 ☐ by then そのときまでに

## 13.

| | |
|---|---|
| (A) wallpaper | (A) 壁紙 |
| (B) fixtures | (B) 備品 |
| (C) apparel | (C) 衣服 |
| (D) appliances | (D) 電気器具 |

**正解** (C)

**解説** 選択肢にはさまざまな名詞が並んでいます。空所を含む文はThe Fabogue Company, an Australian manufacturer of contemporary -------, announces the relocation of its headquarters to England.「現代的な〜の製造業者であるオーストラリアのファボグ・カンパニーは，本社をイングランドに移転することをお知らせいたします」となっています。この文だけでは正解を1つに絞ることができないので，次の文のThe relocation is part of its strategic plan to expand into new markets and satisfy increased demand for its clothing.「移転は，新市場へ参入し，当社の衣類への需要増にこたえるための戦略的計画の一環です」も読むと，この会社はclothing「衣類」を製造しているということが分かります。よって，正解は(C)のapparel「衣服」です。

**PiCK UP** fixtures「備品」，appliances「電気器具」は，通例このように複数形で使います。

## 14.

| | |
|---|---|
| (A) The new offices will feature smart technology and next generation climate control. | (A) 新しいオフィスにはスマートテクノロジーと次世代の温度調節機能が搭載されます。 |
| (B) As a result, sales increased dramatically during the quarter. | (B) その結果，同四半期中に売上高は劇的に増えました。 |
| (C) Additionally, it will operate a retail space on the ground floor. | (C) さらに1階では小売りスペースを運営する予定です。 |
| (D) More than 500 employees are expected to attend. | (D) 500人を超える従業員が出席する見込みです。 |

**正解** (C)

**解説** 文挿入問題です。空所の前の文はFabogue has leased the top six floors of office space in the Paxton Building in downtown London.「ファボグはロンドン中心地にあるパクストン・ビルディングのオフィススペースのうち，最上階から6つ分のフロアを借りました」，後ろの文はAccording to company spokesperson Leona Bates, "The new headquarters will have twice as much floor space as our ------- location.「当社の広報担当者のレオナ・ベイツによると『新本社はフロアスペースが〜場所の2倍になります』」となっています。前後の文の内容が「新しい本社のフロアに関するもの」であることから，正解は(C)のAdditionally, it will operate a retail space on the ground floor.「さらに1階では小売りスペースを運営する予定です」です。Additionallyがあることにより，「6つのフロアに加えて，もう1つフロアを借りた」という流れが作り出されています。

**PiCK UP** additionallyは「さらに，加えて」，in additionも同じく「さらに，加えて」ですが，in addition toは「〜に加えて」です。

**語句** ☐ next generation 次世代 ☐ climate control 温度調節 ☐ as a result 結果として ☐ increase 増加する ☐ dramatically 劇的に ☐ quarter 四半期

□ additionally 加えて　□ operate ～を運営する　□ retail space 小売りスペース
□ ground floor 1階　□ more than ～を超える　□ employee 従業員
□ *be* expected to *do* ～する見込みだ　□ attend 出席する

## 15.　　　　　　　　　　　　　　　　　　　　　　　語彙問題

| | |
|---|---|
| (A) relative | (A) 相対的な |
| (B) following | (B) 次の |
| (C) approximate | (C) 約 |
| (D) current | (D) 現在の |

**正解** (D)

**解説**　選択肢にはさまざまな形容詞が並んでいます。空所を含む文はAccording to company spokesperson Leona Bates, "The new headquarters will have twice as much floor space as our-------- location.「当社の広報担当者のレオナ・ベイツによると『新本社はフロアスペースが～場所の2倍になります』」となっています。文脈から、現在の本社と新しい本社のフロアスペースの比較を述べていると考えられるため、正解は(D)のcurrent「現在の」です。

**PiCK UP**　followは他動詞だと「～に続く、～を理解する」、自動詞だと「次に起こる、理解する」などの意味で使われますが、followingは現在分詞や動名詞として使われるだけでなく、「～の後に」という意味の前置詞（≒after）、「次の」という意味の形容詞、そして「支持者」という意味の名詞（≒adherent, advocate, supporter, championなど）としても使われます。

## 16.　　　　　　　　　　　　　　　　　　　　　　　動詞問題

| | |
|---|---|
| (A) is complete | (A) 完成している |
| (B) had been completed | (B) 完成していた |
| (C) was completing | (C) ～を完成させつつあった |
| (D) complete | (D) 完成した、～を完成させる |

**正解** (A)

**解説**　選択肢にはcomplete「（形容詞）完成した」「（動詞）～を完成させる」のさまざまな形が並んでいます。空所を含む文は The headquarters is scheduled to move on February 15 if refurbishment and redecorating work at the new location ------- by then.「本社は、新オフィスでの改装作業が～ば、2月15日に移転する予定です」となっています。空所には述語動詞が入ることが分かりますが、主節の時制が現在なので、正解候補は(A)のis complete「完成している」と(D)のcomplete「完成した、～を完成させる」の2つです。completeは動詞として使う場合は他動詞なので、ここでは空所の後ろに目的語がないため使えません。また、主語がworkなので、もし自動詞だとしてもcompletesになるはずです。よって、正解は(A)です。is completeで使われているcompleteは、「完成した」という意味の形容詞です。

# 3 代名詞・接続詞（接続副詞）問題

代名詞の問題，接続詞（接続副詞）の問題は，いずれも正確な文脈の把握力が問われます。それぞれの解き方を確認しましょう。

---

**例 題** ♪ 208

**Questions 1–2** refer to the following information.

Americans residing abroad are allowed two extra months to file income taxes. The deadline for those filing taxes from overseas is June 15. Whether ------- use regular international mail or a courier service to send in tax
**1.**
forms, the envelope must be postmarked no later than June 15. -------, your
**2.**
filing will be considered late and you may be required to pay a penalty.

| **1.** | **2.** |
|---|---|
| (A) we | (A) Recently |
| (B) they | (B) Otherwise |
| (C) those | (C) For example |
| (D) you | (D) Accordingly |

---

**POINT 1** 代名詞問題は空所のある文以外でも代名詞が何を指しているかを具体的に意識する

Part 5の代名詞問題は，空所を含む文の中に正解のヒントがありますが，Part 6は空所を含む文だけでなく，前後の節の中にヒントがある場合が多いです。

**1.** の空所を含む文までの内容は「海外に居住するアメリカ市民は，所得税を申告するためにさらに2カ月の猶予を認められている。海外から税金を申告する人たちの期限は，6月15日」です。空所は海外に居住するアメリカ市民を指すと推測できますが，they, youどちらでも自然です。次の文を見るとyouが使われていることから，1.にもyouが入ることが分かります。

**POINT 2** 接続詞（接続副詞）の問題は空所を含む文の前後の流れ・文脈から判断して解答する

**2.** の空所の前には Whether ------- use regular international mail or a courier service to send in tax forms, the envelope must be postmarked no later than

---

June 15.「税金申告書の送付は，通常の国際郵便と宅配便のどちらを利用するにしろ，封書の消印が6月15日までででなければなりません」とあります。選択肢にはさまざまな副詞（句）が並んでいますが，空所を含む文は-------, your filing will be considered late and you may be required to pay a penalty.「～，申告が遅れたと見なされ，反則金を支払う必要がある場合があります」となっており，前の文にある「締め切り」を過ぎた場合はどうなるのかについて述べられているため，(B)のOtherwise「さもなければ」を入れると文脈が通ります。

## ✦ よく出る接続副詞の一覧

接続副詞とは，副詞でありながら，文法上対等な関係にある節と節を結び付ける役割を果たします。

| 前後の文の関係 | 接続副詞 |
|---|---|
| 原因・結果 | so「だから」/ as a result, in consequence, consequently「その結果として」/ hence, thus, accordingly, therefore「したがって」 |
| 連結 | moreover, furthermore, besides, in addition「さらに」/ then「それから」/ meanwhile「その間に」「一方で」 |
| 反意・対立 | however「けれども」/ nevertheless, nonetheless「それにも関わらず」/ still「それでも」/ yet「けれども」/ on the contrary「それどころか」/ in contrast「対照的に」/ even so「それでも」/ all the same「それでもやはり」 |
| 選択 | otherwise「さもなければ」 |

---

**正解と訳**

設問1-2は次の情報に関するものです。

海外に居住するアメリカ市民は，所得税を申告するためにさらに2カ月の猶予を認められています。海外から税金を申告する人たちの期限は，6月15日です。税金申告書の送付は，通常の国際郵便と宅配便のどちらを利用するにしろ，封書の消印が6月15日まででなければなりません。それを過ぎると，申告が遅れたと見なされ，反則金を支払う必要がある場合があります。

**1.**
(A) 私たちは
(B) 彼らは
(C) それらは
(D) あなたは

**2.**
(A) 最近
(B) さもなければ
(C) 例えば
(D) したがって

正解 **1.** (D)  **2.** (B)

**語句** □ reside 住む  □ abroad 海外に  □ allow *A B* AにBを認める  □ extra 追加の  □ file ～を申告する  □ income tax 所得税  □ deadline 締め切り  □ whether *A* or *B* AであれBであれ  □ regular 通常の

3

代名詞・接続詞（接続副詞）問題

□ international mail 国際郵便　□ courier service 宅配便　□ envelope 封筒
□ postmark 〜に消印を押す　□ no later than 〜までに
□ consider 〜を…とみなす　□ be required to *do* 〜する必要がある
□ pay 〜を支払う　□ penalty 反則金

代名詞・接続詞（接続副詞）問題でも，1文で解けるものはありますが，前後を意識して読み進めることで，より素早く確実に解答を選ぶことができます。

**攻略法まとめ**　代名詞・接続詞問題

- 代名詞問題は空所のある文以外でも代名詞が何を指しているかを具体的に意識する
- 接続詞（接続副詞）の問題は空所を含む文の前後の流れ・文脈から判断して解答する

## Practice

空所に入る最も適切なものを(A)(B)(C)(D)の中から1つ選びなさい。

**Questions 1–4** refer to the following advertisement.

NYC-based fashion company seeks part-time PR/marketing intern

Are you hoping to gain hands-on experience in the fashion industry? -------,
**1.**
Sophia Fashions might be the answer. ------- are looking for a creative,
**2.**
outgoing, hardworking individual interested in public relations and marketing

for a unique internship opportunity.

Applicants should have some ------- of social media, advertising, and the
**3.**
fashion industry. Send a résumé and a cover letter outlining your career goals

to us at recruiting@sophiafashions.com. -------. We therefore recommend
**4.**
providing links to your social media pages and any current or previous blogs in

your application. The deadline for applications is October 31.

**1.**
(A) If so
(B) Similarly
(C) As yet
(D) After that

**2.**
(A) These
(B) Others
(C) We
(D) You

**3.**
(A) knowledge
(B) detail
(C) referral
(D) description

**4.**
(A) Sophia Fashions is a leading company in its field.
(B) Please be aware that submissions will not be returned.
(C) They will be provided to applicants upon request.
(D) Candidates with a distinctive online presence are preferred.

代名詞・接続詞（接続副詞）問題

**Questions 5–8** refer to the following notice.

SenTech Corporate Gym Membership

After consulting with several fitness centres around the region, SenTech HR has

contracted with Steele Fitness to provide our employees with a half-price

membership at any of ------- branches in Brompton. -------. The proximity of
          **5.**                  **6.**

the company's Arsenel Street facility to our office was a key ------- in this
                                         **7.**

decision.

We hope all staff will take advantage of the membership deal and enjoy the

many classes and facilities offered at Steele Fitness. -------, for a limited time,
                                   **8.**

families of staff can join for free. E-mail Anne Harby in HR at

aharby@sentech.com for further details.

**5.**
(A) your
(B) one's
(C) its
(D) our

**6.**
(A) We want to gather opinions from staff before going forward.
(B) Gym tours are available by appointment only.
(C) Steele Fitness has twelve locations around town.
(D) Doctors recommend exercising one to three hours per week.

**7.**
(A) factor
(B) factored
(C) factors
(D) factoring

**8.**
(A) Surely
(B) In addition
(C) However
(D) Therefore

**Questions 9–12** refer to the following e-mail.

To: Athena Heights Residents
From: Keith Reynolds, Apartment Manager
Subject: Service Upgrade
Date: October 19


As part of a service upgrade, electricians will be replacing the old electrical

transformer for the building between the hours of 9 A.M. and 11 A.M. on

November 12. -------, residences will not receive any electricity during that
　　　　　　　　**9.**

period.


During the power outage, we are advising tenants to keep refrigerator and

freezer doors closed as much as possible. -------. You may also want to lower
　　　　　　　　　　　　　　　　　　　　**10.**

the refrigerator temperature settings ------- so that contents stay colder for
　　　　　　　　　　　　　　　　**11.**

longer. Computers should also be turned off prior to the shutdown.


Should ------- have any questions, I can be reached at (205) 555-0222.
　　　　**12.**

**9.**
(A) Frequently
(B) Nevertheless
(C) Consequently
(D) Otherwise

**10.**
(A) This will help to prevent food
　　from spoiling.
(B) The staffroom refrigerator should
　　be cleaned out regularly.
(C) To conserve electricity, please
　　turn all of them off.
(D) We encourage you to contact us
　　about the matter soon.

**11.**
(A) of late
(B) in advance
(C) as yet
(D) at all

**12.**
(A) anyone
(B) everyone
(C) whoever
(D) they

**Questions 1-4** refer to the following advertisement.

NYC-based fashion company seeks part-time PR/marketing intern

Are you hoping to gain hands-on experience in the fashion industry? -------,
**1.**
Sophia Fashions might be the answer. ------- are looking for a creative, outgoing,
**2.**
hardworking individual interested in public relations and marketing for a unique
internship opportunity.

Applicants should have some ------- of social media, advertising, and the fashion
**3.**
industry. Send a résumé and a cover letter outlining your career goals to us at
recruiting@sophiafashions.com. -------. We therefore recommend providing links
**4.**
to your social media pages and any current or previous blogs in your application.
The deadline for applications is October 31.

---

**訳** 設問1-4は次の広告に関するものです。

ニューヨークに本拠を置くファッション企業が非常勤のPR・マーケティングのインターン募集

ファッション産業で実践的な経験を積みたいと思っていますか。もしそうなら，ソフィア・ファッションズがその答えになるかもしれません。私たちがほかでは見られないインターンの機会に求めているのは，創造的で社交性に富み，一生懸命に仕事をし，PR・マーケティングに興味がある方です。

志願者は，ソーシャルメディアや広告，そしてファッション産業についてある程度の知識が求められます。履歴書と，あなたのキャリア・ゴールの概要を記した添え状を recruiting@sophiafashions.com 宛てに私たちまで送ってください。オンラインで目立った存在感を示している志願者が特に求められています。ですから私たちは，あなたのソーシャルメディア・ページと現在あるいは以前のブログのリンクを申込書に記すことをおすすめします。申し込みの締め切りは10月31日です。

---

**語句** ☐ NYC-based ニューヨークに本拠を置く ☐ seek ～を求める ☐ gain ～を得る
☐ hands-on experience 実践的な経験 ☐ industry 産業 ☐ creative 創造的な
☐ outgoing 社交性に富む ☐ hardworking 一生懸命働く ☐ individual 人
☐ interested in ～に興味がある ☐ unique ほかに存在しない
☐ opportunity 機会 ☐ applicant 志願者 ☐ cover letter 添え状
☐ outline ～の概要を記す ☐ therefore それゆえに
☐ recommend *doing* ～することをすすめる ☐ provide ～を提供する
☐ link to ～へのリンク ☐ current 現在の ☐ previous 以前の
☐ application 申込書 ☐ deadline 締め切り

**1.**

| | |
|---|---|
| (A) If so | (A) もしそうなら |
| (B) Similarly | (B) 同様に |
| (C) As yet | (C) まだ |
| (D) After that | (D) その後 |

**正解** (A)

**解説** 選択肢にはさまざまな副詞（句・節）が並んでいます。空所を含む文とその前にある文はAre you hoping to gain hands-on experience in the fashion industry? -------, Sophia Fashions might be the answer.「ファッション産業で実践的な経験を積みたいと思っていますか。〜，ソフィア・ファッションズがその答えになるかもしれません」となっています。これら2つの文の内容から，文意が通るのは(A)のIf so「もしそうなら」です。

**PiCK UP** as yet「まだ，今のところ」は通例否定文で使われる表現で，As yet I have not found a solution to the problem.「今のところ私はその問題に対する解決策を見つけることができていない」のように使います。

**2.**

| | |
|---|---|
| (A) These | (A) これらは |
| (B) Others | (B) ほかの人たちは |
| (C) We | (C) 私たちは |
| (D) You | (D) あなたは，あなたたちは |

**正解** (C)

**解説** 選択肢には代名詞が並んでいます。空所を含む文は ------- are looking for a creative, outgoing, hardworking individual interested in public relations and marketing for a unique internship opportunity.「〜がほかでは見られないインターンの機会に求めているのは，創造的で社交性に富み，一生懸命に仕事をし，PR・マーケティングに興味がある方です」となっています。この広告の見出しはNYC-based fashion company seeks part-time PR/marketing intern「ニューヨークに本拠を置くファッション企業が非常勤のPR・マーケティングのインターン募集」であり，ここまでの内容は宣伝主が一人称で相手に話しかける形で書かれていることが分かるため，正解は(C)のWe「私たちは」になります。

## 3.

| | |
|---|---|
| (A) knowledge | (A) 知識 |
| (B) detail | (B) 詳細 |
| (C) referral | (C) 照会 |
| (D) description | (D) 説明 |

**正解** (A)

**解説** 選択肢にはさまざまな名詞が並んでいます。空所を含む文はApplicants should have some ------- of social media, advertising, and the fashion industry.「志願者は，ソーシャルメディアや広告，そしてファッション産業についてある程度の～が求められます」となっています。本文がインターンの募集に関するものであることを踏まえると，文意が通るのは，(A)のknowledge「知識」です。of以下は空所を補足する内容が続き，「何に関するknowledgeなのか」を説明しています。

**PiCK UP** referralには「照会」という意味がありますが，「紹介」や「紹介された人」，「推薦された人」という意味でも使われます。似た使い方をする単語のreference「参照，推薦，推薦者」もセットで覚えておいてください。

## 4.

| | |
|---|---|
| (A) Sophia Fashions is a leading company in its field. | (A) ソフィア・ファッションズは業界のトップ企業です。 |
| (B) Please be aware that submissions will not be returned. | (B) 提出書類は返却しませんのでご了承ください。 |
| (C) They will be provided to applicants upon request. | (C) 要望があればそれらが志願者に提供されます。 |
| (D) Candidates with a distinctive online presence are preferred. | (D) オンラインで目立った存在感を示している志願者が特に求められています。 |

**正解** (D)

**解説** 文挿入問題です。空所の前の文はSend a résumé and a cover letter outlining your career goals to us at recruiting@sophiafashions.com.「履歴書と，あなたのキャリア・ゴールの概要を記した添え状を recruiting@sophiafashions.com宛てに私たちまで送ってください」です。空所の後ろの文はWe therefore recommend providing links to your social media pages and any current or previous blogs in your application.「ですから私たちは，あなたのソーシャルメディア・ページと現在あるいは以前のブログのリンクを申込書に記すことをおすすめします」となっています。空所の後ろの文にtherefore「それゆえに，だから」があることから，挿入文の内容は空所の後ろに続く内容の「理由」が述べられているものになります。よって，正解は(D)のCandidates with a distinctive online presence are preferred.「オンラインで目立った存在感を示している志願者が特に求められています」です。(A)は前後の話題との関連性がなく，(B)は後ろの文にあるthereforeの理由になり得ません。(C)は主語のTheyの正体が定かではなく，なおかつそれらが「志願者に提供される」という内容が前後の文脈には沿いません。

**語句** □ leading トップの □ field 分野 □ be aware that ～に留意する □ submission 提出物 □ return ～を返却する □ be provided to ～に提供される □ upon request 要望があれば □ candidate 志願者 □ distinctive 際立った

□ online オンラインでの　□ presence 存在　□ prefer ～を好む

**Questions 5–8** refer to the following notice.

SenTech Corporate Gym Membership

After consulting with several fitness centres around the region, SenTech HR has

contracted with Steele Fitness to provide our employees with a half-price

membership at any of ------- branches in Brompton. -------. The proximity of the
                        **5.**                                  **6.**

company's Arsenel Street facility to our office was a key ------- in this decision.
                                                      **7.**

We hope all staff will take advantage of the membership deal and enjoy the many

classes and facilities offered at Steele Fitness. -------, for a limited time, families
                                             **8.**

of staff can join for free. E-mail Anne Harby in HR at aharby@sentech.com for

further details.

---

**訳** 設問5-8は次のお知らせに関するものです。

センテック・コーポレート・ジム会員

域内のいくつかのフィットネスセンターに相談した結果，センテックの人事部はスティール・フィットネスと契約し，ブロンプトンにあるその支店で，当社の従業員を対象に半額で会員資格を提供することにしました。スティール・フィットネスは町のあちこちに12の施設を持っています。同社のアーセナル・ストリートの施設が当オフィスに近いことが，この決定の重要な要因でした。

全スタッフがこの会員契約を利用し，スティール・フィットネスで提供される多くのクラスや設備を楽しむことを願っています。さらに，期間限定でスタッフの家族も無料で参加できます。さらに詳しいことについては，人事部のアン・ハービー（aharby@sentech.com）にメールしてください。

**語句** ☐ consult with ～に相談する ☐ contract 契約する ☐ proximity 近いこと
☐ facility 施設 ☐ take advantage of ～を利用する ☐ deal 契約

## 5.

| | |
|---|---|
| (A) your | (A) あなたの，あなたたちの |
| (B) one's | (B) 誰かの |
| (C) its | (C) その |
| (D) our | (D) 私たちの |

**正解** (C)

**解説** 選択肢にはさまざまな代名詞の所有格が並んでいます。空所を含む文はAfter consulting with several fitness centres around the region, SenTech HR has contracted with Steele Fitness to provide our employees with a half-price membership at any of ------- branches in Brompton. 「域内のいくつかのフィットネスセンターに相談した結果，センテックの人事部はスティール・フィットネスと契約し，ブロンプトンにある～支店で，当社の従業員を対象に半額で会員資格を提供することにしました」となっています。branches in Bromptonを所有しているのはSteele Fitnessなので，これを代名詞の所有格にした(C)のits「その」が正解です。

3 代名詞・接続詞（接続副詞）問題

## 6.

| | |
|---|---|
| (A) We want to gather opinions from staff before going forward. | (A) 進める前にスタッフから意見を集めたいと思います |
| (B) Gym tours are available by appointment only. | (B) ジムの見学会は予約によってのみ可能です。 |
| (C) Steele Fitness has twelve locations around town. | (C) スティール・フィットネスは町のあちこちに12の施設を持っています。 |
| (D) Doctors recommend exercising one to three hours per week. | (D) 医師は週に1～3時間の運動をすすめています。 |

**正解** (C)

**解説** 文挿入問題です。空所の前の文はAfter consulting with several fitness centres around the region, SenTech HR has contracted with Steele Fitness to provide our employees with a half-price membership at any of ------- branches in Brompton. 「域内のいくつかのフィットネスセンターに相談した結果，センテックの人事部はスティール・フィットネスと契約し，ブロンプトンにある～支店で，当社の従業員を対象に半額で会員資格を提供することにしました」。後ろの文はThe proximity of the company's Arsenal Street facility to our office was a key ------- in this decision. 「同社のアーセナル・ストリートの施設が当オフィスに近いことが，この決定の重要な～でした」となっています。空所の前後の話題は，会社がスティール・フィットネスと契約をしたこと，そしてその理由はその中の1つの施設が会社の近くにあるためだということです。この文脈に合うのは，(C)のSteele Fitness has twelve locations around town. 「スティール・フィットネスは町のあちこちに12の施設を持っています」です。(A)は，すでにジムとは契約を終えているので内容が矛盾します。(B)と(D)は前後の文の話題とは合いません。

**語句** □ gather ～を集める　□ opinion 意見　□ before *doing* ～する前に
□ go forward 進める　□ available 利用できる　□ appointment 予約
□ location 施設，店舗　□ recommend *doing* ～することをすすめる
□ exercise 運動する　□ per ～につき

# 7.

| | | | |
|---|---|---|---|
| (A) factor | | (A) 要因（単数形） | |
| (B) factored | | (B) 因数分解された | |
| (C) factors | | (C) 要因（複数形） | |
| (D) factoring | | (D) 〜を因数分解している | |

**正解** (A)

**解説** 選択肢には名詞factor「要因」のさまざまな形が並んでいます。空所を含む文はThe proximity of the company's Arsenel Street facility to our office was a key ------- in this decision.「同社のアーセナル・ストリートの施設が当オフィスに近いことが，この決定の重要な〜でした」となっています。空所は冠詞のaから始まるカタマリの最後にあるため，ここには名詞の単数形が入ります。よって，正解は(A)のfactor「要因」です。

**PiCK UP** factorは他動詞として使うと「〜を因数分解する」という意味を表しますが，TOEIC L&Rテストでは名詞「要因」として登場することしかないと考えてよいでしょう。

# 8.

| | | | |
|---|---|---|---|
| (A) Surely | | (A) きっと | |
| (B) In addition | | (B) 加えて | |
| (C) However | | (C) しかしながら | |
| (D) Therefore | | (D) それゆえに | |

**正解** (B)

**解説** 選択肢には副詞（句）が並んでいます。空所を含む文の前の文はWe hope all staff will take advantage of the membership deal and enjoy the many classes and facilities offered at Steele Fitness.「全スタッフがこの会員契約を利用し，スティール・フィットネスで提供される多くのクラスや設備を楽しむことを願っています」，空所を含む文は-------, for a limited time, families of staff can join for free.「〜，期間限定でスタッフの家族も無料で参加できます」となっています。空所の前では社員が享受できる内容に言及し，空所の後ろでは通常享受できることに加えて，社員の家族も施設を使えますよ，ということが述べられています。この流れに合うのは，(B)のIn addition「加えて」です。

🎵 **211**

**Questions 9–12** refer to the following e-mail.

To: Athena Heights Residents
From: Keith Reynolds, Apartment Manager
Subject: Service Upgrade
Date: October 19

As part of a service upgrade, electricians will be replacing the old electrical

transformer for the building between the hours of 9 A.M. and 11 A.M. on

November 12. -------, residences will not receive any electricity during that
          **9.**

period.

During the power outage, we are advising tenants to keep refrigerator and

freezer doors closed as much as possible. -------. You may also want to lower
                          **10.**

the refrigerator temperature settings ------- so that contents stay colder for
                      **11.**

longer. Computers should also be turned off prior to the shutdown.

Should ------- have any questions, I can be reached at (205) 555-0222.
     **12.**

---

**訳** 設問9-12は次のeメールに関するものです。
宛先：アテナ・ハイツにご入居の皆さま
送信者：キース・レイノルズ，アパート管理人
件名：施設のアップグレード
日付：10月19日

施設のアップグレードの一環として，11月12日の午前9時から午前11時まで，電気技師が建物の古い変圧器を交換します。そのため，お住まいは期間中，停電になります。

停電期間中，お住まいの皆さまは冷蔵庫や冷凍庫のドアをできるだけ閉めておくことをおすすめいたします。これによって食べ物が腐るのを防ぐことができます。また，内容物をより長く冷たい状態で保つために，事前に冷蔵庫の温度設定を下げてください。停電の前にコンピューターの電源も切ってください。

どなたか質問があれば，（205）555-0222にお電話いただければ，私が対応いたします。

**語句** ☐ electrician 電気技師 ☐ electrical transformer 変圧器 ☐ power outage 停電
☐ tenant 居住者，借家人 ☐ temperature settings 温度設定
☐ prior to 〜より前に ☐ shutdown 停電 ☐ reach 〜に連絡する

**9.**

| | |
|---|---|
| (A) Frequently | (A) 頻繁に |
| (B) Nevertheless | (B) それにも関わらず |
| (C) Consequently | (C) その結果 |
| (D) Otherwise | (D) そうでなければ |

**正解** (C)

**解説** 選択肢には副詞が並んでいます。空所を含む文の前の文はAs part of a service upgrade, electricians will be replacing the old electrical transformer for the building between the hours of 9 A.M. and 11 A.M. on November 12. 「施設のアップグレードの一環として，11月12日の午前9時から午前11時まで，電気技師が建物の古い変圧器を交換します」，空所を含む文は -------, residences will not receive any electricity during that period. 「〜, お住まいは期間中，停電になります」となっています。空所の前では施設における作業の説明があり，空所の後ろではその結果起こってしまうことが述べられています。よって，正解は(C)のConsequently「その結果」です。

**10.**

| | |
|---|---|
| (A) This will help to prevent food from spoiling. | (A) これによって食べ物が腐るのを防ぐことができます。 |
| (B) The staffroom refrigerator should be cleaned out regularly. | (B) スタッフルームの冷蔵庫は定期的に清掃する必要があります。 |
| (C) To conserve electricity, please turn all of them off. | (C) 節電のため，それらの電源を全て切ってください。 |
| (D) We encourage you to contact us about the matter soon. | (D) この件に関してすぐに連絡をいただければと存じます。 |

**正解** (A)

**解説** 文挿入問題です。空所の前の文はDuring the power outage, we are advising tenants to keep refrigerator and freezer doors closed as much as possible. 「停電期間中，お住まいの皆さまは冷蔵庫や冷凍庫のドアをできるだけ閉めておくことをおすすめいたします」，後ろの文はYou may also want to lower the refrigerator temperature settings ------- so that contents stay colder for longer. 「また，内容物をより長く冷たい状態で保つために，〜冷蔵庫の温度設定を下げてください」となっています。空所の前後の話題が「停電中に冷蔵庫や冷凍庫をどのように扱えばよいのか」という内容なので，この文脈に合うのは(A)のThis will help to prevent food from spoiling. 「これによって食べ物が腐るのを防ぐことができます」です。

**語句** □ help to *do* 〜することを助ける　□ prevent *A* from *doing* Aが〜するのを防ぐ
□ spoil 腐る　□ clean out 〜をすっかり掃除する　□ regularly 定期的に
□ conserve 〜を大事に使う　□ turn off 〜の電気を切る
□ encourage *A* to *do* Aに〜するようすすめる　□ matter 件

**11.**

(A) of late
(B) in advance
(C) as yet
(D) at all

(A) 最近
(B) 事前に
(C) まだ
(D) 少しでも

**正解** (B)

**解説** 選択肢には副詞句が並んでいます。空所を含む文はYou may also want to lower the refrigerator temperature settings ------- 「また，〜冷蔵庫の温度設定を下げてください」に続いてso that「〜するために」があり「内容物をより長く冷たい状態で保つために」という内容になっています。文意が通るのは，(B)のin advance「事前に」です。

**PiCK UP** you may want to doは「〜してください」という意味で，mayの代わりにmightを使ってより丁寧に表すことも可能です。

**12.**

(A) anyone
(B) everyone
(C) whoever
(D) they

(A) 誰か
(B) 誰も（皆）
(C) （〜する）誰でも
(D) 彼ら／彼女たちは，それらは

**正解** (A)

**解説** 選択肢にはさまざまな代名詞が並んでいます。空所を含む文はShould ------- have any questions, I can be reached at (205) 555-0222.「どなたか質問があれば，（205）555-0222 にお電話いただければ，私が対応いたします」となっています。よく使われるのはShould you have any questions, 〜「もしご質問がありましたら，〜」ですが，youは選択肢にはありません。意味から考えてyouの代わりとなり得るのは，(A)のanyone「誰か」です。

**PiCK UP** Should you have any questions, 〜 は疑問文ではありません。If you should have any questions, 〜 のIfを省略し，主語のyouとshouldを倒置させたものだと考えてください。また，should以外にも過去形のwereやhadを使った過去分詞による倒置の文が，TOEIC L&Rテストではしばしば登場します。

（例）

If I were in your shoes, 〜 ＝ Were I in your shoes, 〜
「もし私があなたの立場だったら，〜」

If I had had more money, 〜 ＝ Had I had more money, 〜
「もし私がもっとたくさんお金を持っていたら，〜」

# 4 文挿入問題

文挿入問題は，1セット4問のうち1問出題されます。

**POINT** 文脈から選択肢を絞り，副詞，接続詞，代名詞，指示語，言い換えをヒントに正解を選ぶ

文脈を理解して空所の前後の「話題」をつかみ，その話題に関連する英文を空所に挿入します。ここではその具体的な方法を，例を挙げて紹介していきます。

---

**例 題** ♪ 212

**Question 1** refers to the following excerpt from a user's manual.

> Cleaning your tablet's touchscreen
>
> Your tablet's touchscreen is designed to repel oil and dirt. If it becomes
>
> soiled, however, use a soft, dry cloth to gently wipe the screen clean.
>
> -------. These contain chemicals that may damage the screen and make it
> **1.**
> less responsive.

**1.**
(A) Slightly moistening the cloth may help remove smudges.
(B) Make sure your hands are clean before using the tablet.
(C) Avoid applying excessive pressure while wiping the glass.
(D) Do not use commercially available window cleaners.

---

空所の前には If it becomes soiled, however, use a soft, dry cloth to gently wipe the screen clean. 「しかし，汚れた場合は柔らかくて乾いた布を使い，スクリーンをやさしく拭いてきれいにしてください」，後ろには These contain chemicals that may damage the screen and make it less responsive. 「それらにはスクリーンを破損し，反応しづらくしかねない化学薬品が含まれています」とあります。

空所の前では「正しいスクリーンの拭き方」が述べられていて，後ろでは「スクリーンを破損しかねない化学薬品」について述べられています。この話題の流れに合うのは，(D) の Do not use commercially available window cleaners. 「市販されている窓用クリーナーは使用しないでください」です。空所の後ろの文にある代名詞 These は，挿入する文にある commercially available window cleaners のことを指

しています。

(A)はdry clothと矛盾するので不正解です。(B), (C)は空所後のTheseが指すものが分からず, 不正解です。

このTheseのように, **前後の文との「リンク」となるものとして, 副詞, 接続詞, 代名詞, 指示語, 言い換えなどが「正解の決め手」となる場合が多い**と覚えておいてください。

---

**正解と訳**

設問1は次のユーザーマニュアルからの抜粋に関するものです。

タブレットのタッチスクリーンのお手入れ

タブレットのタッチスクリーンは油やほこりをはじくように作られています。しかし, 汚れた場合は柔らかくて乾いた布を使い, スクリーンをやさしく拭いてきれいにしてください。市販されている窓用クリーナーは使用しないでください。それらにはスクリーンを破損し, 反応しづらくしかねない化学薬品が含まれています。

**1.**
(A) 少し布を湿らせることで汚れがよく落ちるのに役立つかもしれません。
(B) タブレットを使う前に必ず手をきれいにしてください。
(C) ガラス面を拭く際に力をかけ過ぎないようにしてください。
(D) 市販されている窓用クリーナーは使用しないでください。

正解 **1.** (D)

**語句** □ repel 〜をはじく □ dirt ほこり □ soiled 汚れた □ however しかし
□ wipe 〜を拭く □ contain 〜を含む □ chemical 化学薬品
□ damage 〜を破損する □ responsive 反応する □ slightly 少し
□ moisten 〜を湿らせる □ remove 〜を取り除く □ smudge 汚れ
□ apply 〜に適用する □ excessive 過度の
□ commercially available 市販されている

---

ここまで説明した通り, 文挿入問題の解き方は「文脈から選択肢を絞る→副詞, 接続詞, 代名詞, 指示語, 言い換えをヒントに正解を選ぶ」という流れですが, 文脈から選択肢を絞り切れず, 時間がかかりそうだったら, ほかの解ける問題を優先するために後回しにしてもかまいません。

なお, 普段のトレーニング方法としては, 以下のものがあります。

・ほかの設問タイプは選択肢に目を通さないとどのタイプか判断できませんが, 文挿入問題はぱっと見て判断できます。文挿入問題だけをピックアップして解いて, 慣れていくとよいでしょう。

・副詞，接続詞，代名詞，指示語，言い換えがヒントになることが多いです。Part 5
の代名詞・接続詞（接続副詞）問題を解くこともトレーニングになります。

**攻略法まとめ** 文挿入問題

• 文脈から選択肢を絞り，副詞，接続詞，代名詞，指示語，言い換えをヒントに正解を
選ぶ

**Practice** 空所に入る最も適切なものを(A)(B)(C)(D)の中から1つ選びなさい。

**Questions 1–4** refer to the following notice.

To Southend Manor tenants,

We will be performing some renovations on the building, ------- the roof and the
**1.**
parking garage. The work is scheduled to begin on Monday, September 23,

and take 10 days to complete. -------. However, we ask for your patience with
**2.**
any inconvenience the renovations may cause.

------- there will be construction taking place in the parking garage, you may
**3.**
still park your cars there. Please note that the rear entrance to the garage may

------- during part of the work.
**4.**

If you have any questions or concerns, please contact us at (303) 555-0754.

Dan and Naomi Torsten
Landlords

**1.**
(A) except for
(B) including
(C) during
(D) among

**2.**
(A) Please advise us right away if
    you will not be finished on time.
(B) During this time, please do not
    let your children play outside.
(C) We will make every effort to
    minimize noise and disruptions.
(D) There is street parking available
    in front of the building.

**3.**
(A) After all
(B) However
(C) Although
(D) Even

**4.**
(A) have been blocked
(B) be blocked
(C) block
(D) have blocked

To: Violet Tyson
From: Kerwin Suzuki
Subject: Paris assignment
Date: October 2
Attachment: accounts.doc

Violet,

Thanks for taking over ------- I'm in Paris setting up our new branch. I'm
**5.**
attaching a list of my -------. I will send out an e-mail to all of them today
**6.**
announcing my absence for the next three weeks. Please contact them soon
afterward to ensure they are ------- that you'll be monitoring my accounts while
**7.**
I'm away. -------. I will have some time tomorrow morning, if you're available
**8.**
then.

Thanks again,

Kerwin

**5.**
(A) also
(B) toward
(C) during
(D) while

**6.**
(A) destinations
(B) reports
(C) clients
(D) tasks

**7.**
(A) familiar
(B) willing
(C) aware
(D) recognizable

**8.**
(A) I'm looking forward to seeing
you in Paris.
(B) I can review this with you before
I leave, if you like.
(C) Congratulations once again on
your promotion.
(D) Please give me another day to
confirm the price.

**Questions 9–12** refer to the following letter.

---

17 June

Emma Spencer
149 Barrett Boulevard
Chelswick City, NSE1 5GU

Dear Ms. Spencer,

On Saturday, 19 July, Chelswick City's annual parade will be held. Barrett

Boulevard will be closed to automobile traffic on that day from 10:00 A.M. until

about 2:00 P.M. -------. Please plan ------- if you expect to leave your residence
　　　　　　　　　**9.**　　　　　　　　　　**10.**
by car during that time. The ------- will be reopened immediately following the
　　　　　　　　　　　　　　　**11.**
parade's completion.

Your cooperation will help us to provide a safe and fun ------- for all. For more
　　　　　　　　　　　　　　　　　　　　　　　　**12.**
information, please visit www.ccparade.org.uk.

Yours sincerely,

Tracy Nguyen
Organizer, Chelswick City Parade

---

**9.**
(A) All residents are being notified about the road construction.
(B) Traffic is particularly heavy during the morning commute.
(C) These include the public library and modern art museum.
(D) This is to ensure the safety of participants and spectators.

**10.**
(A) approximately
(B) intentionally
(C) accordingly
(D) subsequently

**11.**
(A) business
(B) case
(C) facility
(D) route

**12.**
(A) experience
(B) experiences
(C) experiencing
(D) experienced

**Questions 13–16** refer to the following notice.

---

City of Greenville, Permits & Licensing Department

As a Greenville resident, you are not required to employ a professional firm in

order to do ------- on your own property, as long as you comply with all local
       **13.**

regulations when doing so. -------. However, permission must be obtained from
           **14.**

the city before undertaking large-scale projects ------- building an extension to
                 **15.**

a house. Additionally, a visit from an ------- is required before the new structure
               **16.**

can be used or occupied. For a list of projects and associated permits, please

visit www.permits.greenville.gov.

---

**13.**
(A) manufacturing
(B) construction
(C) business
(D) landscaping

**14.**
(A) Penalties for violations have become more severe recently.
(B) Some of these options are no longer available to residents.
(C) A building permit is usually not needed for minor renovations.
(D) Many contractors will recommend inexpensive materials.

**15.**
(A) next to
(B) likewise
(C) such as
(D) despite

**16.**
(A) inspection
(B) inspector
(C) inspect
(D) inspecting

**Questions 1–4** refer to the following notice.

To Southend Manor tenants,

We will be performing some renovations on the building, ------- the roof and the
**1.**
parking garage. The work is scheduled to begin on Monday, September 23, and

take 10 days to complete. -------. However, we ask for your patience with any
**2.**
inconvenience the renovations may cause.

------- there will be construction taking place in the parking garage, you may still
**3.**
park your cars there. Please note that the rear entrance to the garage may -------
**4.**
during part of the work.

If you have any questions or concerns, please contact us at (303) 555-0754.

Dan and Naomi Torsten
Landlords

---

**訳** 設問1-4は次のお知らせに関するものです。
サウスエンド・マナーにご入居の皆さま

建物の改修工事を行います。屋根と車庫を含みます。工事は9月23日（月曜日）に始まり，終了まで10日かかる予定です。騒音とご迷惑を最小限に抑えるよう努めます。しかしながら，改修工事によって生じるかもしれないご不便についてご辛抱のほどお願いいたします。

車庫でも建設工事が行われますが，まだお車をとめることはできます。車庫に通じる裏口は，工事の一部期間中，ふさがれることがありますのでご注意ください。

ご質問や気がかりなことがあれば，（303）555-0754までご連絡ください。

ダン・トーステン，ナオミ・トーステン
大家

**語句** □ tenant 入居者 □ perform ～を行う □ renovation 改修工事 □ garage 車庫
□ be scheduled to do ～することになっている □ complete ～を完成させる
□ however しかしながら □ ask for ～を求める □ patience 我慢，忍耐
□ inconvenience 不便，不都合 □ cause ～を引き起こす
□ construction 建設工事 □ take place 行われる □ park ～を駐車する
□ please note that ～にご注意ください □ rear entrance 裏口 □ during ～の間
□ concern 気がかりなこと □ landlord 大家

## 1.

(A) except for
(B) including
(C) during
(D) among

(A) 〜を除いて
(B) 〜を含めて
(C) 〜の間（期間）
(D) 〜の間（場所）

**正解** (B)

**解説** 選択肢にはさまざまな（群）前置詞が並んでいます。空所を含む文はWe will be performing some renovations on the building, ------- the roof and the parking garage.「建物の改修工事を行います。屋根と車庫を〜」となっています。この文だけから考えると，正解候補となるのは(A)のexcept for「〜を除いて」と(B)のincluding「〜を含めて」の2つです。正解の根拠は，第2段落の最初の文にある there will be construction taking place in the parking garage「車庫で建設工事が行われます」です。車庫も改修工事が行われることが分かるため，正解は(B)です。

**PiCK UP** including「〜を含めて」は前置詞として使われることがしばしばあります。反意語はexcluding「〜を除いて」で，exceptやexcept forと同じ意味です。

## 2.

(A) Please advise us right away if you will not be finished on time.
(B) During this time, please do not let your children play outside.
(C) We will make every effort to minimize noise and disruptions.
(D) There is street parking available in front of the building.

(A) 時間通りに終えられない場合はすぐにこちらにご忠告ください。
(B) この期間中，お子さまを外で遊ばせないでください。
(C) 騒音とご迷惑を最小限に抑えるよう努めます。
(D) 建物の前の道路の駐車場が利用できます。

**正解** (C)

**解説** 文挿入問題です。空所の前の文は The work is scheduled to begin on Monday, September 23, and take 10 days to complete.「工事は9月23日（月曜日）に始まり，終了まで10日かかる予定です」，後ろの文はHowever, we ask for your patience with any inconvenience the renovations may cause.「しかしながら，改修工事によって生じるかもしれないご不便についてご辛抱のほどお願いいたします」となっています。空所の後ろの文にあるHowever「しかしながら」から，空所には「改修工事によって迷惑をかけないように努める」という内容の文が入るのではということが推測できます。正解は(C)のWe will make every effort to minimize noise and disruptions.「騒音とご迷惑を最小限に抑えるよう努めます」になります。(A) (B) (D)は，いずれも後ろに続くHowever以下の内容の逆を表すものではありません。

**PiCK UP** make an effort to doは「〜するための努力をする」です。選択肢では冠詞のanの代わりにevery「全ての」を使って「できる限り努力する」ということを強調しています。

**語句** □ advise 〜に忠告する　□ right away すぐに
□ make an effort to do 〜するよう努める　□ minimize 〜を最小限度にする
□ disruption 混乱

**3.**

| | |
|---|---|
| (A) After all | (A) 結局 |
| (B) However | (B) しかしながら |
| (C) Although | (C) ～だけれども |
| (D) Even | (D) ～でさえ |

**正解** (C)

**解説** 選択肢には副詞（句）や接続詞が並んでいます。空所を含む文は ------- there will be construction taking place in the parking garage, you may still park your cars there. 「車庫でも建設工事が行われます～、まだお車をとめることはできます」となっています。カンマを挟んで節が2つ並んでいるので、空所には接続詞が必要です。よって、正解は選択肢の中で唯一の接続詞である(C)のAlthough「～だけれども」です。

**4.**

| | |
|---|---|
| (A) have been blocked | (A) ふさがれている |
| (B) be blocked | (B) ふさがれる |
| (C) block | (C) ～をふさぐ |
| (D) have blocked | (D) ～をふさいだ |

**正解** (B)

**解説** 選択肢には動詞block「～をふさぐ」のさまざまな形が並んでいます。空所を含む文はPlease note that the rear entrance to the garage may ------- during part of the work. 「車庫に通じる裏口は、工事の一部期間中、～ことがありますのでご注意ください」となっています。blockは他動詞なので後ろには目的語が必要です。ここでは主語となっているthe rear entrance「裏口」が「ふさがれる」とすれば文意も通るため、正解は(B)のbe blocked「ふさがれる」です。(A)は過去から現在の内容を表すことになり、ここでは合いません。

Questions 5–8 refer to the following e-mail.

To: Violet Tyson
From: Kerwin Suzuki
Subject: Paris assignment
Date: October 2
Attachment: accounts.doc

Violet,

Thanks for taking over ------- I'm in Paris setting up our new branch. I'm
        **5.**

attaching a list of my -------. I will send out an e-mail to all of them today
        **6.**

announcing my absence for the next three weeks. Please contact them soon

afterward to ensure they are ------- that you'll be monitoring my accounts while
        **7.**

I'm away. -------. I will have some time tomorrow morning, if you're available
   **8.**

then.

Thanks again,

Kerwin

**訳** 設問5-8は次のeメールに関するものです。

宛先：バイオレット・タイソン
送信者：カーウィン・スズキ
件名：パリでの仕事
日付：10月2日
添付ファイル：accounts.doc

バイオレット,

私が新支店立ち上げのためにパリにいる間，仕事を引き受けてくれてありがとう。私の顧客の一覧を添付しています。彼ら全員に今日eメールを送り，これから3週間私が不在になることを伝えておきます。その後すぐに彼らに連絡を取り，私が不在の間，あなたが私の得意先を見ていることを分かってもらうようにしてください。よければ出発前に今回の件をあなたとおさらいすることもできます。あなたの都合がよければ，明日の朝時間をとります。

改めてありがとう

カーウィン

## 5.

**前置詞vs接続詞vs副詞問題**

| | | |
|---|---|---|
| (A) also | (A) また |
| (B) toward | (B) ～に向かって |
| (C) during | (C) ～の間 |
| (D) while | (D) ～しているとき |

**正解** (D)

**解説** 選択肢には副詞や前置詞，接続詞が並んでいます。空所を含む文はThanks for taking over ------- I'm in Paris setting up our new branch.「私が新支店立ち上げのためにパリにいる～，仕事を引き受けてくれてありがとう」となっています。空所の前後が節であれば，空所には節をつなぐ接続詞が入ります。Thanksは名詞なのですが，これはThank youに言い換えることができます。このThankの前には主語であるIが省略されているので（I thank you for），それと同じ意味であるThanks for ... は節であるとみなすことが可能です。よって，正解は選択肢の中で唯一の接続詞である(D)のwhile「～しているとき」になります。

**PiCK UP** towardもtowardsも「～に向かって」や「～の方へ」という意味の前置詞です。

## 6.

**語彙問題**

| | | |
|---|---|---|
| (A) destinations | (A) 目的地 |
| (B) reports | (B) レポート |
| (C) clients | (C) 顧客 |
| (D) tasks | (D) 仕事 |

**正解** (C)

**解説** 選択肢には名詞の複数形が並んでいます。空所を含む文は I'm attaching a list of my -------.「私の～の一覧を添付しています」ですが，この文だけでは正解を絞ることができません。そこで次の文を見てみると，I will send out an e-mail to all of them today announcing my absence for the next three weeks.「彼ら全員に今日eメールを送り，これから3週間私が不在になることを伝えておきます」とあります。この文にあるthemは〈my＋空所〉を受けていると推測されますが，themにはeメールが送られるので，themは人であることが分かります。よって，正解は(C)のclients「顧客」になります。

**7.**   語彙問題

(A) familiar
(B) willing
(C) aware
(D) recognizable

(A) よく分かっている
(B) 望んでいる
(C) 認識している
(D) 認識できる

**正解** (C)

**解説** 選択肢には形容詞が並んでいます。空所を含む文はPlease contact them soon afterward to ensure they are ------- that you'll be monitoring my accounts while I'm away.「その後すぐに彼らに連絡を取り，私が不在の間，あなたが私の得意先を見ていることを彼らが〜ようにしてください」となっています。後ろにthat節を続けることができ，なおかつ文意が通るのは，(C)のaware「認識している」です。(A)のfamiliar「よく分かっている」はbe familiar with「〜をよく知っている」という形で，(B)のwilling「望んでいる」はbe willing to do「進んで〜する」という形でよく使われます。(D)のrecognizable「認識できる」は「(主語が)認識される」ことを意味し，they are recognizableだと「彼らが（誰かによって）認識できる，認識される」という意味になるため文意が通りません。

4
文挿入問題

**8.**   文挿入問題

(A) I'm looking forward to seeing you in Paris.
(B) I can review this with you before I leave, if you like.
(C) Congratulations once again on your promotion.
(D) Please give me another day to confirm the price.

(A) パリでお会いできるのを楽しみにしています。
(B) よければ出発前に今回の件をあなたとおさらいすることもできます。
(C) 改めて，昇進おめでとう。
(D) 価格を確定するのにもう1日ください。

**正解** (B)

**解説** 文挿入問題です。空所の前の文はPlease contact them soon afterward to ensure they are ------- that you'll be monitoring my accounts while I'm away.「その後すぐに彼らに連絡を取り，私が不在の間，あなたが私の得意先を見ていることを〜ようにしてください」，後ろの文はI will have some time tomorrow morning, if you're available then.「あなたの都合がよければ，明日の朝時間をとります」となっています。空所の後ろの文の内容から，空所にはeメールの送信者と受信者が「会う」ということを述べている文が入るのでは，と推測することができます。よって，正解は(B)のI can review this with you before I leave, if you like.「よければ出発前に今回の件をあなたとおさらいすることもできます」です。(A)も会うことに言及していますが，eメールの送信者がこれからパリに発ち，受信者はその間にその顧客に連絡すると書かれているので，2人はパリでは会いません。

**語句** □ look forward to *doing* 〜するのを楽しみにする　□ review 〜を復習する
□ congratulations on 〜おめでとう　□ promotion 昇進　□ confirm 〜を確かめる

**Questions 9–12** refer to the following letter.

17 June

Emma Spencer
149 Barrett Boulevard
Chelswick City, NSE1 5GU

Dear Ms. Spencer,

On Saturday, 19 July, Chelswick City's annual parade will be held. Barrett

Boulevard will be closed to automobile traffic on that day from 10:00 A.M. until

about 2:00 P.M. -------. Please plan ------- if you expect to leave your residence
        **9.**                        **10.**
by car during that time. The ------- will be reopened immediately following the
                            **11.**
parade's completion.

Your cooperation will help us to provide a safe and fun ------- for all. For more
                                                        **12.**
information, please visit www.ccparade.org.uk.

Yours sincerely,

Tracy Nguyen
Organizer, Chelswick City Parade

---

**訳** 設問9-12は次の手紙に関するものです。
6月17日

エマ・スペンサー
バレット・ブールバード149番
チェルズウィック・シティ　NSE1 5GU

スペンサーさま

7月19日（土曜日），チェルズウィック・シティの年次パレードが開催されます。当日の午前10時から午後2時頃まで，バレット・ブールバードは閉鎖され，自動車での往来ができません。これは参加者と観客の安全を確保するためです。その時間内に自動車でお住まいを離れる予定があれば，それを考慮して計画を立ててください。パレードが終わったらすぐに道路は再び開きます。

あなたの協力がみんなの安全で楽しい経験につながります。詳しい情報は，www.ccparade.org.uk をご覧ください。

敬具

トレイシー・ニュエン
チェルズウィック・シティ・パレード主催者

| 語句 | □ annual 年に一度の　□ *be* held 行われる　□ automobile 自動車 |
|---|---|
| | □ traffic（車などの）往来　□ residence 住居　□ immediately すぐに |
| | □ following 〜の後で　□ completion 終了　□ cooperation 協力 |
| | □ organizer 主催者 |

## 9.　　　　　　　　　　　　　　　　　　　　　　　　　文挿入問題

(A) All residents are being notified about the road construction.
(B) Traffic is particularly heavy during the morning commute.
(C) These include the public library and modern art museum.
(D) This is to ensure the safety of participants and spectators.

(A) お住まいの皆さまに道路工事についてお知らせしています。
(B) 朝の通勤時に特に交通渋滞が特にひどくなります。
(C) これらには公立図書館，現代美術館が含まれます。
(D) これは参加者と観客の安全を確保するためです。

**正解** (D)

**解説** 文挿入問題です。空所の前までの内容は On Saturday, 19 July, Chelswick City's annual parade will be held. Barrett Boulevard will be closed to automobile traffic on that day from 10:00 A.M. until about 2:00 P.M.「7月19日（土曜日），チェルズウィック・シティの年次パレードが開催されます。当日の午前10時から午後2時頃まで，バレット・ブールバードは閉鎖され，自動車での往来ができません」。後ろの文は Please plan ------- if you expect to leave your residence by car during that time.「その時間内に自動車でお住まいを離れる予定があれば，〜計画を立てててください」となっています。空所の前までの話題を引き継ぎ，道路の閉鎖の理由を述べている(D)の This is to ensure the safety of participants and spectators.「これは参加者と観客の安全を確保するためです」が正解です。(A)〜(C)はいずれも空所の前後の内容と直接的な関連がありません。

**PiCK UP** commuteは「通勤する」という意味では自動詞として使われ，commute to work「通勤する」のように使われます。また，名詞の「通勤」という意味でも使われます。なお「通勤者」はcommuter，「定期券」はcommuter passと表します。

| 語句 | □ notify 〜を知らせる　□ construction 建設　□ traffic 渋滞　□ particularly 特に |
|---|---|
| | □ commute 通勤　□ include 〜を含む　□ ensure 〜を確保する |
| | □ participant 参加者　□ spectator 観客 |

## 10.　　　　　　　　　　　　　　　　　　　　　　　　　語彙問題

(A) approximately
(B) intentionally
(C) accordingly
(D) subsequently

(A) 約
(B) 故意に
(C) それに応じて
(D) その後

**正解** (C)

**解説** 選択肢には副詞が並んでいます。空所を含む文は Please plan ------- if you expect to leave your residence by car during that time.「その時間内に自動車でお住まいを離れる予定があれば，～計画を立ててください」となっています。空所に入れて文意が通るのは，(C)の accordingly「それに応じて」です。accordinglyは前に述べられている内容を受けますが，ここでは「状況に応じて適切な方法で」という意味で使われており，「当日の午前10時から午後2時頃まで，バレット・ブールバードは閉鎖される」ということを考慮して計画を立ててくださいと述べています。

**PiCK UP** subsequentlyは「その後」という意味です。after that，subsequent to that，afterward，thereafterなども場面に応じて「その後」という意味で使われます。

## 11.

語彙問題

(A) business
(B) case
(C) facility
(D) route

(A) 事業
(B) 事例
(C) 設備
(D) 道路

**正解** (D)

**解説** 選択肢には名詞が並んでいます。空所を含む文は The ------- will be reopened immediately following the parade's completion.「パレードが終わったらすぐに～は再び開きます」となっています。ここまでの内容から，パレードの最中に閉鎖されているのは「道路」であることが分かっているため，正解は(D)のrouteです。

**PiCK UP** 日本語の「ビジネス」は「仕事」（不可算名詞）という意味で使われますが，businessは「会社，企業，店」（可算名詞）という意味でも頻繁に使われます。

## 12.

品詞問題

(A) experience
(B) experiences
(C) experiencing
(D) experienced

(A) 経験（単数形），～を経験する
(B) 経験（複数形），～を経験する（三人称単数現在形）
(C) ～を経験すること
(D) 経験豊富な，～を経験した

**正解** (A)

**解説** 選択肢にはexperience「経験，～を経験する」のさまざまな形が並んでいます。空所を含む文はYour cooperation will help us to provide a safe and fun ------- for all.「あなたの協力がみんなの安全で楽しい～につながります」となっています。aがあることからその後のカタマリは名詞句で，safe and funがかかる名詞の単数形が空所には入ると分かります。よって，正解は(A)のexperience「経験」です。

**PiCK UP** experiencedは「経験豊富な」という意味の形容詞としてしばしば使われ，これはseasonedやskillfulなどに言い換えることができます。

♩ 216

Questions **13–16** refer to the following notice.

City of Greenville, Permits & Licensing Department

As a Greenville resident, you are not required to employ a professional firm in order to do ------- on your own property, as long as you comply with all local
13.
regulations when doing so. -------. However, permission must be obtained from
14.
the city before undertaking large-scale projects ------- building an extension to a
15.
house. Additionally, a visit from an ------- is required before the new structure
16.
can be used or occupied. For a list of projects and associated permits, please

visit www.permits.greenville.gov.

**訳** 設問13-16は次のお知らせに関するものです。

グリーンビル市，許可・ライセンス部

グリーンビルの住民として，ご自身の敷地内の建築作業をするのに，当市の全ての規則を守っていただいている限り，そのために専門の事務所を雇う必要はありません。建築許可は通例，ちょっとした改修工事では必要ありません。しかしながら，家屋の増築といった大規模なプロジェクトに取り掛かる前には市から許可を得る必要があります。さらに，新しい建造物の使用・居住ができるようになる前に，検査官の訪問が必要になります。プロジェクトと関連許可の一覧については，www.permits.greenville.gov をご覧ください。

**語句** □ permit 許可 □ as ～として □ resident 住民
□ *be* required to *do* ～する必要がある □ employ ～を雇う □ firm 事務所
□ in order to *do* ～するために □ property 地所 □ as long as ～する限り
□ comply with ～に従う □ local 地元の □ regulation 規則
□ when *doing* ～するときに □ however しかしながら □ permission 許可
□ obtain ～を得る □ before *doing* ～する前に □ undertake ～に取り掛かる
□ large-scale 大規模な □ build an extension to ～を増築する
□ additionally さらに □ a visit from ～の来訪 □ structure 建造物
□ occupy ～に居住する □ associated permit 関連許可

4
文挿
入問
題

**13.**

| | |
|---|---|
| (A) manufacturing | (A) 製造 |
| (B) construction | (B) 建築 |
| (C) business | (C) 事業 |
| (D) landscaping | (D) 風景 |

**正解** (B)

**解説** 選択肢には名詞が並んでいます。空所を含む文はAs a Greenville resident, you are not required to employ a professional firm in order to do ------- on your own property, as long as you comply with all local regulations when doing so. 「グリーンビルの住民として，ご自身の敷地内の〜作業をするのに，当市の全ての規則を守っていただいている限り，そのために専門の事務所を雇う必要はありません」となっています。この文だけでは正解を選ぶことができませんが，この文の次は文挿入をする空所となっており，さらにその次の文ではHowever, permission must be obtained from the city before undertaking large-scale projects ------- building an extension to a house. 「しかしながら，家屋の増築〜大規模なプロジェクトに取り掛かる前には市から許可を得る必要があります」と述べられています。このことから，13.の空所には「家屋の増築」に類する内容が入ることが分かるため，正解は(B)のconstruction「建築」になります。

**PiCK UP** build an extension toは「〜を増築する」という表現です。また，本問のように「先まで読まないと解答できない問題」では，13.や14.の問題を解答する前に15.の問題を先に解答しても構いません。

**14.**

| | |
|---|---|
| (A) Penalties for violations have become more severe recently. | (A) 最近，違反へのペナルティが厳しくなりました。 |
| (B) Some of these options are no longer available to residents. | (B) 住民はこれらの選択肢の一部をもはや利用できません。 |
| (C) A building permit is usually not needed for minor renovations. | (C) 建築許可は通例，小規模の改修工事では必要ありません。 |
| (D) Many contractors will recommend inexpensive materials. | (D) 多くの施工業者はあまり高くない材料をすすめるでしょう。 |

**正解** (C)

**解説** 文挿入問題です。空所の前の文はAs a Greenville resident, you are not required to employ a professional firm in order to do ------- on your own property, as long as you comply with all local regulations when doing so. 「グリーンビルの住民として，ご自身の敷地内の〜作業をするのに，当市の全ての規則を守っていただいている限り，そのために専門の事務所を雇う必要はありません」，後ろの文はHowever, permission must be obtained from the city before undertaking large-scale projects ------- building an extension to a house. 「しかしながら，家屋の増築〜大規模なプロジェクトに取り掛かる前には市から許可を得る必要があります」となっています。空所の直後にあるHowever「しかしながら」の後ろには「建築の許可が必要だ」と述べられているため，空所には「建築の許可は必要ではない」という内容が入ることが分かります。よって，正解は(C)のA building permit is usually not needed for minor renovations. 「建築許可は通例，小規模の改修工事では必要ありません」です。

**語句** ☐ penalty ペナルティ，罰則  ☐ violation 違反  ☐ severe 厳しく  ☐ recently 最近
☐ no longer もはや〜ない  ☐ available to 〜が利用できる

☐ building permit 建築許可　☐ minor 小さな　☐ renovation 改修工事
☐ contractor 施行業者　☐ recommend 〜をすすめる　☐ inexpensive 安価な
☐ material 素材

## 15.

(A) next to
(B) likewise
(C) such as
(D) despite

(A) 〜の隣に
(B) 同様に
(C) 〜といった
(D) 〜にも関わらず

**正解** (C)

**解説** 選択肢には（群）前置詞や副詞（句）が並んでいます。空所を含む文はHowever, permission must be obtained from the city before undertaking large-scale projects ------- building an extension to a house.「しかしながら、家屋の増築〜大規模なプロジェクトに取り掛かる前には市から許可を得る必要があります」となっています。空所の後ろにある building an extension to a houseは、空所の前にあるlarge-scale projectsの「一例」と考えられるため、正解は(C)のsuch as「〜といった」です。

## 16.

(A) inspection
(B) inspector
(C) inspect
(D) inspecting

(A) 検査
(B) 検査官
(C) 〜を検査する
(D) 〜を検査すること、〜を検査している

**正解** (B)

**解説** 選択肢には動詞inspect「〜を検査する」のさまざまな形が並んでいます。空所を含む文は Additionally, a visit from an ------- is required before the new structure can be used or occupied.「さらに、新しい建造物の使用・居住ができるようになる前に、〜の訪問が必要になります」となっています。空所の前には冠詞のan、後にはbe動詞isがあるため、空所には可算名詞の単数形が入ります。この時点で正解候補は(A)のinspection「検査」と(B)の inspector「検査官」のいずれかになります。空所の前にあるa visit fromは「〜の来訪と」という意味なので、正解は(B)です。

**PiCK UP** (D)のinspectingは動名詞「〜を検査すること」や現在分詞「〜を検査している」として使うことができます。動名詞は「単数扱い」なので、現在形の文で主部となった場合、動詞は三人称単数現在形となりますが、あくまでも「単数扱い」であるだけで、「可算名詞の単数形」に付くaやanは前には付きません。加えて、他動詞を動名詞として使う場合には、後ろには目的語が続きます。

（例）

1. Inspecting our facilities is important.（〇）
2. Inspecting is important.（×）
　　→ 他動詞のdoing形であるInspectingには目的語が必要です。
3. Inspecting our facilities are important.（×）
　　→ 主部は〈動名詞＋目的語〉から成りますが、これは三人称単数扱いなので動詞はareではなくisになります。

4

文挿入問題

# Part 5, Part 6の攻略法について

**編集部（以下，編）**：本書を手に取る方たちは700点台からさらに上を目標にしているはずですが，Part 5は品詞問題の応用編に入っている複合名詞の問題，前置詞や接続詞問題，そして語彙問題が，Part 6は文挿入問題などがつまずきやすい部分ではないでしょうか。それらを克服してさらに上のステップに行くにはどうすればよいですか。

**濱﨑潤之輔（以下，濱）**：Part 5は，文法問題ですごく基本的な問題だと，名詞の前に形容詞が来たり，形容詞を修飾するなら副詞が来たりします。でも，実はそれだけではないじゃないですか。名詞を修飾する名詞があったり，名詞の前が形容詞で，その形容詞の前が空所でも，その空所にさらに形容詞が入って，2つの形容詞が同じ名詞を修飾するパターンもあったりしますよね。〈形＋形＋名〉という形です。基本的なパターンとしては〈副＋形＋名〉ですが，応用として〈形＋形＋名〉もあるし，〈形＋名＋名〉という形もあります。さらにその前に副詞が付くパターンもある。形容詞の前に副詞が来るという基本的な部分が抑えられていても，このように品詞の組み合わせには拡張性があると知らない人はけっこう多いので，そういったパターンの解説も本書に盛り込んでいます。

Part 6は，基本的には文書を冒頭から読んで解けばよいのですが，Part 6ができませんとか，苦手ですとかいう人が多くて……。

要はPart 6の勉強をちゃんとしてない人が多い気がするんですよね。特に初級，中級の方に。でもPart 6にはちゃんと解き方があります。例えば，文挿入問題は空所の前後の文，空所のある文，副詞の部分の合計3つの部分を見ることです。その3つの部分を見て解けない問題はほぼないので，手順はシンプルに。本書では，こういう手順で解けばいいんだよということを強調しました。

特に文挿入問題については，必要ならば不正解の選択肢に関しても「PiCK UP」などで言及しています。余計な副詞が入っているなど，不正解の選択肢の根拠まで書いています。いきなりotherwiseが入っている，それが入っていることによって前とつながっていませんよというように解説をしました。

**大里秀介（以下，大）**：不正解の選択肢もちゃんとですか？

**濱**：そうです。

**編**：確かにPart 6ってあまり勉強していないなと感じます。どうしてもPart 5の続きというイメージがありますね。

**大**：Part 5と共通しているのは，文挿入問題を除く短文の穴埋め問題ですね。当てはまる語句を選択肢から選んで空所に入れなさいというタイプの問題です。これらにはPart 5と同じパターンの問題もあるわけです。でも，Part 5と違うのは，空所の前後

を見ただけでは正解を1つに絞れないように作られている問題が必ず出てくるところです。文挿入問題はもちろんですが，時制を伴った問題や語彙問題でも，選択肢と空所のある文を見た段階では，複数が正解候補になる問題があります。なぜかというと，そのような問題は文脈を踏まえて正解を選ばなければいけません。そこがPart 5との決定的な違いなんですよ。この文脈を意識して解くという点は，Part 7への橋渡しにもなっていきます。文脈を読まずにフィーリングで解くと永遠に間違ってしまうという……。正解の根拠は，空所のある文の前か後ろの文に必ずあるという意識をもつ必要があります。

**濵**：Part 6の勉強ができるようになったら，Part 5は絶対できるようになるし，Part 7も読めるようになるわけだから，実はPart 6ってメチャクチャ重要ですよね。それなのに，軽視されている気がしますけど……。

**編**：最後に，ここまで本書でPart 5，6を学習して，Final Test，そして実際の試験へと進む読者の方へメッセージをお願いします。

**大**：Part 5，6は濵﨑さんの言う通り，読解力の土台となる表現がたくさん登場するので，分からないことを効率的に学べる宝の山です。一方で，本番では時間管理しながら解く必要があるので，「迷ったら捨てよ！」が鉄則です。練習ではみっちり時間をかけ，本番では時間内に決断する，この

メリハリがスコアに影響します。濵﨑さんが用意したトレーニングをこなすことで，きっと力がつくと思いますので，この本を信じてやり込んでください。皆さんのレベルアップを願っております！

**濵**：僕にとって「990点到達の最後の壁」はPart 5でした。Part 5，6がスコアアップの最後のカギを握っています。Part 5，6の解答速度と精度をアップさせることでPart 7の時間をしっかりと確保することができ，リーディングスコアの底上げにつなげることが可能です。Part 5，6の文法知識はPart 7の読解力の土台となります。Part 5，6の勉強をすることを楽しみ，あなたが欲する高嶺の花を掴むことを心より応援しています。

# Final Test

※解答用紙はWebサイトよりダウンロードしてください。詳細はp.11をご覧ください。

※自動採点サービスに対応しています。詳細はp.7をご覧ください。

※各Partの指示文（Directions）は旺文社作成のものです。

**Directions:** In each sentence below, there is a word or phrase that is missing. After each sentence, there are four answer choices given. Choose the answer that best completes the sentence. Then mark (A), (B), (C), or (D) on the answer sheet.

**101.** Students that are interested in ------- the painting lesson can sign up on our Web site.

(A) take
(B) took
(C) taking
(D) to take

**102.** Hosting a company retreat is ------- a great way to increase the cooperation of workers, but also their productivity.

(A) even though
(B) in case
(C) not only
(D) regardless of

**103.** Among his many ------- qualifications, Mr. Lee is a member of the TMIT Society and a frequent guest on the TV show Talk Economics.

(A) impressive
(B) impressively
(C) impressed
(D) impressing

**104.** To cut costs, we need to find a durable yet ------- fabric that we can use to make our blankets.

(A) inexpensive
(B) fragile
(C) indefinite
(D) unexpected

**105.** The product catalog that Spartan Outdoor Clothing sends customers lists prices ------- every item that it features.

(A) so
(B) and
(C) both
(D) for

**106.** Although our auto repair shop ------- in repairing classic European cars, we can also repair modern vehicles.

(A) inspects
(B) respects
(C) specializes
(D) realizes

**107.** The local government authorized the legislation to improve public parking during the most recent infrastructure ------- hearing.
(A) renew
(B) renewed
(C) renewal
(D) renewing

**108.** The Great Bourne Post Office has released a special statement to address complaints ------- the speed of their delivery service.
(A) prohibiting
(B) following
(C) resulting
(D) concerning

**109.** Dr. Gundry has become known ------- the medical community thanks to the medical breakthroughs achieved by his research team.
(A) against
(B) throughout
(C) regarding
(D) during

**110.** The Local Hero Reception celebrates members of the community ------- contribute to the well-being of their fellow citizens.
(A) to
(B) who
(C) those
(D) for

**111.** We have activities for all age groups, so teenagers and babies ------- are welcome at Playdates Youth Center.
(A) least
(B) extremely
(C) alike
(D) currently

**112.** Customers still tend to travel to larger department stores in the city ------- all items are now available to purchase online.
(A) as though
(B) in that
(C) subject to
(D) even though

**113.** A capable manager endeavors ------- employee morale across the store whenever the opportunity arises.
(A) to improve
(B) improves
(C) is improving
(D) improved

**114.** On Saturday, Ms. Greene will give a workshop on ------- to create simple videos for online marketing purposes.
(A) what
(B) how
(C) that
(D) then

*GO ON TO THE NEXT PAGE*

**115.** While Benotech charges more than their competitors, the number of customers who prefer to buy their services is still -------.

(A) considerable
(B) capable
(C) deliberated
(D) intent

**116.** If you are interested in applying for this position, then please ------- your résumé along with a recent photo.

(A) submit
(B) identify
(C) prove
(D) request

**117.** Wearing traditional caps and gowns is a ------- for all students at graduation.

(A) teaching
(B) statement
(C) profession
(D) necessity

**118.** Several customers have claimed that they will no longer purchase these shirts ------- the company stops using synthetic dyes.

(A) however
(B) unless
(C) without
(D) whenever

**119.** Next weekend Kale Crispers will host a free training event, and all employees are encouraged to -------.

(A) sign
(B) attend
(C) consider
(D) check

**120.** The concept of any business can only be ------- realized once one has thoroughly researched the market.

(A) fully
(B) full
(C) filling
(D) filled

**121.** To commemorate its fifth anniversary, Helga's Pizzeria will give away 100 pizzas ------- the month of May.

(A) about
(B) out of
(C) next to
(D) during

**122.** The Walters Art Gallery will be closed for renewal ------- on Tuesday, April 28.

(A) will start
(B) has started
(C) starts
(D) starting

**123.** In response to the increased rates being charged by the newspaper, many customers ------- their subscriptions in the last few months.

(A) will cancel
(B) have canceled
(C) will have canceled
(D) to cancel

**124.** The meeting with the clients from PPO Sky Inc. is ------- scheduled for June 29, but it is possible that the date will be moved to July instead.

(A) voluntarily
(B) tentatively
(C) hardly
(D) notably

**125.** In agreement with the contract, employees who frequently submit their work ------- it is due will not be eligible for bonuses.

(A) after
(B) when
(C) either
(D) none

**126.** We need the ------- copy of the contract before we can proceed with this project.

(A) signed
(B) removed
(C) operated
(D) forgotten

**127.** Delilah's transfer to the new branch in Harper Point means that ------- will be working with all new clients.

(A) she
(B) her
(C) hers
(D) herself

**128.** Tully Systems Inc. became ------- successful as the company expanded its line of products.

(A) accidentally
(B) increasingly
(C) respectfully
(D) previously

**129.** All office staff must attend the customer service training seminar to ensure ------- of new policies.

(A) restoration
(B) achievement
(C) observance
(D) evidence

**130.** After thirty years of being neglected, Solbury Cathedral is finally being ------- to its former state.

(A) inspected
(B) restored
(C) appeared
(D) accompanied

*GO ON TO THE NEXT PAGE*

## PART 6

**Directions:** You will read the texts that follow, and in different parts of them, there is a word, phrase, or sentence that is missing. Look below each part of the texts and you will find a question, with four answer choices. Choose the answer that best completes the text. Then mark (A), (B), (C), or (D) on the answer sheet.

**Questions 131–134** refer to the following article.

Queensland Chronicle: Business in Brief

BRISBANE (25 January)—Beltzer Incorporated has appointed Angelina Gavril

to the position of president. -------. The software maker announced -------
                                  **131.**                                  **132.**
promotion in a press release on its corporate Web site on Monday. In her new

role, Ms. Gavril will oversee all of the company's operations from its

headquarters in Brisbane.

Beltzer, which develops image processing software, has faced -------
                                                            **133.**
competition from rival companies in recent years. -------, Ms. Gavril will be
                                                  **134.**
expected to boost development of new and innovative products.

**131.**
(A) The position will remain open until a new president is selected.
(B) Nevertheless, the launch date has yet to be officially confirmed.
(C) She was welcomed to the company today along with other new staff.
(D) She has served as the company's vice president up to now.

**132.**
(A) her
(B) his
(C) their
(D) our

**133.**
(A) intensifies
(B) to intensify
(C) intensifying
(D) intensify

**134.**
(A) Otherwise
(B) As a result
(C) On the contrary
(D) Instead

GO ON TO THE NEXT PAGE

Questions 135–138 refer to the following memo.

From: Staff Helpdesk
To: All City Dwellers staff
Subject: Parking policy change
Date: 18 September

Due to the recent increase in staff numbers, beginning next month City

Dwellers Publishing will no longer provide free parking for ------- employees.
                                                                    **135.**
Unfortunately, the local ward office has cut the ------- of parking permits it
                                                     **136.**
makes available, which must be shared by all tenants of our building. Full-time

employees may continue to use their allotted space. -------. See Claire Bunsie
                                                       **137.**
at the Staff Helpdesk before the end of the month ------- you can receive your
                                                     **138.**
new parking pass.

**135.**
(A) visiting
(B) editorial
(C) governmental
(D) part-time

**136.**
(A) quantity
(B) procedure
(C) scope
(D) level

**137.**
(A) Please be sure to return it before
    1 October.
(B) It will entitle you to a special
    discounted rate.
(C) However, you must exchange
    your permit for a new one.
(D) The interview schedule for
    candidates will be posted online.

**138.**
(A) after
(B) whether
(C) until
(D) so that

**Questions 139–142** refer to the following notice.

SWEET ROASTERS COFFEE SHOP HOLIDAY SCHEDULE

On behalf of the management of Sweet Roasters, thank you for your -------
**139.**
over the past year. To allow everyone to spend time with family and friends

during this season, Sweet Roasters ------- for the holidays at 6:30 P.M. on
**140.**
December 24. Our usual ------- hours will resume on January 2. -------. If you
**141.** **142.**
wish to take additional days off, you should therefore speak with your shift

supervisor as soon as possible.

**139.**
(A) efforts
(B) purchase
(C) patronage
(D) attention

**140.**
(A) had closed
(B) would have closed
(C) will be closing
(D) closed

**141.**
(A) operate
(B) operated
(C) operating
(D) operates

**142.**
(A) Scheduling can be challenging at this time of year.
(B) We look forward to seeing you next year.
(C) Providing wonderful customer service is our focus.
(D) Special holiday gift packages are on sale now.

*GO ON TO THE NEXT PAGE*

**Questions 143–146** refer to the following e-mail.

To: Heidi Haywood <h.haywood@manchester_university.edu>
From: Alexa Walberg <awal97@mymail.com>
Date: February 5
Subject: Request for reference

Dear Professor Haywood,

With graduation -------, I am writing with a request. I would like to ask ------- to
      **143.**                                                     **144.**

write a letter of reference for me as I prepare to seek employment as a software

engineer.

During my time at Manchester University, your ------- has been invaluable. As
                                                **145.**

my university advisor and mentor for the past three years, you could provide

potential employers with insights into my abilities, skills, and character. -------.
                                                              **146.**

If you have any questions or need additional information, please contact me by

e-mail or phone (415) 555-0454.

Thank you for your time and continued support.

Sincerely,

Alexa Walberg

**143.**
(A) approach
(B) approached
(C) will approach
(D) approaching

**144.**
(A) us
(B) it
(C) them
(D) you

**145.**
(A) introduction
(B) prestige
(C) guidance
(D) hospitality

**146.**
(A) Your program design course last semester was particularly enjoyable.
(B) Your positive assessment could help me secure an exceptional job.
(C) Unfortunately, we have no positions available at the moment.
(D) I look forward to enrolling in your class again next year.

## Part 5

### 101.

動詞問題 ♪ 217

Students that are interested in ------- the painting lesson can sign up on our Web site.
(A) take
(B) took
(C) taking
(D) to take

絵画の授業を受けることに興味がある生徒は，ウェブサイトで登録してください。
(A) ～を受ける
(B) ～を受けた
(C) ～を受けること
(D) ～を受けるために

**正解** (C)

**解説** 選択肢には，動詞 take「～を受ける」のさまざまな形が並んでいます。空所の前にある are interested in「～に興味がある」は，後ろに名詞や動名詞が続きます。よって，正解は (C) の taking「～を受けること」です。

**語句** □ *be* interested in ～に興味がある　□ sign up 登録する

### 102.

ペア表現・数・比較問題 ♪ 218

Hosting a company retreat is ------- a great way to increase the cooperation of workers, but also their productivity.
(A) even though
(B) in case
(C) not only
(D) regardless of

社員旅行を開催することは，従業員同士の協力を促すだけでなく，生産性を高める上でもすばらしい方法だ。
(A) ～でも
(B) 万一に備えて
(C) ～だけでなく
(D) ～に関わらず

**正解** (C)

**解説** 選択肢には接続詞をはじめとするさまざまな表現が並んでいます。問題文の後半に，but also「～も」があるため，これとペアで使う (C) の not only「～だけでなく」が正解です。

**PiCK UP** in case「万一に備えて」は，〈in case of ＋名詞句〉，〈in case ＋ that 節〉の形で「～の場合に備えて」という意味で使われます。これに近い意味を持つ in the event「～の場合には」も，〈in the event of ＋名詞句〉，もしくは〈in the event ＋ that 節〉の形で使われます。

**語句** □ company retreat 社員旅行　□ increase ～を高める　□ cooperation 協力
□ productivity 生産性

## 103.

Among his many ------- qualifications, Mr. Lee is a member of the TMIT Society and a frequent guest on the TV show Talk Economics.

(A) impressive
(B) impressively
(C) impressed
(D) impressing

リー氏にはたくさんの印象的な資格・適性があり，TMITソサエティーの会員であり，テレビ番組のトークエコノミクスにはよくゲストとして登場する。

(A) 印象的な
(B) 印象的に
(C) 感動した
(D) 〜を感動させる

**正解** (A)

**解説** 選択肢には動詞impress「〜を感動させる」の派生語が並んでいます。空所の後ろにある名詞qualifications「資格，適正」の前に置いて文意が通るのは，(A)の形容詞impressive「印象的な」です。

**語句** □ among 〜の間で　□ qualification 資格，適正　□ frequent しばしばの

## 104.

To cut costs, we need to find a durable yet ------- fabric that we can use to make our blankets.

(A) inexpensive
(B) fragile
(C) indefinite
(D) unexpected

費用を削減するため，ブランケットを作るのに使える，丈夫だけれど高くない生地を探す必要がある。

(A) 高くない
(B) もろい
(C) はっきりしない
(D) 思いがけない

**正解** (A)

**解説** 選択肢には空所の後ろにあるfabric「生地」を前から修飾する形容詞が並んでいます。空所の前にはdurable「丈夫な」とyet「けれども」があることから，空所にはdurableと通常並立しない特性を持つものが入ると推測できます。よって，正解は(A)のinexpensive「高くない」です。

**語句** □ durable 丈夫な　□ yet けれども　□ fabric 生地　□ blanket ブランケット

## 105.

The product catalog that Spartan Outdoor Clothing sends customers lists prices ------- every item that it features.

(A) so
(B) and
(C) both
(D) for

スパルタン・アウトドア・クロージングが客に送っている製品カタログは, 全ての目玉商品の価格をリスト化している。

(A) ～なので…
(B) そして
(C) ～も…も
(D) ～のための

**正解** (D)

**解説** 選択肢には接続詞や副詞, 前置詞が並んでいます。まずは The product catalog の後ろの that が関係代名詞であることを見抜きましょう。Spartan Outdoor Clothing sends customers 「スパルタン・アウトドア・クロージングが客に送っている」は The product catalog 「製品カタログ」を先行詞とする関係詞節です。The product catalog がこの文の主語で, lists 「～をリスト化する」が述語動詞, その目的語が prices 「価格」です。空所の前には prices, 後ろには名詞句の every item 「全ての商品」が続くので, 空所には前置詞が入るのが自然です。よって, (D) for 「～のための」が正解です。

**語句** □ product 製品 □ list ～をリスト化する □ item 商品 □ feature ～を目玉とする

## 106.

Although our auto repair shop ------- in repairing classic European cars, we can also repair modern vehicles.

(A) inspects
(B) respects
(C) specializes
(D) realizes

私たちの自動車修理ショップは, ヨーロッパ製のクラシックカーの修理に特化していますが, 現代の自動車の修理もできます。

(A) ～を検査する
(B) ～を尊敬する
(C) 特化する
(D) ～を認識する

**正解** (C)

**解説** 選択肢にはさまざまな動詞の三人称単数現在形が並んでいます。空所の後ろにある前置詞の in とセットになって文意が通るのは, (C) の specializes 「特化する」です。specialize in で「～に特化する, ～を専門とする」という意味になります。

**語句** □ although ～だけれども □ repair 修理, ～を修理する □ modern 現代の □ vehicle 自動車

# 107.

The local government authorized the legislation to improve public parking during the most recent infrastructure ------- hearing.
(A) renew
(B) renewed
(C) renewal
(D) renewing

その地方自治体は，一番最近のインフラ再整備に関する公聴会において，公共駐車場の改良に必要な法律の制定を認めた。

(A) ～を新しくする
(B) 新しくされた
(C) 更新
(D) ～を新しくしている，～を新しくすること

**正解** (C)

**解説** 空所の前にはthe most recent infrastructure「一番最近のインフラ」，後ろには名詞のhearing「公聴会」が続いています。the mostからhearingまでは前置詞during「～の間に」の目的語のカタマリです。名詞hearingを前から修飾するのは形容詞か名詞ですが，さらにその前に名詞infrastructureがあるため空所にも名詞が入ることになります。よって，正解は(C)のrenewal「更新，新しくすること」になります。名詞と名詞の間に入るのは名詞だと覚えておいてください。本問ではinfrastructure renewal hearing「インフラ再整備に関する公聴会」という3語から成る複合名詞です。(D)も名詞の役割をしますが，ここでは文意に合わないので不正解です。

**語句** □ local government 地方自治体　□ authorize the legislation 法律の制定を認める　□ improve ～を改良する　□ public parking 公共駐車場　□ during ～の間に　□ recent 最近の　□ infrastructure インフラ　□ hearing 公聴会

# 108.

The Great Bourne Post Office has released a special statement to address complaints ------- the speed of their delivery service.
(A) prohibiting
(B) following
(C) resulting
(D) concerning

グレート・ボーン郵便局は，配達サービスのスピードに関する不満に対処するため，特別声明を出した。

(A) ～を禁じている
(B) ～に従っている
(C) 結果になりつつある
(D) ～に関して

**正解** (D)

**解説** 選択肢には動詞のdoing形が並んでいます。空所の後ろに続くthe speed of their delivery service「配達サービスのスピード」を目的語として文意が通るのは，(D)のconcerning「～に関して」です。concerning以下が空所の前にあるcomplaints「不満」の説明をしています。

**PiCK UP** 「～に関する」という意味でのconcerningは，ニュアンスの差はありますが，regarding，in regard to，with regard to，about，onなどに言い換えることが可能です。

**語句** □ release ～を発表する　□ statement 声明　□ address ～に対処する　□ complaint 不満　□ delivery 配達

## 109.

Dr. Gundry has become known ------- the medical community thanks to the medical breakthroughs achieved by his research team.

(A) against
(B) throughout
(C) regarding
(D) during

ガンドライ博士は, 自分の研究チームが医学的な新発見をしたおかげで, 医学のコミュニティーで有名になった。

(A) ～に対して
(B) ～の中で
(C) ～に関して
(D) ～の間

**正解** (B)

**解説** 選択肢にはさまざまな前置詞が並んでいます。空所の後ろにはmedical community「医学のコミュニティー」とあり, 空所に(B)のthroughout「～の中で」を入れれば文意が通ります。空所の前にはhas become known「有名になった」とありますが, medical communityは「どこで有名なのか」という「範囲」を表すと考えてください。

**PiCK UP** thanks to「～のおかげで, ～のせいで」は, due to, owing to, because of, on account ofなどに言い換えることが可能です。

**語句** □ become known 有名になる □ thanks to ～のおかげで □ breakthrough 新発見 □ achieve ～を達成する □ research team 研究チーム

## 110.

The Local Hero Reception celebrates members of the community ------- contribute to the well-being of their fellow citizens.

(A) to
(B) who
(C) those
(D) for

ローカル・ヒーロー・レセプションは, 同胞である市民の幸福に貢献したコミュニティーのメンバーを称賛するものだ。

(A) ～まで
(B) (関係代名詞)
(C) あれらの
(D) ～のため

**正解** (B)

**解説** 選択肢には前置詞や関係代名詞, 指示代名詞が並んでいます。問題文にはcelebrates「～を称賛する」とcontribute「貢献する」の2つの動詞がありますが, これらを含む節をつなぐ接続詞や関係代名詞がありません。よって, 空所には(B)の関係代名詞whoが入ります。

**語句** □ celebrate ～を称賛する □ contribute to ～に貢献する □ well-being 幸福 □ fellow 同胞 □ citizen 市民

## 111.

We have activities for all age groups, so teenagers and babies ------- are welcome at Playdates Youth Center.
(A) least
(B) extremely
(C) alike
(D) currently

プレイデイツ・ユース・センターは，全ての年代のグループ向けに活動を用意しているので，ティーンエイジャーや赤ん坊も歓迎です。
(A) 最も〜ない
(B) 極端に
(C) 同様に
(D) 現在

**正解** (C)

**解説** 選択肢にはさまざまな副詞が並んでいます。空所の前にあるteenagers and babies「ティーンエイジャーと赤ん坊」の後ろに置いてA and B alike「AもBも同様に」という表現を作る(C)のalike「同様に」が正解です。

**PiCK UP** least「最も〜ない」はat least「少なくとも」という表現も押さえておいてください。

**語句** □ activity 活動　□ teenager ティーンエイジャー，10代の若者
□ welcome 歓迎されて

## 112.

Customers still tend to travel to larger department stores in the city ------- all items are now available to purchase online.
(A) as though
(B) in that
(C) subject to
(D) even though

今では全ての商品がオンラインで購入可能だが，客にはいまだに市内の大型デパートまで足を伸ばす傾向がある。
(A) まるで〜のように
(B) 〜という点において
(C) 〜の影響を受けやすい
(D) 〜だけれども

**正解** (D)

**解説** 選択肢には接続詞などのさまざまな表現が並んでいます。前後に節があるため，空所には接続詞が入ります。文意が通るのは(D)のeven though「〜だけれども」です。

**PiCK UP** subject toは〈be subject to＋名詞〉で「〜の影響を受けやすい」という意味でよく使われます。

**語句** □ still いまだに　□ tend to do 〜する傾向がある　□ item 商品
□ available 入手できる　□ purchase 〜を購入する　□ online オンラインで

## 113.

A capable manager endeavors ------- employee morale across the store whenever the opportunity arises.

(A) to improve
(B) improves
(C) is improving
(D) improved

有能なマネージャーは，機会があればいつでも，店内に広がる従業員の士気を上げようと努力する。

(A) 〜を向上させるために
(B) 〜を向上させる（三人称単数現在形）
(C) 〜を向上させている
(D) 〜を向上させた

**正解** (A)

**解説** 選択肢には，動詞 improve「〜を向上させる」のさまざまな形が並んでいます。空所の前にある動詞の endeavors「努力する」は，endeavor to do で「〜しようと努力する」という使い方をします。(A) が正解です。

**PiCK UP** capable「有能な」は，be capable of「〜ができる」という使い方が頻出なのを覚えておいてください。

**語句** □ capable 有能な　□ endeavor 努力する　□ employee 従業員　□ morale 士気
□ across 〜の至る所に　□ whenever 〜するときはいつでも　□ opportunity 機会
□ arise 起こる

## 114.

On Saturday, Ms. Greene will give a workshop on ------- to create simple videos for online marketing purposes.

(A) what
(B) how
(C) that
(D) then

土曜日にグリーン氏は，オンラインでのマーケティングを目的とした，簡単な動画を制作する方法に関するワークショップを行う。

(A) 〜すること
(B) 〜の仕方
(C) 〜ということ
(D) そのとき

**正解** (B)

**解説** 選択には関係代名詞や副詞，接続詞が並んでいます。空所の前には前置詞の on，後ろには to create「制作すること」という不定詞が続いています。前置詞の後ろには名詞句が続きます。不定詞の前に置いて名詞句を作れるのは (A) の what と (B) の how ですが，文意が通るのは (B) です。how to create で「〜を制作する方法」という意味になります。

**語句** □ create 〜を制作する　□ online オンラインでの　□ purpose 目的

## 115.

語彙問題　♪ 231

While Benotech charges more than their competitors, the number of customers who prefer to buy their services is still -------.
(A) considerable
(B) capable
(C) deliberated
(D) intent

ベノテックが請求する料金は競合他社よりも高いものの，同社のサービスを購入したいと考える客の数はまだ相当なものだ。
(A) 相当な
(B) 有能な
(C) 熟考した
(D) 熱心な

**正解** (A)

**解説** 選択肢にはさまざまな形容詞が並んでいます。空所の前にはbe動詞があるため，空所には主語であるthe number of customers who prefer to buy their services「同社のサービスを購入したいと考える客の数」にふさわしいものを選びます。よって，正解は(A)のconsiderable「相当な」になります。

**語句** □ while ～ではあるものの　□ charge（料金を）請求する　□ competitor 競合他社
□ the number of ～の数　□ prefer to *do* ～することを好む　□ still いまだに

## 116.

語彙問題　♪ 232

If you are interested in applying for this position, then please ------- your résumé along with a recent photo.
(A) submit
(B) identify
(C) prove
(D) request

この職への応募に興味があれば，最近撮った写真とともに履歴書を提出してください。
(A) ～を提出する
(B) ～を識別する
(C) ～を証明する
(D) ～を要請する

**正解** (A)

**解説** 選択肢にはさまざまな動詞が並んでいます。「職への応募に興味のある人がすべきこと」はrésumé「履歴書」をsubmit「～を提出する」することなので，正解は(A)です。

**PiCK UP** then「それなら」は接続副詞なので節と節をつなぐ機能はありません。本問では文頭にある接続詞のif「もし～ならば」が，節と節をつなぐ役割を果たしています。

**語句** □ *be* interested in ～に興味がある　□ apply for ～に申し込む　□ résumé 履歴書
□ along with ～と一緒に　□ recent 最近の

## 117.

| | |
|---|---|
| Wearing traditional caps and gowns is a ------- for all students at graduation.<br>(A) teaching<br>(B) statement<br>(C) profession<br>(D) necessity | 伝統的な帽子とガウンをまとうことは，卒業式で全ての生徒に必要なことだ。<br>(A) 教えること<br>(B) 声明<br>(C) 職業<br>(D) 必要なこと |

**正解** (D)

**解説** 選択肢には名詞が並んでいます。空所の前にはbe動詞のisがあるため，主語のWearing traditional caps and gowns「伝統的な帽子とガウンをまとうこと」とイコールとなって文意が通るのは，(D)のnecessity「必要なこと」です。

**語句** □ traditional 伝統的な　□ gown ガウン　□ graduation 卒業式

## 118.

| | |
|---|---|
| Several customers have claimed that they will no longer purchase these shirts ------- the company stops using synthetic dyes.<br>(A) however<br>(B) unless<br>(C) without<br>(D) whenever | 会社が合成染料の利用をやめない限りこれらのシャツはもう買わないと，数人の客が不満を言っている。<br>(A) しかしながら<br>(B) 〜しない限り<br>(C) 〜なしで<br>(D) 〜するときはいつでも |

**正解** (B)

**解説** 選択肢には接続副詞や接続詞，前置詞が並んでいます。前後に節があるので，空所には接続詞が入ります。候補となるのは(B)のunless「〜しない限り」と(D)のwhenever「〜するときはいつでも」ですが，文意が通るのは(B)のunlessです。

**語句** □ several いくつかの　□ claim 〜だと主張する　□ no longer もはや〜ない
□ purchase 〜を購入する　□ synthetic dye 合成染料

## 119.

語彙問題　♪ 235

| | |
|---|---|
| Next weekend Kale Crispers will host a free training event, and all employees are encouraged to -------.<br><br>(A) sign<br>(B) attend<br>(C) consider<br>(D) check | 今度の週末，ケイル・クリスパーズは無料の研修イベントを開催することにしており，全ての従業員の出席が促されている。<br><br>(A) 署名する<br>(B) 出席する<br>(C) 検討する<br>(D) 点検する |

**正解** (B)

**解説** カンマの前にあるa free training event「無料の研修イベント」に対して何をすることが促されているのかを考えます。文意が通るのは，(B)のattend「〜に出席する」です。

**PiCK UP** sign「署名する」は，sign up forで「〜に申し込む」という意味表現が頻出です。apply forに言い換えることができます。

**語句** □ host 〜を主催する　□ employee 従業員
□ be encouraged to do 〜することを促される

## 120.

品詞問題 基礎編　♪ 236

| | |
|---|---|
| The concept of any business can only be ------- realized once one has thoroughly researched the market.<br><br>(A) fully<br>(B) full<br>(C) filling<br>(D) filled | どんなビジネスのコンセプトも，徹底的に市場調査をして初めて，完全に実現される。<br><br>(A) 完全に<br>(B) 完全な<br>(C) 満たしている<br>(D) 満たされた |

**正解** (A)

**解説** 空所はbe動詞と過去分詞realized「実現される」の間にあります。空所に入るのは，前から過去分詞を修飾する，副詞の(A) fully「完全に」です。過去分詞を前後から修飾をするのは副詞です。

**語句** □ concept コンセプト，構想　□ realize 〜を実現する　□ once ひとたび〜すると
□ thoroughly 完全に　□ research 〜を調査する　□ market 市場

## 121.

To commemorate its fifth anniversary, Helga's Pizzeria will give away 100 pizzas ------- the month of May.
(A) about
(B) out of
(C) next to
(D) during

ヘルガズ・ピッツェリアでは、5周年を記念して、5月の間、ピザ100枚を無料で提供する。
(A) ～について
(B) ～から
(C) ～の隣に
(D) ～の間

**正解** (D)

**解説** 選択肢にはさまざまな (群) 前置詞が並んでいます。空所の後ろにある the month of May「5月」を、空所の前にある Helga's Pizzeria will give away 100 pizzas「ヘルガズ・ピッツェリアはピザ100枚を無料で提供する」期間であると考えれば、during「～の間」を入れると文意が通ります。よって、正解は (D) です。

**語句** □ commemorate ～を記念する　□ anniversary 周年
□ give away ～を (無料で) 提供する

## 122.

The Walters Art Gallery will be closed for renewal ------- on Tuesday, April 28.
(A) will start
(B) has started
(C) starts
(D) starting

ウォルターズ・アート・ギャラリーは4月28日の火曜日に始まるリニューアル工事のため、閉館します。
(A) 始まるだろう
(B) 始まった
(C) 始まる
(D) ～から始まる

**正解** (D)

**解説** 選択肢には動詞 start「始まる」のさまざまな形が並んでいます。空所の後ろには工事の始まる日付が on Tuesday, April 28「4月28日の火曜日」とありますが、この前に置いて「～から」という意味を加える (D) の starting「～から始まる」が正解です。この starting は前置詞的に用いられ、beginning や effective などに言い換えることが可能です。

**語句** □ renewal リニューアル

## 123.

In response to the increased rates being charged by the newspaper, many customers ------- their subscriptions in the last few months.
(A) will cancel
(B) have canceled
(C) will have canceled
(D) to cancel

新聞の値上がりに反応して、多くの読者が過去数カ月に定期購読を中止した。
(A) ～を中止するだろう
(B) ～を中止した
(C) ～を中止しているだろう
(D) ～を中止するために

**正解** (B)

**解説** 選択肢には、動詞cancel「～を中止する」のさまざまな形が並んでいます。文末にあるin the last few months「過去数カ月に」は、現在完了形のキーワードです。よって、正解は(B)のhave canceled「～を中止した」になります。

**語句** □ in response to ～に反応して　□ increase ～を増やす　□ rate 料金
□ charge (料金)を課す　□ subscription 定期購読

## 124.

The meeting with the clients from PPO Sky Inc. is ------- scheduled for June 29, but it is possible that the date will be moved to July instead.
(A) voluntarily
(B) tentatively
(C) hardly
(D) notably

PPOスカイ社の顧客との打ち合わせは、暫定的に6月29日に予定されているが、代わりに日付が7月に変更される可能性がある。
(A) 自発的に
(B) 暫定的に
(C) ほとんどない
(D) 著しく

**正解** (B)

**解説** 選択肢にはさまざまな副詞が並び、これらのいずれかが空所の後ろに続く過去分詞のscheduled「予定されている」を修飾します。本問の後半にbut it is possible that the date will be moved to July instead「しかし、(顧客との打ち合わせは)代わりに日付が7月に変更される可能性がある」とあることから、文意が通るのは(B)のtentatively「暫定的に」です。

**語句** □ be scheduled for ～に予定されている　□ possible 可能性がある
□ be moved to ～に動かされる　□ instead 代わりに

**125.**

In agreement with the contract, employees who frequently submit their work ------- it is due will not be eligible for bonuses.
(A) after
(B) when
(C) either
(D) none

契約書で合意したように，仕事を期日の後に提出することがよくある従業員は，ボーナスの受給資格がない。
(A) 〜の後に
(B) 〜するとき
(C) どちらか
(D) 全く〜でない

**正解** (A)

**解説** 選択肢には接続詞と副詞が並んでいます。問題文には節が3つあるため，接続詞や関係代名詞が2つ必要ですが，空所以外には関係代名詞のwhoしかありません。選択肢にある接続詞の中で空所に入れて文意が通るのは，(A)のafter「〜の後に」です。employeesからdueまでが主語のカタマリで，will not beが述語動詞となります。

**語句** □ in agreement with 〜に合意して　□ contract 契約書　□ employee 従業員
□ frequently しばしば　□ submit 〜を提出する　□ due 期日の来た
□ *be* eligible for 〜の資格がある

**126.**

We need the ------- copy of the contract before we can proceed with this project.
(A) signed
(B) removed
(C) operated
(D) forgotten

私たちはこのプロジェクトを進める前に，署名された契約書を必要とする。
(A) 署名された
(B) 除去された
(C) 運営された
(D) 忘れられた

**正解** (A)

**解説** 選択肢には名詞を修飾する過去分詞が並んでいます。before we can proceed with this project「このプロジェクトを進める前に」という状況を踏まえると，copy「写し」を前から修飾して文意が通るのは，(A)のsigned「署名された」です。

**語句** □ contract 契約　□ proceed with 〜を進める

## 127.

Delilah's transfer to the new branch in Harper Point means that ------- will be working with all new clients.

(A) she
(B) her
(C) hers
(D) herself

ハーパー・ポイントの新支店へのデライラの異動は，彼女がまったく新しい顧客と仕事をすることを意味している。

(A) 彼女は
(B) 彼女の
(C) 彼女のもの
(D) 彼女自身

**正解** (A)

**解説** 選択肢には「彼女」を表す人称代名詞と所有代名詞，再帰代名詞が並んでいます。空所の前には接続詞のthat，後ろには述語動詞のwill be workingが続いています。接続詞のthatの後ろには〈主語＋述語動詞〉が続くので，正解は主格の代名詞である(A)のsheとなります。

**語句** □ transfer to ～への異動　□ branch 支店　□ mean ～を意味する
□ work with ～と一緒に働く

## 128.

Tully Systems Inc. became ------- successful as the company expanded its line of products.

(A) accidentally
(B) increasingly
(C) respectfully
(D) previously

タリー・システムズ社は，製品のラインアップを拡大するにつれてますます成功を収めていった。

(A) 偶然に
(B) ますます
(C) うやうやしく
(D) 以前に

**正解** (B)

**解説** 選択肢には副詞が並んでいます。空所の後ろに続く形容詞のsuccessful「成功した」を修飾して文意が通るのは，(B)のincreasingly「ますます」です。

**PiCK UP** 接続詞のasは「～するにつれて」，「～しているとき」，「～なので」などの意味で使われます。

**語句** □ successful 成功した　□ as ～するにつれて　□ expand ～を拡大する
□ line （商品の）ラインアップ，種類　□ product 製品

## 129.

All office staff must attend the customer service training seminar to ensure ------- of new policies.
(A) restoration
(B) achievement
(C) observance
(D) evidence

全てのオフィス・スタッフが，カスタマー・サービス研修セミナーに参加し，新しい方針を必ず守るようにしなければならない。
(A) 修復
(B) 達成
(C) 従うこと
(D) 証拠

**正解** (C)

**解説** 空所にはさまざまな名詞が並んでいます。空所に入れて文意が通るのは，(C)のobservance「従うこと，順守」です。observance of policyで「方針の順守」という意味になります。

**語句** □ attend ～に参加する　□ ensure ～を確かにする　□ policy 方針

## 130.

After thirty years of being neglected, Solbury Cathedral is finally being ------- to its former state.
(A) inspected
(B) restored
(C) appeared
(D) accompanied

30年間も放置された後，ソルベリー大聖堂はついに以前の状態に修復されているところだ。
(A) 検査された
(B) 修復された
(C) 見えた
(D) 付き添われた

**正解** (B)

**解説** 空所には，前にあるbeingとペアになって受動態の進行形を作る動詞の過去分詞が入ります。空所の後ろにある前置詞のtoとセットになって文意が通るのは，(B)のrestored「修復された」です。restore「～を修復する」は，restore A to Bで「AをBの状態に修復する」という使い方をします。これを受動態の形であるA be restored to B「AがBの状態に修復される」にし，さらに〈be動詞＋being＋過去分詞〉「～されている最中だ」という受動態の進行形で表しているのが，問題文で使われている表現です。

**語句** □ neglect ～を放置する　□ finally ついに　□ former 以前の　□ state 状態

# Part 6

♪ 247

**Questions 131–134** refer to the following article.

Queensland Chronicle: Business in Brief

BRISBANE (25 January)—Beltzer Incorporated has appointed Angelina Gavril to
the position of president. -------. The software maker announced -------
                                131.                                        132.
promotion in a press release on its corporate Web site on Monday. In her new

role, Ms. Gavril will oversee all of the company's operations from its

headquarters in Brisbane.

Beltzer, which develops image processing software, has faced -------
                                                            133.
competition from rival companies in recent years. -------, Ms. Gavril will be
                                                    134.
expected to boost development of new and innovative products.

---

**訳** 設問131-134は次の記事に関するものです。

クイーンズランド・クロニクル：ビジネス短信

ブリスベン（1月25日）— ベルツァー株式会社はアンジェリーナ・ガブリルを社長職に任命した。
彼女は今まで同社の副社長を務めていた。このソフトウェア・メーカーは月曜日，同社ウェブサ
イト上のプレスリリースで彼女の昇進を発表した。彼女の新しい役割において，ガブリル氏は会
社の全ての経営をブリスベンの本社から監督する。

ベルツァー社は，画像処理用ソフトウェアを開発しているが，近年は競合他社との激しい競争に
直面している。そのため，ガブリル氏には新しくて革新的な製品の開発を促進することが期待さ
れるだろう。

---

**語句** ☐ appoint *A* to *B* AをBに任命する　☐ promotion 昇進　☐ corporate 会社の
☐ role 役割　☐ oversee ～を監督する　☐ operation 経営　☐ headquarters 本社
☐ develop ～を開発する　☐ image processing software 画像処理用ソフトウェア
☐ face ～に直面する　☐ competition 競争　☐ in recent years 近年は
☐ *be* expected to *do* ～することを期待される　☐ boost ～を促進する
☐ development 開発　☐ innovative 革新的な

## 131.

(A) The position will remain open until a new president is selected.
(B) Nevertheless, the launch date has yet to be officially confirmed.
(C) She was welcomed to the company today along with other new staff.
(D) She has served as the company's vice president up to now.

(A) その職は新しい社長が選ばれるまで空席のままである。
(B) それにも関わらず、開始日はまだ正式には確定していない。
(C) 彼女は今日、ほかの新しいスタッフとともに会社に歓迎された。
(D) 彼女は今まで同社の副社長を務めていた。

**正解** (D)

**解説** 文挿入問題です。空所の前には Beltzer Incorporated has appointed Angelina Gavril to the position of president.「ベルツァー株式会社はアンジェリーナ・ガブリルを社長職に任命した」、後ろには The software maker announced ------- promotion in a press release on its corporate Web site on Monday.「このソフトウェア・メーカーは月曜日、同社ウェブサイト上のプレスリリースで～昇進を発表した」とあります。「アンジェリーナ・ガブリルの昇進」がここでの話題なので、正解は (D) の She has served as the company's vice president up to now.「彼女は今まで同社の副社長を務めていた」です。(A) は remain open「空席のままである」が前後の内容とは矛盾し、(B) は Nevertheless「それにも関わらず」が前後の文脈をつなげません。(C) は後ろの文の内容から、彼女はすでにこの会社に在籍していて新しいスタッフではないことが分かるため、正解にはなり得ません。

**語句** □ remain ～のままである　□ until ～までずっと　□ nevertheless それにも関わらず
□ launch date 開始日　□ have yet to *do* まだ～していない　□ officially 正式に
□ confirm ～を確定する　□ *be* welcomed to ～に歓迎される
□ along with ～と一緒に　□ serve as ～を務める　□ vice president 副社長

## 132.

(A) her
(B) his
(C) their
(D) our

(A) 彼女の
(B) 彼の
(C) 彼らの
(D) 私たちの

**正解** (A)

**解説** 空所を含む文は The software maker announced ------- promotion in a press release on its corporate Web site on Monday.「このソフトウェア・メーカーは月曜日、同社ウェブサイト上のプレスリリースで～昇進を発表した」となっています。131. の前の文では Angelina Gavril が社長になったことを述べており、空所の次の文では「彼女の新しい役割において～」と言っていることから、空所にはガブリルのことを指す (A) her が入ることが分かります。

## 133.

(A) intensifies       (A) ～を強める（三人称単数現在形）
(B) to intensify       (B) ～を強めるために
(C) intensifying       (C) 激しくなる
(D) intensify       (D) ～を強める

**正解** (C)

**解説** 空所を含む文は Beltzer, which develops image processing software, has faced ------- competition from rival companies in recent years. 「ベルツァー社は，画像処理用ソフトウェアを開発しているが，近年は競合他社との～競争に直面している」となっています。空所の後ろにある名詞 competition を前から修飾する，(C)の現在分詞 intensifying「激しくなる」が正解です。

## 134.

(A) Otherwise       (A) さもなければ
(B) As a result       (B) その結果
(C) On the contrary       (C) 対照的に
(D) Instead       (D) 代わりに

**正解** (B)

**解説** 空所を含む文は -------, Ms. Gavril will be expected to boost development of new and innovative products. 「～，ガブリル氏には新しくて革新的な製品の開発を促進することが期待されるだろう」となっています。選択肢には群前置詞と接続副詞が並んでいるため，前の文との話の流れを考慮して正解を選ぶ必要があります。空所の前の文の内容は「ベルツァー社は近年は競合他社とのますます激しい競争に直面している」となっているため，正解は(B)の As a result「その結果」になります。

Questions 135–138 refer to the following memo.

From: Staff Helpdesk
To: All City Dwellers staff
Subject: Parking policy change
Date: 18 September

Due to the recent increase in staff numbers, beginning next month City Dwellers

Publishing will no longer provide free parking for ------- employees.
**135.**
Unfortunately, the local ward office has cut the ------- of parking permits it makes
**136.**
available, which must be shared by all tenants of our building. Full-time

employees may continue to use their allotted space. -------. See Claire Bunsie at
**137.**
the Staff Helpdesk before the end of the month ------- you can receive your new
**138.**
parking pass.

---

**訳** 設問135-138は次のメモに関するものです。

送信者：スタッフ・ヘルプデスク
宛先：シティ・ドゥウェラーズの全スタッフ
件名：駐車に関する方針の変更
日付：9月18日

最近，スタッフの数が増えたことから，シティ・ドゥウェラーズ出版は来月よりパートタイム従業員に対して無料駐車スペースの提供を取りやめます。残念ながら，区役所が利用できる駐車許可証の数を減らし，それを当ビルに入る全てのテナントで分配しなければなりません。フルタイムの従業員は引き続き割り当てられたスペースを利用できます。しかしながら，あなたの許可証を新しい許可証と交換しなければなりません。新しい駐車許可証を受け取るには，月末までにスタッフ・ヘルプデスクのクレア・バンジーのところへお越しください。

---

**語句** □ policy 方針 □ due to ～が原因で □ recent 最近の □ increase 増加
□ beginning ～から □ no longer もはや～ない □ provide ～を提供する
□ employee 従業員 □ unfortunately 残念ながら □ local ward office 区役所
□ parking permit 駐車許可証 □ available 利用できる
□ *be* shared by ～によって共有される □ continue to *do* 引き続き～する
□ allotted 割り当てられた

## 135.

(A) visiting
(B) editorial
(C) governmental
(D) part-time

(A) 訪問の
(B) 編集の
(C) 政府の
(D) パートタイムの

**正解** (D)

**解説** 空所を含む文はDue to the recent increase in staff numbers, beginning next month City Dwellers Publishing will no longer provide free parking for ------- employees. 「最近，スタッフの数が増えたことから，シティ・ドゥウェラーズ出版は来月より〜従業員に対して無料駐車スペースの提供を取りやめます」となっています。136.の空所を含む文の次の文に，Full-time employees may continue to use their allotted space. 「フルタイムの従業員は引き続き割り当てられたスペースを利用できます」とあることから，正解は対比的な内容になる(D)のpart-time「パートタイムの」になります。

## 136.

(A) quantity
(B) procedure
(C) scope
(D) level

(A) 数量
(B) 手続き
(C) 範囲
(D) レベル

**正解** (A)

**解説** 空所を含む文はUnfortunately, the local ward office has cut the ------- of parking permits it makes available, which must be shared by all tenants of our building. 「残念ながら，区役所が利用できる駐車許可証の〜を減らし，それを当ビルに入る全てのテナントで分配しなければなりません」となっています。文意が通るのは，(A)のquantity「数量」です。quantityは「量」だけでなく「数」を表すこともできる単語です。

## 137.

(A) Please be sure to return it before 1 October.
(B) It will entitle you to a special discounted rate.
(C) However, you must exchange your permit for a new one.
(D) The interview schedule for candidates will be posted online.

(A) 10月1日までに必ず返却してください。
(B) それによって特別割引を受ける資格が得られます。
(C) しかしながら，あなたの許可証を新しい許可証と交換しなければなりません。
(D) 応募者の面接スケジュールはオンライン上に投稿されます。

**正解** (C)

**解説** 文挿入問題です。空所の前の文はFull-time employees may continue to use their allotted space.「フルタイムの従業員は引き続き割り当てられたスペースを利用できます」，後ろの文はSee Claire Bunsie at the Staff Helpdesk before the end of the month ------- you can receive your new parking pass.「新しい駐車許可証を受け取る〜，月末までにスタッフ・ヘルプデスクのクレア・バンジーのところへお越しください」となっています。空所の後ろの文中に，you can receive your new parking pass「新しい駐車許可証を受け取れる」とあるため，この話の流れに合うのは(C)のHowever, you must exchange your permit for a new one.「しかしながら，あなたの許可証を新しい許可証と交換しなければなりません」です。oneは一度登場した可算名詞の単数形を表し，ここではparking passのことです。

**語句** □ be sure to do 必ず〜する　□ return 〜を返却する
□ entitle A to B AにBを受け取る資格を与える　□ however しかしながら
□ exchange 〜を交換する　□ permit 許可証　□ candidate 応募者
□ post 〜を投稿する

## 138.

(A) after
(B) whether
(C) until
(D) so that

(A) 〜の後に
(B) 〜かどうか
(C) 〜まで
(D) 〜するために

**正解** (D)

**解説** 空所を含む文はSee Claire Bunsie at the Staff Helpdesk before the end of the month ------- you can receive your new parking pass.「新しい駐車許可証を受け取る〜，月末までにスタッフ・ヘルプデスクのクレア・バンジーのところへお越しください」となっています。文意が通るのは(D)のso that「〜するために」です。

**Questions 139–142** refer to the following notice.

SWEET ROASTERS COFFEE SHOP HOLIDAY SCHEDULE

On behalf of the management of Sweet Roasters, thank you for your ------- over
**139.**
the past year. To allow everyone to spend time with family and friends during this

season, Sweet Roasters ------- for the holidays at 6:30 P.M. on December 24. Our
**140.**
usual ------- hours will resume on January 2. -------. If you wish to take additional
**141.** **142.**
days off, you should therefore speak with your shift supervisor as soon as

possible.

---

**訳** 設問139-142は次のお知らせに関するものです。
スウィート・ロースターズ・コーヒーショップ　休暇のスケジュール

スウィート・ロースターズの経営陣を代表しまして，これまでの1年間の皆さんの努力にお礼を申し上げます。皆さんがこの季節の間家族や友人と過ごせるよう，スウィート・ロースターズは12月24日の午後6時30分に休暇のために閉店します。当店の通常の営業時間は1月2日に再開します。スケジュールの調整は1年のこの時期は大変かもしれません。したがって，さらに休みを取得したい場合は，シフト管理者とできるだけ早く話してください。

---

**語句** □ on behalf of ～を代表して　□ management 経営陣
□ allow A to do Aが～できるようにする　□ spend （時間やお金）を費やす
□ usual 通常の　□ resume 再開する　□ wish to do ～することを望む
□ additional 追加の　□ day off 休み　□ therefore したがって
□ shift supervisor シフト管理者　□ as soon as possible できるだけ早く

## 139.

| | |
|---|---|
| (A) efforts | (A) 努力 |
| (B) purchase | (B) 購入 |
| (C) patronage | (C) 援助 |
| (D) attention | (D) 注意 |

**正解** (A)

**解説** 空所を含む文は On behalf of the management of Sweet Roasters, thank you for your ------- over the past year.「スウィート・ロースターズの経営陣を代表しまして，これまでの1年間の皆さんの〜にお礼を申し上げます」となっています。この段階では選択肢を絞ることができませんが，次の文にある To allow everyone to spend time with family and friends during this season「皆さんがこの季節の間家族や友人と過ごせるよう」から，このお知らせは従業員向けのものであることが分かります。よって，正解は (A) の efforts「努力」です。

## 140.

| | |
|---|---|
| (A) had closed | (A) 〜を閉じていた |
| (B) would have closed | (B) 〜を閉じていただろう |
| (C) will be closing | (C) 〜を閉じる |
| (D) closed | (D) 〜を閉じた |

**正解** (C)

**解説** 空所を含む文は To allow everyone to spend time with family and friends during this season, Sweet Roasters ------- for the holidays at 6:30 P.M. on December 24.「皆さんがこの季節の間家族や友人と過ごせるよう，スウィート・ロースターズは12月24日の午後6時30分に休暇のために〜」となっています。次の文にある will resume「再開します」から，正解は (C) の will be closing「〜を閉じる」です。過去形の (D) では最終文の内容と合わなくなります。

## 141.

(A) operate
(B) operated
(C) operating
(D) operates

(A) ～を運営する
(B) ～を運営した，運営された
(C) 営業の
(D) ～を運営する（三人称単数現在形）

**正解** (C)

**解説** 空所を含む文は Our usual ------- hours will resume on January 2.「当店の通常の～時間は1月2日に再開します」となっています。空所の後ろにある名詞 hours「時間」の前に置いて文意が通るのは，(C)の operating「営業の」です。operating hours で「営業時間」という意味になります。

## 142.

(A) Scheduling can be challenging at this time of year.
(B) We look forward to seeing you next year.
(C) Providing wonderful customer service is our focus.
(D) Special holiday gift packages are on sale now.

(A) スケジュールの調整は1年のこの時期は大変かもしれません。
(B) 来年お会いするのを楽しみにしています。
(C) すばらしいカスタマーサービスを提供することに焦点を合わせています。
(D) 特別なホリデー・ギフト・パックが現在発売中です。

**正解** (A)

**解説** 文挿入問題です。空所の前の文は Our usual ------- hours will resume on January 2.「当店の通常の～時間は1月2日に再開します」，後ろの文は If you wish to take additional days off, you should therefore speak with your shift supervisor as soon as possible.「したがって，さらに休みを取得したい場合は，シフト管理者とできるだけ早く話してください」となっています。空所の後ろの文にある therefore「したがって」から，空所には「シフト管理者とできるだけ早く話をする理由」を含む内容が来るはずです。よって，正解は(A)の Scheduling can be challenging at this time of year.「スケジュールの調整は1年のこの時期は大変かもしれません」です。

**語句** □ scheduling スケジュールの調整 □ challenging 困難な
□ look forward to *doing* ～するのを楽しみに待つ □ provide ～を提供する
□ focus 焦点

Questions 143-146 refer to the following e-mail.

To: Heidi Haywood <h.haywood@manchester_university.edu>
From: Alexa Walberg <awal97@mymail.com>
Date: February 5
Subject: Request for reference

Dear Professor Haywood,

With graduation -------, I am writing with a request. I would like to ask ------- to
     **143.**                                **144.**

write a letter of reference for me as I prepare to seek employment as a software

engineer.

During my time at Manchester University, your ------- has been invaluable. As my
                                    **145.**

university advisor and mentor for the past three years, you could provide

potential employers with insights into my abilities, skills, and character. -------.
                                              **146.**

If you have any questions or need additional information, please contact me by

e-mail or phone (415) 555-0454.

Thank you for your time and continued support.

Sincerely,

Alexa Walberg

---

**訳** 設問143-146は次のeメールに関するものです。

宛先：ハイディ・ヘイウッド <h.haywood@manchester_university.edu>
送信者：アレクサ・ウォルバーグ <awal97@mymail.com>
日付：2月5日
件名：推薦状のお願い

ヘイウッド教授

卒業が近づく中，お願いがあって書いております。ソフトウェア・エンジニアの職を探す準備を
しており，あなたに私のために推薦状を書いていただきますようお願いいたします。

マンチェスター大学で過ごす中で，あなたの指導はとても貴重でした。過去3年間，私の大学での
アドバイザーかつメンターとして，私の能力，スキル，そして性格についての見識を，私を雇用
してくれる可能性のある会社に提供していただけることでしょう。積極的に評価していただける
と，私がすばらしい仕事を手に入れるのに役立つでしょう。

ご質問がおありでしたら，あるいはさらに情報が必要でしたら，eメールか電話，(415) 555-0454 にてご連絡ください。

お時間を割いて引き続きサポートしていただくことに感謝します。

敬具

アレクサ・ウォルバーグ

---

語句 □ reference 推薦状 □ professor 教授 □ graduation 卒業
□ would like to *do* ～したい □ prepare to *do* ～する準備をする
□ seek ～を探す □ employment 雇用 □ invaluable 計り知れないほど貴重な
□ mentor メンター，指導者 □ provide ～を提供する □ potential 可能性のある
□ employer 雇用主 □ insight 見識 □ ability 能力 □ skill スキル
□ character 性格 □ additional 追加の □ continued 継続する

## 143.

動詞問題

(A) approach
(B) approached
(C) will approach
(D) approaching

(A) 近づく
(B) 近づいた
(C) 近づくだろう
(D) 近づいている

正解 (D)

解説 空所のある文は With graduation -------, I am writing with a request.「卒業が～，お願いがあって書いております」となっています。空所の意味上の主語となる graduation「卒業」を修飾するのは，(D)の approaching「近づいている」です。

## 144.

代名詞・接続詞（接続副詞）問題

(A) us
(B) it
(C) them
(D) you

(A) 私たちを，私たちに
(B) それを，それに
(C) 彼ら [それら] を，彼ら [それら] に
(D) あなた [あなたたち] を，あなた [あなたたち] に

正解 (D)

解説 空所のある文は I would like to ask ------- to write a letter of reference for me as I prepare to seek employment as a software engineer.「ソフトウェア・エンジニアの職を探す準備をしており，～に私のために推薦状を書いていただきますようお願いいたします」となっています。このeメールは，これから卒業する学生が教授に向けて書いているものなので，推薦状を書いてほしいとお願いする相手は当然，教授である「あなた」です。よって，正解は (D)の you です。

## 145.

(A) introduction
(B) prestige
(C) guidance
(D) hospitality

(A) 導入
(B) 威信，名声
(C) 指導
(D) 歓待

**正解** (C)

**解説** 空所のある文はDuring my time at Manchester University, your ------- has been invaluable.「マンチェスター大学で過ごす中で，あなたの〜はとても貴重でした」となっています。教授が学生に対して行うことは，(C)のguidance「指導」です。

## 146.

(A) Your program design course last semester was particularly enjoyable.
(B) Your positive assessment could help me secure an exceptional job.
(C) Unfortunately, we have no positions available at the moment.
(D) I look forward to enrolling in your class again next year.

(A) 前学期のあなたのプログラムデザイン・コースは特に楽しめました。
(B) 積極的に評価していただけると，私がすばらしい仕事を手に入れるのに役立つでしょう。
(C) 残念ながら，現在のところ空いている職がありません。
(D) 来年またあなたの授業に申し込むことを楽しみにしています。

**正解** (B)

**解説** 文挿入問題です。空所の前の文はAs my university advisor and mentor for the past three years, you could provide potential employers with insights into my abilities, skills, and character.「過去3年間，私の大学でのアドバイザーかつメンターとして，私の能力，スキル，そして性格についての見識を，私を雇用してくれる可能性のある会社に提供していただけることでしょう」となっています。自分のことについて会社に伝えてほしいという話の流れに合うのは，(B)のYour positive assessment could help me secure an exceptional job.「積極的に評価していただけると，私がすばらしい仕事を手に入れるのに役立つでしょう」です。

**語句** □ particularly 特に □ enjoyable 楽しめる □ positive 積極的な □ assessment 評価 □ help A do Aが〜するのを助ける □ secure 〜を確保する □ exceptional 素晴らしい □ unfortunately 残念ながら □ available 空いている □ at the moment 現在のところ □ look forward to doing 〜するのを楽しみに待つ □ enroll in 〜に申し込む

# Final Test 解答一覧

| 設問番号 | 正解 | 設問番号 | 正解 |
|---|---|---|---|
| 101 | C | 126 | A |
| 102 | C | 127 | A |
| 103 | A | 128 | B |
| 104 | A | 129 | C |
| 105 | D | 130 | B |
| 106 | C | 131 | D |
| 107 | C | 132 | A |
| 108 | D | 133 | C |
| 109 | B | 134 | B |
| 110 | B | 135 | D |
| 111 | C | 136 | A |
| 112 | D | 137 | C |
| 113 | A | 138 | D |
| 114 | B | 139 | A |
| 115 | A | 140 | C |
| 116 | A | 141 | C |
| 117 | D | 142 | A |
| 118 | B | 143 | D |
| 119 | B | 144 | D |
| 120 | A | 145 | C |
| 121 | D | 146 | B |
| 122 | D | | |
| 123 | B | | |
| 124 | B | | |
| 125 | A | | |

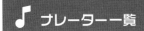

ナレーター一覧    ★…アメリカ(男性)   ☆…アメリカ(女性)   ○…イギリス(女性)

| トラック番号 | ナレーター | トラック番号 | ナレーター | トラック番号 | ナレーター | トラック番号 | ナレーター |
|---|---|---|---|---|---|---|---|
| 001 | ★ | 033 | ★/○ | 065 | ★ | 097 | ★ |
| 002 | ★ | 034 | ★/☆ | 066 | ★ | 098 | ★ |
| 003 | ★ | 035 | ★ | 067 | ★ | 099 | ★ |
| 004 | ★ | 036 | ★ | 068 | ★ | 100 | ☆ |
| 005 | ★ | 037 | ★ | 069 | ★ | 101 | ☆ |
| 006 | ☆ | 038 | ★ | 070 | ☆ | 102 | ☆ |
| 007 | ☆ | 039 | ★ | 071 | ☆ | 103 | ☆ |
| 008 | ☆ | 040 | ☆ | 072 | ☆ | 104 | ☆ |
| 009 | ☆ | 041 | ☆ | 073 | ☆ | 105 | ○ |
| 010 | ☆ | 042 | ☆ | 074 | ☆ | 106 | ○ |
| 011 | ○ | 043 | ☆ | 075 | ☆ | 107 | ○ |
| 012 | ○ | 044 | ☆ | 076 | ○ | 108 | ○ |
| 013 | ○ | 045 | ○ | 077 | ○ | 109 | ○ |
| 014 | ○ | 046 | ○ | 078 | ○ | 110 | ★ |
| 015 | ○ | 047 | ○ | 079 | ○ | 111 | ★ |
| 016 | ★ | 048 | ○ | 080 | ★ | 112 | ★ |
| 017 | ★ | 049 | ○ | 081 | ★ | 113 | ★ |
| 018 | ★ | 050 | ★ | 082 | ★ | 114 | ★ |
| 019 | ★ | 051 | ★ | 083 | ★ | 115 | ★ |
| 020 | ★ | 052 | ★ | 084 | ★ | 116 | ☆ |
| 021 | ☆ | 053 | ★ | 085 | ☆ | 117 | ☆ |
| 022 | ☆ | 054 | ★ | 086 | ☆ | 118 | ☆ |
| 023 | ☆ | 055 | ★ | 087 | ☆ | 119 | ○ |
| 024 | ☆ | 056 | ☆ | 088 | ☆ | 120 | ○ |
| 025 | ☆ | 057 | ☆ | 089 | ☆ | 121 | ○ |
| 026 | ○ | 058 | ☆ | 090 | ○ | 122 | ○ |
| 027 | ○ | 059 | ☆ | 091 | ○ | 123 | ○ |
| 028 | ○ | 060 | ○ | 092 | ○ | 124 | ★ |
| 029 | ○ | 061 | ○ | 093 | ○ | 125 | ★ |
| 030 | ○ | 062 | ○ | 094 | ○ | 126 | ★ |
| 031 | ★/☆ | 063 | ○ | 095 | ○ | 127 | ★ |
| 032 | ★/★ | 064 | ○ | 096 | ★ | 128 | ★ |

★…アメリカ（男性）　☆…アメリカ（女性）　○…イギリス（女性）

| トラック番号 | ナレーター | トラック番号 | ナレーター | トラック番号 | ナレーター | トラック番号 | ナレーター |
|---|---|---|---|---|---|---|---|
| 129 | ☆ | 160 | ☆ | 191 | ★ | 222 | ☆ |
| 130 | ☆ | 161 | ☆ | 192 | ☆ | 223 | ☆ |
| 131 | ☆ | 162 | ☆ | 193 | ☆ | 224 | ☆ |
| 132 | ☆ | 163 | ☆ | 194 | ☆ | 225 | ☆ |
| 133 | ☆ | 164 | ☆ | 195 | ☆ | 226 | ☆ |
| 134 | ☆ | 165 | ○ | 196 | ☆ | 227 | ★ |
| 135 | ○ | 166 | ○ | 197 | ☆ | 228 | ★ |
| 136 | ○ | 167 | ○ | 198 | ★／★ | 229 | ★ |
| 137 | ○ | 168 | ○ | 199 | ★／☆ | 230 | ★ |
| 138 | ○ | 169 | ○ | 200 | ★／★ | 231 | ★ |
| 139 | ★ | 170 | ★ | 201 | ★／☆ | 232 | ○ |
| 140 | ★ | 171 | ★ | 202 | ★／○ | 233 | ○ |
| 141 | ★ | 172 | ★ | 203 | ★／★ | 234 | ○ |
| 142 | ★ | 173 | ★ | 204 | ★／★ | 235 | ○ |
| 143 | ★ | 174 | ★ | 205 | ★／○ | 236 | ○ |
| 144 | ☆ | 175 | ★ | 206 | ★／☆ | 237 | ☆ |
| 145 | ☆ | 176 | ☆ | 207 | ★／○ | 238 | ☆ |
| 146 | ☆ | 177 | ☆ | 208 | ★／★ | 239 | ☆ |
| 147 | ☆ | 178 | ☆ | 209 | ★／★ | 240 | ☆ |
| 148 | ☆ | 179 | ☆ | 210 | ★／☆ | 241 | ☆ |
| 149 | ○ | 180 | ☆ | 211 | ★／○ | 242 | ★ |
| 150 | ○ | 181 | ☆ | 212 | ★／☆ | 243 | ★ |
| 151 | ○ | 182 | ○ | 213 | ★／○ | 244 | ★ |
| 152 | ○ | 183 | ○ | 214 | ★／★ | 245 | ★ |
| 153 | ○ | 184 | ○ | 215 | ★／☆ | 246 | ★ |
| 154 | ○ | 185 | ○ | 216 | ★／○ | 247 | ★／○ |
| 155 | ★ | 186 | ○ | 217 | ○ | 248 | ★／○ |
| 156 | ★ | 187 | ★ | 218 | ○ | 249 | ★／★ |
| 157 | ★ | 188 | ★ | 219 | ○ | 250 | ★／☆ |
| 158 | ★ | 189 | ★ | 220 | ○ | | |
| 159 | ★ | 190 | ★ | 221 | ○ | | |